논어란 무엇인가

논어란 무엇인가

2025년 11월 24일 초판 1쇄 인쇄
2025년 12월 10일 초판 1쇄 펴냄

지은이	김영민
책임편집	엄귀영
편집	김천희 정지현 박훈 김찬호
경영지원	나연희 주광근 오민정 김수아
마케팅	윤영채 정하연 안은지 염승연
디자인	이수경
본문 조판	민들레
인쇄	영신사
펴낸이	윤철호
펴낸곳	(주)사회평론아카데미
등록번호	2013-000247(2013년 8월 23일)
전화	02-326-1182
주소	서울시 마포구 월드컵북로6길 56 사평빌딩
이메일	academy@sapyoung.com
홈페이지	www.sapyoung.com

ⓒ김영민, 2025

ISBN 979-11-6707-213-9 03140

사전 동의 없는 무단 전재 및 복제를 금합니다.
잘못 만들어진 책은 바꾸어 드립니다.

논어란 무엇인가

김영민

사회평론

발간사

『논어』 연작을 펴내며

　우리 사회에서 고전이 갖는 의미를 새롭게 하고자 『논어』 연작을 세상에 내어놓는다. 고전은 반드시 불변의 지혜를 담고 있는 책도 아니고, 반드시 고단한 삶을 위로하는 책도 아니다. 오늘날 고전은 오랜 시간 독자들과 함께했기에, 그리고 앞으로도 함께할 가능성이 높기에 권위를 갖게 된 책이다. 물론 고전을 읽으며 지혜를 얻을 수도 있고 위로를 얻을 수도 있다. 그러나 고전은 널리 오랫동안 읽혀왔다는 이유만으로도 중요하다. 반드시 소중한 지혜가 담겨 있기에 오랫동안 읽혀온 것은 아니다. 반드시 위로를 주기에 오랫동안 읽혀온 것도 아니다. 다양한 이유로 오랫동안 독자와 함께하며 권위를 갖게 된 책이 바로 고전이다.

『논어』의 경우도 마찬가지다. 지혜가 담겨 있기에 『논어』를 읽어야 하나? 글쎄, 시대와 장소를 초월하는 지혜가 『논어』에 담겨 있는지는 확실하지 않다. 그런 지혜에 목마른 사람은 『논어』에서 그런 지혜를 찾아낼 것이고, 목마르지 않은 사람은 찾아내지 못할 것이다. 위로를 얻기 위해 『논어』를 읽어야 하나? 글쎄, 지친 사람들을 어루만지는 메시지가 『논어』에 있는지는 확실하지 않다. 위로가 절실한 사람은 『논어』로부터 위로받을 것이고, 위로가 절실하지 않은 사람은 위로받지 않을 것이다. 다양한 이유로 사람들은 『논어』를 읽어왔고 앞으로도 읽어갈 것이다. 그런 점에서 『논어』는 이 사회의 고전이다.

오랫동안 많은 사람들이 읽으면, 그 내용은 그 사회를 지탱하는 언어가 된다. 『논어』 역시 오랫동안 널리 읽히면서 동아시아인의 생각과 대화를 위한 언어를 창조했다. 그것은 『논어』의 위대함 때문이라기보다는 많은 사람들이 읽어서이고, 많은 사람들이 읽음에 따라 앞으로도 동아시아인의 생각에 깊고 넓은 영향을 끼칠 것이다. 어차피 살다가 한번쯤 읽어야 하는 책이라면, 가능한 한 풍부하고 정교하게 읽어보자는 것이 이 『논어』 연작의 취지다. 그러기 위해 적어도 세 가지가 필요하다.

첫째, 문법이나 어법의 차원에서 오류가 적은 『논어』 번역이 필요하다. 둘째, 전문적인 연구가 뒷받침된 해석이 필요하다. 셋째, 『논어』의 구식 이미지들을 털어버리고, 감수성을 일신할 필요가 있다.

새로운 번역과 해석은 기존 번역자와 해석자들에게 달갑지 않을 수 있다. 그것은 기존 번역과 해석으로는 충분하지 않다는 뜻이기 때문이다. 이 『논어』 연작의 취지는 옛 번역과 해석이 쓸모없다고 선언하는 데 있지 않다. 새 번역과 해석이 완벽하다고 주장하는 데도 있지 않다. 그보다는 『논어』 번역과 해석이 앞으로 계속 나아질 수 있는 기틀을 만드는 데 관심이 있다. 수많은 『논어』 번역본이 출간되었지만, 기존 번역이 구체적으로 어떤 문제를 갖고 있는지 집중적이고 체계적으로 논한 책은 거의 없다. 대개 자신이 선호하는 번역과 해설을 제시하는 데 그친다. 그렇게 해서는 독자가 번역의 차이를 평가할 수 없고, 평가가 부재할 때 향후 번역과 해석이 나아지기를 기대할 수 없다. 『논어』 연작 가운데 『논어번역비평』은 기존 번역을 체계적으로 평가하고 대안적인 번역 방향을 제시하고자 하였다. 『논어번역비평』을 읽음으로써 독자가 기존 번역의 문제들을 판별하는 동시에 한문 문법을 요령 있게 습득할 수 있기를 희망한다.

기존 『논어』 해설은 중국의 주희나 한국의 정약용 같은 옛 학자들의 주석을 소개하는 것들이 대부분이다. 물론 『논어』에 대한 훌륭한 전통적 주석들이 많이 있다. 그러나 그 주석들을 소개하는 것만으로는 충분하지 않다. 한 세기 넘게

『논어』에 관한 현대적이고 전문적인 연구가 수행되어왔기 때문이다. 그 전문적인 연구는 현행『논어』한국어 번역본에 충분히 반영되지 않았다. 아니, 지나칠 정도로 반영되지 않았다. 오늘날 바람직한『논어』번역과 해설을 위해서는 한국어, 중국어, 일본어, 영어 등으로 축적된 전문 연구를 필요한 만큼 참고하고, 검토하고, 반영해야 한다. 그 점에 관한 한, 한국어『논어』번역본은 갈 길이 멀다.『논어』해설의 경우도 산발적인 입장 소개에 그칠 뿐, 논증의 형태로 주장을 개진한 경우는 많지 않다.『논어』연작 가운데『배움의 기쁨』은 학술논문의 형식을 통해 주석 전통을 잇는 한편, 기존 해석을 체계적으로 평가하고 대안적인 해석을 제시하고자 하였다.『배움의 기쁨』을 읽음으로써 독자는 기존 해석의 문제점을 판별하는 동시에 새로운 해석에 접할 수 있기를 희망한다.

　이『논어』연작은 궁극적으로『논어』를 둘러싼 언어와 감수성을 갱신하기를 희망한다. 그와 같은 취지에서 이미『우리가 간신히 희망할 수 있는 것』(개정판『생각의 시체를 묻으러 왔다』)이라는 논어 에세이를 출간하였고, 이번에『논어란 무엇인가』라는 교양서를 출간한다.『논어』는 누구나 한번쯤은 읽어봐야 할 고전으로 여겨지지만, 동시에 시효가 지난 고답적인 옛날 책으로 간주되기도 한다. 그러는 것도 무리가 아니다. 이미 생명력을 잃은 언어로만 논어를 해설하는 책, 더 이상 울림이 없는 언어로『논어』를 풀이하는 책, 동어반복에 가까운 해설로 가득한 책, 낡은 편견을 반복하는 수단으로 『논어』를 들먹이는 책들이 넘쳐난다. 그런 경향에 반대하는 이는 『논어』가 여전히 살아 있음을 보여주고 싶어 무리한 주장을 펼치곤 한다. 그러다보면 자칫 수천 년 전 텍스트를 오늘날의 관심에 맞게 왜곡하거나 단순화하는 일이 벌어진다. 서구 문명의 폐해를 극복할 지혜를 가진 『논어』, 자본주의의 폐단을 극복할 지혜를 가진 『논어』, 인류의 미래를 열어줄 『논어』, 서양 고전보다 더 뛰어난 『논어』, 고단한 인생을 위로해줄 『논어』, 이런 식으로 포장된 『논어』가 과연 논어의 참모습일까?

현대의 관심사에 의해 과도하게 재단된 『논어』는 독자에게 새로운 내용을 전해주지 못한다. 잘해야 듣고 싶은 이야기를 들려줄 뿐이다. 『논어』가 처한 역사적 맥락을 충분히 고려했다면 독자에게 낯선 이야기를 전할 수도 있으련만, 이제 『논어』는 너무 현대적이어서 진부한 책이 되고 만다. 이 『논어』 연작은 『논어』를 충분히 역사적으로 바라봄으로써 『논어』에 대한 감수성을 갱신할 수 있다고 믿는다. 『논어』 성립기에 경쟁했던 다른 입장들을 고려함에 의해, 『논어』가 당연시하고 있는 전제들을 드러냄에 의해, 『논어』가 답이라면 문제는 무엇이었는지 물음을 통해, 성인이 되기 전 공자의 모습을 그려봄을 통해 『논어』의 역사적 맥락에 충실할 수 있기를 바란다. 좀 더 역사적이 됨으로써 좀 더 오늘날에 적실한 텍스트로 거듭나는 아이러니, 그 아이러니를 구현하는 것이 이 『논어』 연작의 목표다.

　이것이 곧 고대 중국에 『논어』를 가두어야 한다는 말은 아니다. 여러 곳을 돌아다녀보아야 자신이 사는 곳의 특징을 알게 되는 것처럼, 외국인을 만나보아야 한국인의 특징을 깨닫게 되는 것처럼, 물 밖으로 나와야 물을 제대로 보게 되는 것처럼 『논어』의 입장을 알기 위해서는 다른 입장들을 고려할 필요가 있고, 그 다른 입장들은 고대 중국에 국한될 필요가 없다. 『논어』의 세계를 조명하기 위해 고대 중국을 넘어서 유럽, 미국, 한국 등 그 어느 지적 전통이든 적절하기만 하다면 활용할 수 있다. 어쩌면 지금까지 해설은 충분히 『논어』를 벗어나지 못했기에 『논어』를 충분히 조명하지 못했는지 모른다. 『논어』를 벗어남으로써 『논어』에 더 충실해지는 아이러니, 그 아이러니를 구현하는 것이 이 『논어』 연작의 목표다.

　이 『논어』 연작은 『논어』나 공자를 찬양하거나 비판하는 데는 관심이 없다. 인류를 위한 결정적인 지혜나 한국 사회를 밝혀줄 청사진을 그려내는 데도 관심이 없다. 누군가의 인생을 구제해줄 결정적인 지혜를 찾는 데도 관심이 없다. 그 대신에 나는 『논어』를 우리의 생각을 구성해온, 구성하고 있는, 구성해나갈 자원의 하나로 간주한다. 우리 곁을 떠나지 않는 『논어』라는 고전을 잘 가다듬어, 생각의 자원을 조금이라도 풍부히 하려는 것이 나의 소박한 목표다. 이 『논어』 연작을 읽으며 자기 삶을 구성하는 참고체계를 확장하고, 그 확장된 세계 속에서 자유로이 헤엄치는 모습이 이 글을 준비하는 내내 상상했던 독자의 모습이다.

이 『논어』 연작을 완간하기까지 실로 많은 이들의 도움을 받았다. 『논어』 연작을 기획하는 데 좋은 대화 파트너가 되어준 주일우 님, 자료 정리부터 교정·교열에 이르기까지 여러 가지 수고로운 작업을 함께 해준 박성운 님과 송지혜 님을 비롯한 조교들, 그리고 사회평론 여러 분들로부터 큰 도움을 받았기에 이 자리를 빌려 감사드린다. 끝으로, 나와 함께 『논어』를 읽었던 학생들을 기억한다.

2025년 가을
김영민

일러두기

1. 이 책에 실린 『논어』 번역문은 모두 저자의 번역이다.
   저자의 『논어』 전체 번역문은 『논어: 김영민 새 번역』(사회평론아카데미, 2025)을
   참조하라.
2. 『논어』의 편장篇章 표시는 편명과 장 번호를 아라비아 숫자로 표기하였다.
   각 편의 아라비아 숫자는 온점을 기준으로 앞은 편을 나타내고,
   뒤는 각 편의 장을 나타낸다(예: 「안연」편 17장 → 12.17).
3. 『논어』의 편명 및 순서는 다음과 같다.
   1. 학이學而 2. 위정爲政 3. 팔일八佾 4. 이인里仁 5. 공야장公冶長
   6. 옹야雍也 7. 술이述而 8. 태백泰伯 9. 자한子罕 10. 향당鄕黨
   11. 선진先進 12. 안연顔淵 13. 자로子路 14. 헌문憲問 15. 위령공衛靈公
   16. 계씨季氏 17. 양화陽貨 18. 미자微子 19. 자장子張 20. 요왈堯曰
4. 『논어』 번역문에서 [ ] 안의 문구는 내용 이해를 위해 옮긴이가 추가한 것이고,
   ( ) 안의 내용은 해당 단어에 대한 간단한 설명이다.
5. 『논어』 외 다른 사료의 인용문도 별도의 주가 없는 경우 모두 저자의 번역이다.
6. 외래어 표기는 국립국어원의 원칙을 따랐다. 단, 참고문헌의 경우 해당 출판사의
   표기를 존중했으며, 각기 다르게 번역 표기된 경우 국립국어원 원칙을 따랐다.
7. 현대 중국어 참고문헌의 경우, 사료 원문 표기에 맞춰 한문 정자체로 표기하였다.
8. 중국 인명 표기는 신해혁명(1911)을 기점으로 이전 시기는 한자음으로,
   이후 시기는 중국어음으로 표기하였다.

차례

발간사 5

1. 『논어』를 어떻게 읽을 것인가 15
2. 『논어』를 찾아서 22
3. 공자를 찾아서 35
4. 세속의 질서를 찾아서 71
5. 행동규범을 찾아서 78
6. 주체를 찾아서 106
7. 인간을 찾아서 122
8. 국가와 사회를 찾아서 147
9. 리더십을 찾아서 168
10. 배움을 찾아서 186
11. 타자를 찾아서 197
12. 수사법을 찾아서 229
13. 자유를 찾아서 242
14. 공자 이후 287
15. 낡은 것과 새로운 것 317

에필로그 341
주 345

1

『논어』를 어떻게 읽을 것인가

어쩐지 구닥다리인 것 같은 책, 그러나 누구나 들어본 적 있는 고전, 『논어』를 어떻게 읽을 것인가? 정작 『논어』라는 책을 펴보면, 격언류 문장과 짧은 대화가 독자를 반긴다. 격언이기에 유익하고, 짧기에 읽기 쉽다. 그러나 이런 느낌도 잠시, 『논어』의 문장들은 짧지만 산만하고, 유익하지만 철 지난 말씀으로 들린다. 지루해진 당신은 이제 책을 덮으며 중얼거린다. 케케묵은 할아버지 말씀이네.

이것이 『논어』를 읽는 유일한 방법은 아니다. 『논어』의 문장들이 산만한가? 그것은 『논어』에 담긴 정신이 산만해서가 아니라 『논어』의 문헌 전통이 산만해서 그렇다. 『논어』는 공자孔子(B.C.551~B.C.479)라는 인물이 책상에 앉아 정신 집중하여 써내려간 한 권의 책이 아니다. 만약 그랬다면, 지금보다 훨씬 더 응집력 있고 일관된 책이 되었으련만. 공자는 『논어』라는 책을 쓴 적이 없다. 『논어』는 후대에 얼기설기 편집된 책이다. 그러기에 실로 산만한 책이다.

공자는 『논어』라는 책을 쓰는 대신, 여기저기 떠돌아다니며 대화를 했다. 그의 대화 상대는 주로 당대 정치인이나 권력자, 그리고 제자들이었다. 『논어』 속 공자는 단 한 번도 그 시대의 민중들이나 여성들이나 다른 대륙 사람과 대화를 나누지 않는다. 공자는 정말 그들과 말을 섞은 적이 없는 것일까? 그럴 리가. 『논어』에는 공자가 남자南子라는 여성을 만난 기록이 실려 있다. 그 여성은 음란한 걸로 유명했기에 제자의 빈축을 샀다. "선생님께서 남자南子를 만나자, 자로子路가 기뻐하지 않았다."[1] 이처럼 공자는 여성은 물론 다양한 부류의 사람들과 대화를 나누었을 것이다. 그러나 그 말들은 『논어』에 포함되지 않았다. 그것을 결정한 이는 공자가 아니라 『논어』의 편집자다. 그리고 우리는 『논어』의 최초 편집자에 대해 아는 바가 없다.

저자가 없어도 편집자가 있었기에 『논어』라는 책이 만들어질 수 있었다. 그런데 편집자가 정신 집중을 하지 못한 탓일까? 『논어』 전체를 꿰뚫는 일관된 체계를 발견하기 어렵다. 누군가 『논어』에서 그런 체계를 발견했다고 강변한다면, 그는 『논어』 문헌의 성립사에 대해 과문한 사람이 아닐까? 『논어』연구자들은 대개 동의한다. 여러 문헌 전통이 별개로 전해지고 발전해오다가 수백 년이 지나고 나서야 현행 『논어』의 모습으로 정착했다고. 그래서 『논어』에는 겹치는 내용이 있고, 단락 간 흐름이 끊기기도 하고, 장들 사이의 관계가 모호하다.

그러니 독자는 책 전체를 관통하는 일관된 체계를 발견하려고 『논어』를 읽을 필요는 없다. 『논어』는 읽다가 지치면 아무 때나 덮어도 되는 책이다. 『논어』는 쇼츠다. 그만큼 분절된 내용을 담고 있다. 내용이 분절되어 있기에 맥락을 파악하기 어렵고, 맥락을 파악하기 어렵기에 자기 생각을 투사하기 쉽다. 그래서 많은 독자들이 자기식대로 『논어』를 읽는다. 그럼 어떠랴. 어떤 책이든 자기 읽기 나름인 것을. 사람들은 자기식대로 세상을 읽고, 인생을 읽고, 결국 자신을 읽다가 죽는다. 자기가 처한 구석에서 자기 생각을 일삼다가 죽는 것이 인간의 굴레 아니던가.

『논어』처럼 분절된 책은 그런 경향을 더 부추긴다. 칸트의 『순수이성비판』을 펼쳐보라. 그와 같은 책을 자기 멋대로 읽기는 쉽지 않다. 『순수이성비판』은 어려운 만연체의 문장들이 하염없이 이어지다가 결국 하나의 주장으로 귀결되는, 어렵고도 두꺼운 책이다. 반면, 『논어』는 각 장들이 짧고 그 장들을 이루는 단락들은 더 짧고, 그 단락을 이루는 문장들은 더더욱 짧다. 짧을 뿐 아니라 상식적인 격언처럼 보인다.

그러니 『논어』 전문가 행세를 하는 것은 『순수이성비판』 전문가 행세하는 것보다 쉽다.

그러나 쉬운 이해는 위험하다. 쉽게 이해되는 생각은 새로운 생각이라기보다는 자신이 평소에 하던 생각이기 쉽다. 자신의 선입견을 『논어』 같은 고전에서 발견하면 기쁘다. 오, 내 생각도 꽤나 뿌리가 있는 생각이었구나! 공자같이 대단한 사람도 나처럼 생각했구나! 그러나 평소 자신의 생각을 재확인하기 위해서 굳이 고전을 읽을 필요가 있을까? 고전을 펼쳐 드는 이유는 얼어붙은 자기 생각에 균열을 내기 위해, 좀 더 넓고 깊은 생각의 바다로 나아가기 위해서가 아니었나.

평소 자신의 생각에 비추어 고전을 읽는 것은 나쁜 일이 아니다. 누구나 자기식대로 대상을 소화할 자유가 있다. 그뿐 아니라 어느 누구도 자신의 세계를 갑자기 그리고 완전히 벗어날 수는 없다. 따라서 주관적 독해는 불가피하다. 그러나 주관적 독해를 객관적 독해라고 주장하는 것은 별개 문제다. 자신의 남자 혹은 여자 친구를 주관적으로 좋아하는 걸 누가 뭐라고 하랴. 개인의 취향 혹은 여건상의 문제로 못생긴 사람을 좋아하게 될 수 있다. 그것이 인생이다. 그러나 자신의 남자 혹은 여자 친구가 한국 최고의 미남미녀라고 공언한다면 많은 사람들이 이견을 표시할 것이다. 주관적 독해에는 자기 맘대로 대상을 해석하는 쾌감이 있다. 그 쾌감에 탐닉하고 싶다면 굳이 객관적인 독서를 고려할 필요는 없다. 마치 자기 취향에 맞는 사람과 연애를 하듯 독서를 하면 된다.

그래서 『논어』를 중년에 이른 사람이 심리적 위기를 극복하는 가이드로 읽든, 청소년이 사춘기를 잘 통과하기 위한 지침으로 읽든, 정치인이 자기 박식을 과시하기 위해 읽든, 재야 고수가 자기 비전을 갈고 닦기 위해 읽든, 동양인이 서양인에게 자랑하기 위해 읽든, 할아버지가 손주의 품행을 바로잡기 위해 읽히든, 교수가 학생들에게 자기 관심사를 가르치기 위해 읽히든, 다 괜찮다. 그것이 주관적인 독해라는 것을 인정하는 한.

그러나 자신의 주관적 독해를 가지고 남을 설득하고자 하면, 이야기는 달라진다. 자기 애인을 잘생겼다고 느끼는 것은 자유지만, 그가 객관적인 미남미녀라고 남을 설득하는 것은 제멋대로 할 수 없다. 적절한 근거를 제시하고 합당한 이유를 설명해야 한다. 그렇지 않는 한 자신의 독해는 개인의 취향으로 남을 뿐, 주관을 넘어선 객관적 독해가 될 수 없다. 물론 우리가 편견에 사로잡힌 인간인 이상, 아무도 완벽하게 객관적일 수는 없다. 그러나 객관적인 독해를 지향할 수는 있다. 객관적인 독해를 지향할 때 비로소 서로의 독해를 견주어보고 그 설득력을 따져볼 수 있다.

자기 주관을 넘어서는 가장 좋은 방법은 역사적으로 읽는 것이다. 『논어』는 오래전 특정 시공간에서 만들어진 책이라는 사실을 인정하고, 그 당시에 가졌던 의미를 음미하고

자 하는 것이다. 그러한 역사성을 무시하고 『논어』에서 서둘러 현대적 교훈을 찾다가는 『논어』를 자칫 왜곡하게 된다. 그것은 『논어』를 읽는 것이 아니라 『논어』를 통해 현대인을 읽는 것이다. 역사성을 무시하고 『논어』를 통해 서둘러 서구중심주의를 타파하려 들다가는 『논어』를 자칫 왜곡하게 된다. 그것은 『논어』를 읽는 것이 아니라 『논어』를 통해 동양인의 자존심을 읽는 것이다. 역사성을 무시하고 『논어』를 통해 서둘러 삶의 구원을 찾으려 들다가는 『논어』를 자칫 왜곡하게 된다. 그것은 『논어』를 읽는 것이 아니라 『논어』를 통해 자기 상처를 읽는 것이다. 그러한 독해도 『논어』를 읽는 방식이기는 하겠지만, 『논어』를 객관적으로 읽는 방식은 아니다.

『논어』가 자신에게 관심을 가져주기를 바라지 말고, 자신이 『논어』에게 관심을 기울여보는 것은 어떤가. 『논어』라는 오래된 고전이 과연 무슨 메시지를 건네는지 경청해보자. 그 메시지를 들으려면 『논어』가 만들어진 저 고대 중국의 세계로 시선을 돌려야 한다. 『논어』는 일단 그 시대 그 세계 사람들을 위해 만들어진 책이니까. 그 세계를 알기 위해서는 그 세계의 정치, 사회, 경제, 문화적 양상을 알아야 하고, 무엇보다 『논어』의 문장을 이루고 있는 언어의 맥락을 알아야 한다. 그것들을 알기 위해서는 상당한 전문적 지식이 필요하다. 자기 입맛대로 『논어』를 읽지 않기 위해서는 그러한 지식에 기반한 번역과 해설을 읽을 필요가 있다.

이것이 곧 『논어』가 현대의 독자에게 건넬 메시지가 전혀 없다는 뜻은 아니다. 그 메시지를 찾기 위해 일정한 노력이 필요하다는 뜻일 뿐이다. 모든 인간은 같은 생물학적 종이라는 점에서 같지만, 각기 다른 역사적 조건 속에서 살아가야 한다는 점에서 다르다. 『논어』가 제시하는 세계는 수천 년 전 삶의 환경을 배경으로 하는 만큼, 오늘날의 독자는 아무런 매개 없이 『논어』의 메시지에 다가갈 수 없다. 동시에, 수천 년 전의 독자나 오늘날의 독자나 모두 같은 인간이라는 점에서 그 메시지는 여전히 호소력이 있다. 이 두 가지 점을 염두에 두면서 『논어』의 세계에 접속해보자.[2]

2

『논어』를 찾아서

　남녀 간 대화를 담고 있는 희곡을 상상해보자. 그 희곡을 공연한 연극이 있다고 상상해보자. 관객은 연극에 몰입한 나머지 주인공 남녀가 자기 뜻대로 상대에게 말하고 있다고 느낀다. 그러나 그 주인공 남녀는 가공의 인물일 뿐이다. 그들이 구사하는 말은 그들의 언어가 아니라 극작가의 언어다. 그들의 말은 현실의 언어가 아니라 해당 희곡의 어법에 맞게 다듬어진 언어다. 현실에서는 아무도 셰익스피어 비극의 주인공처럼 말하지 않는다. 현실의 어떤 노인이 "내가 누구인지 말해줄 수 있는 사람은 누구인가!"라고 외친단 말인가.
　『논어』라고 해서 얼마나 다를까?『논어』에 수록된 대화가 정말 공자와 제자들이 나눈 대화 그대로일까? 고대 중국에 녹음기가 없었다는 사실을 기억하자. 현장의 말들은 공중에 흩어지고, 몇몇 사람의 기억 속에서 전수되다가, 누군가에 의해 채록된 것이다. 편집자는 이미 원전을 찾을 수 없는 상태에서 형편에 맞게 책을 편집한다. 이런 것이 『논어』가 태어난 과정이다. 설마 그럴 리가 있겠냐고? 우리가 회의록을 작성하는 경우를 생각해보자. 회의에서 오간 말들을 말투까지 그대로 회의록에 적지는 않는다. 회의에서 실제로 오간 말들은 허공으로 흩어지고, 필요한 내용만 회의록 양식에 맞게 기록된다. 그 회의록만 보아서는 말한 사람이 어떤 표정으로 어떤 음조로 어떤 간격으로 어떤 표정으로 어떤 속도로 어떤 강약으로 어떤 디테일을 말했는지 정확히 알 수 없다. 『논어』도 그와 같이 정리된 기록이다.

공자가 책상 앞에 앉아 『논어』라는 책을 저술했으면 문제는 간단하련만, 공자는 『논어』를 저술하지 않았다. 『논어』는 개인이 저술한 책이 아니기에, 체계를 찾기 어렵다. 그런 점에서 그리스도교의 성경에 비견할 만하다. "하나의 작품으로서의 『구약성서』는 호메로스 시와 비교가 되지 않으리만큼 통일성을 가지고 있지 못하다. 이것저것 꿰매어놓은 것임이 분명하다."[1] 『논어』는 20편으로 이루어져 있지만, 그 순서가 어떤 의미가 있는지 확언할 수 있는 사람은 없다. 그 편들은 물론, 그 편에 실린 문장들 역시 시간 순서와 무관하다. 어디 그뿐이랴. 똑같은 문장이 여기저기서 반복되기까지 한다.

각 편의 제목도 처음 등장하는 글자들을 선택한 것일 뿐, 일관된 주제를 표현하지 않는다. 몇몇 단락이 연관되어 보이는 경우도 있지만, 그 연관성 역시 애매하다. 『논어』는 일시에 체계적으로 만들어진 텍스트가 아니다.

성경도 그러하다. 『신약성서』의 「마르코의 복음서」 5장 22절 이하에는 예수가 병든 소녀를 치유해주는 대목이 나오는데, 같은 이야기가 「마태오의 복음서」 9장 18절 이하에서 반복된다. 완전히 같은 것도 아니고 약간 바뀐 형태로.[2] 이 중 어느 것이 진짜 이야기일까? 이 질문에 답해줄 결정적 증거가 있을까? 20만 개에 달한다는 『신약성서』 구절들의 이본들을 검토하고, 수천 개의 필사본들을 비교해보아도, 기원후 2세기 이전으로는 거슬러 올라가기 어렵다.[3] 『신약성서』가 다루는 상황과 전해진 기록 사이에는 200년 이상의 거리가 있는 셈이다. 좀 더 이른 시기의 판본이 발견된들 그것이 원본이라는 보장도 없다.

그리스어와 아람어를 넘나들며 생기는 번역의 문제도 있다. 게다가 『신약성서』의 각 표현들은 갑자기 나타난 것이 아니라 당대의 관용적인 표현을 활용한 것이 많기에 참고해야 할 자료는 한층 더 늘어난다. "이는 내 계약의 피다"라는 말을 이해하기 위해, 그리스어와 셈족어를 넘어 아람어에 비슷한 구문을 찾아내야만 하는 경우가 있다.[4] 문장들이 당대 언어의 규칙과 관습을 상당히 따르므로 정확한 이해를 위해서는 그러한 수고를 들여야만 한다. 그렇게 해도 사태 그 자체에 다가갈 수는 없다. 즉, 가장 오래된 판본을 찾아냈다고 해서 그것이 예수와 제자들의 대화를 있는 그대로 담아낸 것은 아니란 말이다. 『논어』도 마찬가지다. 『논어』 속 대화 장면은 비디오로 촬영한 것도 아니고 현장에서 속기사가 받아 적은 것도 아니다. 내용은 기억에 의존해서 재구성되었고, 재구성되는 과정에서 극화되었다.[5] 그 과정에서 실제 일어나지 않은 대화도 공자 이름으로 포함되었을 수 있다. 공자가 권위적 존재가 된 이후에는, 많은 이들이 그의 이름을 빌려 말을 퍼뜨리고 싶어 했을 테니까.

성경이나 『논어』 같은 고대 문헌에 체계가 없는 데는 물리적 원인도 있다. 『논어』 성립기 문헌들은 오늘날 볼 수 있는 책의 형태가 아니었다. 죽간이나 목간의 형태로 존재했고, 죽간들은 끈으로 느슨하게 연결된 상태였기 때문에, 오늘날 책보다 훨씬 더 자유롭게 각 부분들이 교체되고 재배열될 수 있었다. 『논어』를 이루는 부분들은 그러한 재배열 과정을 거쳐 전해 내려오다가 어느 시점에 현재 형태로 정착된 것이다.

학자들은 현행 『논어』가 한漢나라 때 완성되었을 것이라고 추정한다.[6] 『한서漢書』 「예문지藝文志」, '논어'조는 한나라 때 이미 별도로 제齊나라 『논어』와 노魯나라 『논어』라는 두 종의 『논어』가 존재했다고 기록하고 있다.[7] 왕충王充의 『논형論衡』 「정설正說」은 공자 고택에서 옛 『논어』를 발견했다고 기

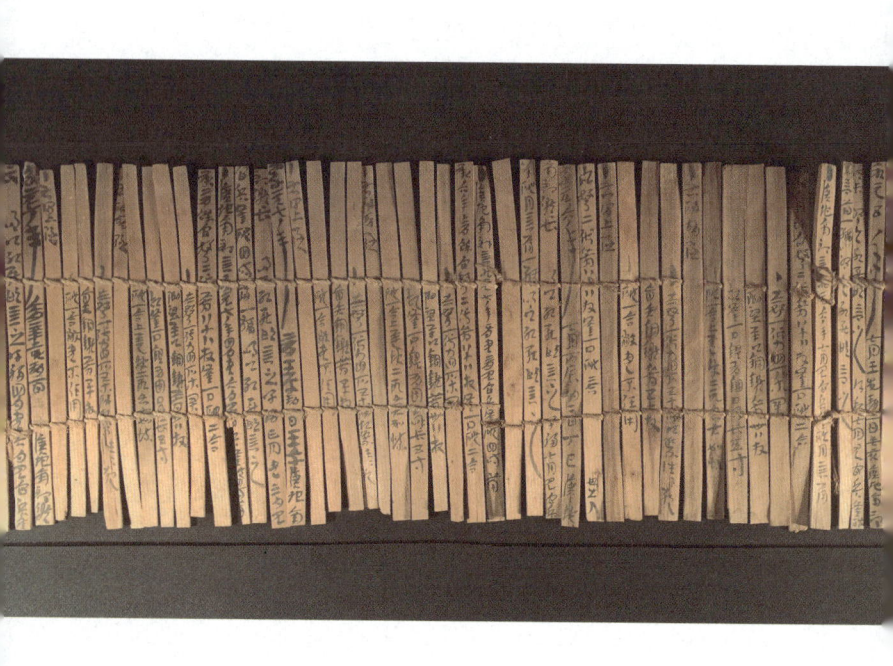

중국 쥐옌(居延) 지역에서 발굴된 한대 목간. 한나라 국경을 수비하던 군사들의 편지다. 타이완 중앙연구원 역사어언연구소 역사문물진열관 소장. (Tbatb, CC BY-SA 4.0 / Wikimedia Commons)

록하고 있다.[8] 즉, 한나라 때 적어도 세 종의 『논어』(노나라에서 전해온 『노론魯論』, 제나라 사람들이 전해온 『제론齊論』, 공자의 옛집 벽 속에서 나온 『고문논어古文論語』)가 존재했던 것이다. 현행 『논어』는 전한前漢 말의 장우張禹가 여러 『논어』를 통합해서 편집한 『장후론張侯論』에 기초해 있다. 다만 『장후론』의 전체가 남아 있지 않아서 현행 『논어』와 어떤 차이가 있는지 정확하게 확인할 수 없다. 후한後漢 시기 정현鄭玄(127~200)의 정리를 거쳐 탄생하게 된 위魏나라 하안何晏(196~249)의 『논어집해論語集解』에 이르면 대체로 현행 『논어』의 모습을 확인할 수 있다.

요컨대 수 세기에 걸친 점진적 과정을 통해 현행 『논어』가 탄생했다. 그리고 그 탄생 과정에는 한나라 때 경학가들의 작업이 결정적이었다. 고대 문헌 전승 과정에서 이런 일은 꽤 흔하다. 이를테면, 소크라테스는 아무것도 저술하지 않았다.[9] 우리가 아는 소크라테스는 주로 플라톤의 저작, 그리고 아리스토파네스, 크세노폰, 아리스토텔레스의 서술에 기초하고 있다. 그리고 플라톤 같은 이의 저작도 기원후 2세기 이래 신플라톤주의자들의 노력 덕분에 정리될 수 있었다. 그 정리 과정에서 편집이 개입하고, 분류가 이루어지고, 주석이 더해지고, 체계화가 시도되었다. 그리스도교 초기의 교부학자들, 그리고 그리스도교 성행기의 프로클로스 리카이우스Proclus Lycius, 프로클로스의 제자 암모니우스 사카스Ammonius Saccas의 제자 올림피오도루스Olympiodorus 같은 이들은 한나라 경학자들처럼 고대 그리스 텍스트를 정리하고 주석을 달았다.

현행 『논어』의 핵심이 한나라 때 성립되었다고 해서, 『논어』가 그때 곧바로 경전의 지위를 누렸던 것은 아니다. 한무제漢武帝 시기에 오경박사五經博士라는 이름으로 경전 공부를 제도화했다는데, 그 오경五經 안에 『논어』는 들어 있지 않았다. 그 당시 오경이란 『시詩』, 『서書』, 『예禮』, 『역易』, 『춘추春秋』를 뜻했다. 그래서인지 『논형』 「정설」에서는 『논어』를 "경經"이 아니라 "전傳"이라고 불렀다.[10] 물론 고대 중국에서 경전의 뜻은 오늘날 경전 혹은 고전의 뜻과 같지 않았다. 진晉나라 때 장화張華가 편찬한 『박물지博物志』에는 다음과 같은 대목이 있다. "성인이 제작한 것을 경이라고 하고, 현인이 저술한 것을 전이라고 한다."[11] 『논어』는 공자가 편찬한 것이 아니라 그 계승자들이 편찬한 것이므로 당시에는 경전으로 간주되지 않았던 것이다.[12]

그렇다고 해서 『논어』의 존재감이 미미했다는 말은 아니다. 『논어』는 『효경孝經』과 함께 공부해야만 하는 텍스트로 중시되었다. 경전에 준하는 위상이 있어야 위서緯書[13]가 생겨나는 법인데, 『논어참論語讖』 같은 위서가 생겨난 것을 보면, 한나라 때 『논어』의 존재감은 확고했던 것 같다. 그 이후 『논어』가 십삼경十三經에 포함됨에 따라, 『논어』는 다시 한번 그 존재감을 과시했다. 남송南宋 때 주희朱熹(1130~1200)가 『논어』, 『맹자孟子』, 『대학大學』, 『중용中庸』을 이른바 사서四書로 현창

할 정도에 이르면, 거의 아무도 『논어』가 공자의 대표적 어록이라는 데 이의를 제기하지 않게 된다. 오늘날 우리가 그러한 것처럼.

그러나 과연 『논어』가 그러한 특권적인 지위를 차지해도 좋은 것일까? 일단 『논어』의 성립 과정을 분명히 알려줄 수 있는 사료는 현재 전혀 없다.[14] 물론 꾸준히 새로운 자료들이 발굴되고, 새로운 문헌 연구가 제출되고 있지만, 그 어느 자료도 공자와 제자들에게 직접 가닿지는 않는다. 마치 불경 문헌 연구가 아무리 성공적이어도 결국 싯다르타에게 직접 가닿지 않는 것처럼. 싯다르타의 가르침을 상대적으로 잘 보존하고 있다는 『가르침의 바퀴를 처음 돌림(初轉法輪)』조차도 싯다르타 본인이 제자들에게 가르친 내용을 받아적듯 기록한 것이 아니고, 적어도 100년은 지나 재구성된 텍스트다. 산스크리트어가 아니라 팔리어(빠알리어)를 배워도 붓다의 목소리에 직접 다가갈 수는 없다. 팔리어는 붓다의 활동 지역에서 사용되던 언어가 아니므로. 성경, 불경, 『논어』는 모두 장기간에 걸친 문헌 표준화 노력을 통해 탄생했다.

가장 오래된 중국 문헌 중 하나인 『서경書經』에는 시대를 달리하는 문장들이 섞여 있다. 서주西周 중기까지 소급될 수 있는 상당히 오래된 문장도 있지만, 기원후 수 세기 정도까지 내려잡아야 하는 후대의 문장도 있다. 『논어』에도 그와 마찬가지로 시대를 달리하는 문장들이 혼재되어 있다. 현행

『논어』는 공자 사후 수백 년이나 지나 확립되었으므로, 그 긴 세월 동안 무슨 일이든 일어날 수 있고, 그 일들을 정확히 복원할 방법은 없다. 『논어』의 말투와 호칭의 차이에 주목해서 『논어』의 구조와 형성 단계를 추적한 학자 기무라 에이이치木村英一조차도 자신의 작업을 "상상"이자 "가정"이라고 간주했을 정도다.[15]

공자의 말이 『논어』에만 실려 있는 것은 아니다. 『논어』 이외에도 공자의 말을 전하는 텍스트는 매우 많다.[16] 『한서』 「예문지」의 『논어』 부분은 공자 어록 관련 텍스트의 긴 리스트를 전한다.[17] 그 밖에 『좌전左傳』이나 사마천司馬遷의 『사기史記』 같은 역사서, 『공자가어孔子家語』처럼 공자를 존숭하는 사상서에도, 『장자莊子』처럼 공자를 비판하는 철학서에도 공자의 말이 실려 있다. 그러한 텍스트 상당수는 진실성을 의심받아왔는데, 사실 『논어』를 포함한 고대 텍스트 전체가 진실성 의심으로부터 완전히 자유롭지 않다.[18] 『논어』든, 『좌전』이든, 『사기』든, 『공자가어』든, 『장자』든 모두 어지럽게 전승되어온 이야기들을 취사선택하여 만들어낸 텍스트라고 할 수 있다.

공자의 말을 전하는 텍스트마다 스타일이 모두 다르다. 예컨대 『좌전』이 그렇다. 『논어』처럼 격언을 모아놓은 모양새가 아니라, 기승전결을 갖춘 서사에 가깝다. 짧고 분절되어 있기에 격언으로 소비하기 쉬운 『논어』와 서사가 있기에 설득력이 강화되는 『좌전』은, 각각의 방식대로 독자에게 호소력을 발휘한다. 학자들은 『좌전』을 사실 그대로의 기록이라기보다는 특정 목적을 위해 원자료를 상당히 가공한 결과물이라고 보는데,[19] 『논어』 역시 그와 유사한 가공 과정을 거쳤을 가능성이 높다.

이처럼 『논어』는 불안정한 기초 위에 서 있는 텍스트이지만, 그럼에도 시종일관 견지되는 것이 있다. 그것은 바로 공자를 비롯해 그와 유관한 인물들 간의 대화나 언명이라는 사실이다. 『논어』가 수록하고 있는 대화들 뒤에 존재하는 공자라는 강렬한 인격은 그렇지 않았으면 갖지 못했을 에너지와 통일성을 그 대화들에 부여한다. 누구 말인지 모를 때보다는 분명한 인격체의 발화일 때 말의 힘이 더해지는 법이고, 아무나의 말일 때보다 유명한 이의 말일 때 사람들은 더 주목한다. 공자라는 인격체의 발언이라고 수록되어 있어도 그것이 정말 실존했던 인물 공자의 말인지 우리는 확신할 수 없다. 고대 중국에는 많은 사람들이 자신의 말을 권위자의 이름을 빌려 유통했기 때문이다. 예컨대 『서경』에는 전설적인 성왕聖王들이 한 말들이 실려 있는데, 이는 실제로 그 성왕들이 한 말이 아니라, 후대에 어떤 말이 그 전설상의 인물의 말로 둔갑한 것이다. 마찬가지로 『논어』에 공자의 말이라고 나와 있다고 한들, 그것이 공자의 말인지 아니면 공자라는 권위 있는 인격체에게 가탁한 말인지 알 수 없다.

지동설로 유명한 갈릴레오 갈릴레이Galileo Galilei(1564~1642)가 했다는 그 유명한 말 "그래도 지구는 돈다"를 예로 들어보자. 이 말은 갈릴레이가 종교재판 판결에 불만을 토로하며 내뱉은 것으로 알려져 있다. 과연 그럴까? 역사학자 스틸먼 드레이크Stillman Drake에 따르면, "그래도 지구는 돈다"라는 말은 갈릴레이 종교재판으로부터 100년 이상 지나 출판된 주세페 바레티Giuseppe Baretti(1719~1789)의 『이탈리아 도서관 Italian Library』(1757)에 처음 나온다.[20] 즉, 18세기 이탈리아 작가인 주세페 바레티가 "그래도 지구는 돈다"라는 말을 갈릴레이라는 유명인에게 가탁했다고 보는 것이 합리적이다. 주세페 바레티는 마치 자신이 현장에 있었던 것처럼 생생하게 해당 발언을 기록하고 있다. 갈릴레이는 재판 직후에 하늘을 올려다보고 땅을 내려다보고 "그래도 지구는 돈다!"고 했다는데…. 아무리 풍부하게 각색을 한들, 별도의 증거가 없는 한 그 이야기를 진실로 간주할 수는 없다. 『논어』에 실린 공자의 말 역시 상당수가 이와 같은 과정을 통해 수록되었는지도 모른다.

공자라는 단일 인격체가 『논어』 독해에 미치는 영향은 실로 크다. 그 때문에 『논어』 문장들이 아무리 산만하고 모순되어 보여도, 거기에 상당한 통일성이 있어 보인다. 마치 산만한 『구약성서』 이야기들이 신의 존재에 의해 비로소 통일성이 생겨나듯이. "「일리아드」나 「오디세이」와 비교하여 낱낱의 이야기와 한 무리의 이야기들의 횡적이고 수평적인 상호관계가 연속성이 없고 또 따로 떨어져 있으면 있을수록 그들의 일반적인 수직적인 연관성은 강렬하다. 이 수직적인 연관성이 그들을 함께 묶어놓고 있는데 호메로스에서는 결핍해 있는 것이다. 아담에서 예언자에 이르는 모든 『구약성서』의 큰 인물들은 이 수직적 연관성의 계기를 구현하고 있다."[21] 그러니 독자들은 숨어 있는 일관성을 찾아내고 그에 비추어 각 문장들을 일목요연하게 해석하고 싶어 하게 된다. 아니나 다를까, 많은 사람들이 『논어』 주석 작업에 매달렸고, 그러한 주석 작업은 『논어』가 고전으로 자리 잡는 데 일조했다. 『논어』에 권위가 있기에 주석이 달렸지만, 동시에 주석이 달렸기에 『논어』에 권위가 더해지기도 한다. 공자가 권위가 있었기에 제자들이 모여들었지만, 동시에 제자들이 모여들었기에 공자에게 권위가 더해진 것처럼.

주석이라는 것은 『논어』에 대해 알려주는 것만큼 주석가에 대해서도 많은 것을 알려준다. 그 산만하고 분절된 내용을 일관된 체계로 만드는 과정에서 주석가들은 결국 자신의 생각을 동원하기 때문이다. 어떻게 체계화하든, 결국 『논어』는 그 역사적 선후와 정확성을 논하기 어려운 문장의 집합이다. 전승 과정에서 많은 첨삭, 윤문, 윤색, 보정, 편집, 가감, 창작이 이루어진 순결(?)하지 않은 텍스트다. 다큐멘터리도 그냥 사실이 아닐진대, 이런 편집의 결과물이 그냥 사실일

리는 없다. 춘추시대 후기에 공자라는 인물이 이런저런 이야기를 이런저런 사람들에게 했으며, 그에 감복한 청자들이 구두로 그 내용을 전하기도 하고 기록해놓기도 했다. "자장子張이 이 말씀을 띠에 적어놓았다."[22] 그러다가 어느 시점에 편집이 시작되었고, 그 편집 과정에서 새로운 내용이 추가되기도, 근거 없는 내용이 들어가기도, 첨삭되기도 했던 불순한(?) 텍스트가 바로 『논어』다. 한나라 때 사상가 왕충이 "성현의 말씀인데도 위아래가 어긋나는 경우가 많고, 그 문장도 앞뒤가 모순되는 경우가 많다"[23]고 불평한 것도 무리가 아니다.

확실한 것이 있다면, 『논어』는 춘추전국시대에 시작하여 한나라에 이르는 기간에 확립된 텍스트이며, 그만큼 그당시 언어 세계의 산물이라는 사실이다. 『논어』에는 여러 판본이 있으며, 현행 『논어』가 정전으로 정착되기 전까지 그 판본들이 경쟁했다. 현행 『논어』가 다른 판본이나 혹은 다른 텍스트보다 더 진실한 공자의 모습을 담고 있으리란 보장은 없다. 현행 『논어』의 강점은 그것이 가진 본래적 진실함보다는, 그 이후 오랜 시간 사람들에게 읽혀왔다는 사실에 있다. 현대에서도 『논어』는 어쩐지 한번쯤은 읽어봐야 할 것 같은 고전의 위치를 점하고 있으니, 앞으로도 꾸준히 읽힐 것이다. 『논어』는 공자의 생각을 '정확하게' 담고 있기에 중요한 것이 아니라, 오랫동안 읽혀왔고 또 읽혀갈 것이라는 전망 때문에 중요하다. 『논어』는 실로 강력한 존재감을 가진 텍스트다.

3

공자를 찾아서

 『논어』에는 공자라는 강력한 캐릭터가 존재한다. 많은 사람들이 『논어』를 읽음으로써 공자라는 위대한 인물의 정신을 만날 수 있다고 생각한다. 공자, 그는 누구일까? 공자는 동주東周 시기에 살았다. 주周나라 통치자는 권력이 약화되자 기원전 770년에 수도를 동쪽으로, 그러니까 황허강 유역의 현재 뤄양洛陽(낙양) 근처로 옮겼고, 이때부터의 주나라 역사를 동주 시기라고 부른다. 이 동주 시기는 통상 춘추시대春秋時代(B.C.770~B.C.476)와 전국시대戰國時代(B.C.453~B.C.221)로 구분하는데, 공자는 춘추시대 후반기에 살았다.

 춘추시대 후반기쯤 되면 주나라가 정치적 통제력을 크게 상실한 상태였기에, 각 나라 제후들은 너도나도 패권을 추구했다. 바로 이때 공자는 여러 나라를 다니며 이상적 정치를 실현하고 싶어 했다. 그러나 그 꿈을 실현하지는 못했고, 말년에 제자들과 강학에 몰두하다가 73세를 일기로 기원전 479년에 죽었다. 이 정도까지는 그럭저럭 괜찮다. 그러나 그 이상은 간단하지 않다. 싯다르타나 예수의 경우가 그러하듯, 실제 공자에 대해 확실히 알 수 있는 것은 거의 없다. 관련 자료는 불충분하고, 그나마도 후대의 윤색과 왜곡을 거친 것이다. 그 오염된(?) 자료에 기초해 이런저런 공자의 상을 재구성해볼 수는 있으나, 우리가 이 고대의 인물에 대해 확실히 알 수 있는 것은 매우 적다.

『논어』에만 의존해서는 공자 모습에 충분히 다가갈 수 없다. 예수에 다가가기 위해서『신약성서』는 물론, 복음서, 외경, 그리고『신약성서』에 실린 글 이외의 바오로 관련 기록과 유대교에서 전승된 각종 기록들을 고려해야 하듯이, 공자에 다가가기 위해서도 다양한 전승 자료를 참조해야 한다. 그런데 그 자료 대부분이 기억의 재구성이자 문학적 형상화의 결과다. 기억이란 선택적일 수밖에 없고, 그 선택을 좌우하는 것은 기억할 때 절실했던 어떤 필요다. 누군가를 미워하고 싶으면 나쁜 것을 기억하고, 누군가를 좋아하고 싶어 하면 좋은 기억을 소환하지 않던가. 자신이 사랑하는 대상도 자신이 미워하는 대상도 모두 자신이 만들어낸 이미지가 아니던가. 역사적 인물이라고 얼마나 다르랴. 그들도 상당 부분 후대 사람들이 투사한 정념의 산물이다.

한나라 때 역사가 사마천의 『사기』「공자세가孔子世家」야말로 가장 권위적인 공자 전기 중 하나다. 그러나 사마천은 오늘날 생각하는 과학적인 역사가가 아니라 전승된 자료를 가지고서 자신이 선호하는 공자 이야기를 엮어낸 사람이다. 즉, 「공자세가」는 전승된 자료의 선택적 이용, 생략, 서사화를 거친 스토리다. 그래서 연구자들은 「공자세가」가 공자에 대한 투명한 사실보다는, 사마천이 활용했던 다양한 전승을 보여준다고 생각한다.[1] 따라서 이 『사기』「공자세가」 역시 공자나 『논어』에 대해 알려주는 만큼 사마천에 대해서 많은 것을 알려주는 텍스트다. 예컨대, 공자가 말년에 현실정치를 포기하고, 텍스트 공부에 골몰하며 여생을 보냈다는 스토리는 다름 아닌 사마천 자신의 모습을 투영한 것일 가능성이 크다.[2] 후대 사람들이 그토록 중시했던 『논어』, 『좌전』, 『사기』「공자세가」는 격언 모음, 사건 모음, 전기라는 형식을 통해 각기 다른 공자 이미지를 전달한다. 사정이 이러하다면, 우리는 공자의 참모습을 단정하기보다는 과거에 얼마나 다양한 공자의 모습이 존재했는지 음미하는 것이 바람직하다.

선생으로서 공자

독자들에게 가장 익숙한 공자의 모습은 선생이다. 배움

을 강조하는 『논어』가 그러한 공자 이미지 형성에 큰 영향을 끼쳤다. 사마천의 『사기』 「공자세가」 후반부 역시 현실정치 참여 이후에 강학에 열중하는 공자 모습을 묘사했다. "천하의 군주로부터 현인에 이르기까지 많은 이들이 있었고, 살아 있을 때는 영화를 누렸으나, 죽으면 끝이었다. 공자는 관직 없이도 열 세대를 지나서도 배우는 이들이 그를 종주로 여겼다. 천자와 왕후부터 중국에서 육예를 말하는 자들은 공자에게서 표준을 구하니 지극한 성인이라고 하겠다."[3] 즉, 현실 정치가로서 실패는 선생으로서 성공을 예비하는 것이었다. 지위가 높은 이들마저 공자에게 배움을 청할 만큼 선생으로서 성공한 것이다.

그런데 공자를 그저 앞서 존재한 선생, 즉 선사先師로만 간주한다는 것은 단지 그에게 제자가 있었다는 뜻만은 아니다. 그것은 공자를 왕이나 성인이나 신이나 예언자임을 부정하는 것이기도 하다. 예컨대 한나라 때는 금문경학今文經學과 고문경학古文經學이라는 두 갈래의 학술 전통이 경쟁했는데, 금문경학에서는 공자를 왕이나 예언자로까지 격상시킨 반면, 고문경학에서는 공자를 선생으로만 간주했다. 공자를 예언자로 본 사람들은 공자가 썼다는 『춘추』를 예언서로 간주했고, 선생으로 본 사람들은 사료로 간주했다.

공묘(孔廟, 공자 사당)의 공자 석각화 탁본. 당나라 때 화성(畫聖)으로 불린 오도자의 그림을 원본으로 새긴 것으로, 현재까지 가장 표준적인 공자상으로 손꼽히고 있다. (Wikimedia Commons)

문명의 계승자로서 공자

『사기』「공자세가」에는 광匡 지역에서 위기에 빠진 공자의 모습이 묘사되어 있다. 공자의 모습이 하필 포악하기로 유명했던 양호陽虎라는 이와 닮아서 오해를 받았던 것이다. 바로 그 위기 상황에서 공자가 했다는 말이 『논어』에 전한다.

> 선생님께서 광 땅에서 핍박받고 말씀하셨다. "문왕文王께서 이미 돌아가셨으니, 세련된 표현양식이 이제 이 몸에 있지 않은가? 하늘이 장차 이 세련된 표현양식을 없애려 한다면, 문왕보다 뒷세대인 내가 이 세련된 표현양식에 참여할 수 없었을 것이다. 만약 하늘이 이 세련된 표현양식을 없애려 하지 않는다면, 광 땅 사람들이 나를 감히 어찌하겠는가?"[4]

여기서 "이 세련된 표현양식(斯文)"이란 과거에 존재했던 이상적 문화 혹은 문명을 지칭한다. 공자는 그러한 이상적 문명과 자신과의 관계를 천명한다. 자신이야말로 그 이상적 문명의 계승자이니, 광 지역 사람들이 감히 자신을 해치도록 하늘이 내버려두지 않을 것이라는 말이다. 공자는 하늘이 인간사에 실제로 개입한다고 생각하지는 않았다. 따라서 이 인용문에서 중요한 것은 하늘보다는 공자의 자의식이다. 문명의 계승자라니! 오늘날 같으면 비대한 자의식이라고 욕을 먹을 만큼 엄청난 자의식이다. 물론 공자에게 그 문명을 정치적으로 책임질 수 있는 권력 같은 것은 없었다. 그럼에도 자신이 그 문명을 후대에게 전해줄 책임과 능력이 있다고 믿었다. 『논어』가 영향력을 더해갈수록, 공자는 점점 더 중국 문명을 대표하는 존재가 되어갔다.

새로운 시작으로서 공자

고조高祖는 패현沛縣 풍읍豐邑 중양리中陽里 사람이다. 성은 유劉요, 자는 계季이다. 아버지는 태공太公이요. 어머니는 유온劉媼이다. 예전에 어머니 유온이 큰 연못가에서 쉬다가 꿈에 신을 만났다. 이때 천둥번개가 치면서 하늘이 어두워졌다. 태공이 가서 보니 교룡蛟龍이 유온의 몸 위에 있었다. 이윽고 임신을 하였고, 마침내 고조를 낳았다. 고조의 용모를 말하자면, 코가 오뚝하고 이마가 불룩하여 용의 인상이었다. 아름다운 수염이 있었으며, 왼쪽 허벅지에 72개의 검은 점이 있었다.[5]

공자의 어머니 안징재顏徵在가 대총 언덕에서 노닐다가 잠들어 꿈을 꾸었는데 흑제黑帝(북방의 신)의 사신이 와서 같이 가자고 초청했다. 따라가서 꿈속에서 [흑제와] 교접하였다. [흑제는] 다음과 같이 말했다. "너는 빈 뽕나무('공상空桑'이라는 지명을 은유한 예언)에서 아이를 낳으라." 깨어나보니 임신한 느낌이 있었었고, 공자를 공상에서 낳았다.[6]

첫 번째 인용문은 『사기』「고조본기高祖本紀」에서 한고조漢高祖 유방劉邦(B.C.247~B.C.195)의 출생을 묘사한 부분이고, 두 번째 인용문은 한대漢代에 성립된 『춘추위春秋緯』「연공도演孔圖」에서 공자의 출생을 묘사한 부분이다. 어찌 두 묘사가 비슷하지 않은가. 마치 예수가 그러했던 것처럼 공자의 출생 과정 자체가 신비에 싸여 있다. 왕조를 개창한 사람이나 새로운 종교를 시작한 사람이나, 뭔가 새로운 시작을 해내는 사람의 출생 서사는 대체로 이렇다. 모두 통상적인 의미의 부계를 부정하고, 신성을 가진 존재로서 새로운 역사를 시작한다. 공자의 경우도 마찬가지다. 그의 아버지는 간단한 정보만 제공될 뿐 공자의 출생과 더불어 이 세상에서 그 존재가 대체로 지워진다.

이런 경우만 보아도, 『춘추위』「연공도」는 사실의 건조한 나열이 아님을 알 수 있다. 공자 어머니와 흑제가 교접한 것을 누가 보기라도 했단 말인가. 그것은 전해지거나 윤색한 말일 뿐이다. 요컨대, 『춘추위』「연공도」의 공자 출생 부분이 보여주는 것은 공자에 대한 사실이라기보다는 당시 유통되던 설화의 모습이다. 이러한 설화의 유통을 감안할 때, 공자는 그 당시에 이미 왕조의 창업자에게나 어울릴 법한 신비한

오라aura를 누리고 있었던 것 같다.

예언자로서 공자

공자가 직접 지었다고 하는 『춘추』에는 다양한 주석 전통이 있다. 그중 『춘추공양전春秋公羊傳』 전통에 따르면, 공자는 미래의 제국을 예견한 일종의 예언자였다. 예컨대 『춘추』의 경문經文에 "14년 봄에 서쪽으로 사냥을 나가 기린을 잡았다"[7]는 기록이 있는데, 『춘추공양전』은 여기 나오는 기린을 상서로운 동물로 간주하고, "공자가 춘추의 의미를 밝혀 나중에 올 성인을 기다린 것"[8]이라고 결론을 내린다. 한나라 때 학자 하휴何休(129~182)는 『춘추공양경전해고春秋公羊經傳解詁』 권12에서 『춘추』를 해설한 위서 「연공도」를 인용해가며 다음과 같이 주장한다. "공자가 우러러보아 천명을 어림하고, 굽어보아 시대의 변천을 살펴보고, 미래를 관찰하여 무궁함을 이해할 수 있었다. 한漢나라가 이 엄청난 난세의 뒤에 올 것임을 알고 혼란을 다스릴 법도를 만들어 전수하였다."[9]

이처럼 공자는 『춘추공양전』 전통에서 한나라 제국의 모습을 예언하는 존재이기까지 하다. 이는 그리스도교 전통에서 후대에 올 메시아를 예언하는 것과 유사하지 않은가. 『춘추공양전』뿐 아니라 『좌전』에서도 공자는 예禮를 제대로 지켰느냐 여부를 가지고 특정 개인이나 국가의 운명을 예언

1. 기린은 고대 중국 신화에 등장하는 상서롭고 신비한 동물이다. 로버트 제이콥 고든, 〈기린〉, 1779, 암스테르담국립미술관 소장. 2. 명나라 영락제 때 정화의 원정대가 아프리카에서 데려와 '기린'이라고 이름 붙였다. 심도(沈度)가 그린 원작의 모사본, 16세기, 필라델피아미술관 소장. 3. 기린의 외양이 특이해서일까? 초현실주의자들의 그림 소재가 되기도 했다. 살바도르 달리, 〈불타는 기린〉, 1937, 바젤시립미술관 소장.

하곤 한다. 초자연적 존재와의 소통인 예를 준수하지 못할 경우 쇠망이 불가피하다는 인식 아래 예언에 열중한다. 이러한 공자의 모습은 『논어』에 나오는 공자의 모습과 사뭇 다르다.[10]

『사기』「중니제자열전仲尼弟子列傳」에는 공자 사후 제자들이 모여 공자와 외모가 닮은 유약有若을 스승으로 옹립하는 이야기가 나온다. 그렇게 스승으로 옹립된 유약에게 한 제자가 물었다. "예전에 공자께서 행차하실 때 제자들에게 비 피할 도구를 지참하게 하셨습니다. 잠시 뒤 정말 비가 내렸습니다. … 공자께서는 이것을 어떻게 아셨을까요?"[11] 또 공자 제자 상구商瞿가 자식이 없자, 공자는 상구의 어머니에게 이렇게 예언한다. "걱정 마십시오. 상구는 마흔이 넘어 다섯 명의 아들을 두게 될 것입니다. 그리고 정말 그렇게 되었다."[12] 실로 예언은 영향력을 확보하는 대표적인 방법 중 하나다. 인간은 미래에 대해 불안해하는 법, 누군가 예언을 통해 그 불안감을 해소해주면 사람들은 그 사람 말을 경청하기 시작한다. 그래서 한나라 때 경학가들 역시 예언을 통해 자기 쓸모를 입증하기도 했다.[13]

그러나 매우 이성적이었던 한나라 사상가 왕충은 공자가 예언자라는 주장을 비웃었다. 그가 보기에 예측력에 관한 한 촌부나 공자나 근본적인 차이가 없다. "천하의 일이나 세간의 물건 가운데 생각해서 알 수 있는 것은 우둔한 사람

원나라 때 그려진 유약의 초상, 작자 미상, 타이베이 국립고궁박물원 소장.

도 그 정수에 통달할 수 있으나, 생각해서 알 수 없는 것은 최상급 성인이라도 헤아릴 수 없다."[14] 왕충은 "본받을 만한 사람으로 공자보다 나은 사람은 없다"[15]고 말할 정도로 공자를 높이 평가했지만, 예언가로서 면모는 극구 부정했던 것이다. 왕충의 이러한 비판이 필요할 만큼, 공자는 예언자라는 인식이 한나라 때 팽배했다.

성인으로서 공자

『논어』에서 공자는 성인이라고 자처한 적은 없다. 그러나 그를 계승하는 이들은 종종 공자를 성인으로 간주했다. 예컨대 맹자는 다음과 같이 말했다. "공자 이래로 오늘에 이르기까지 100여 년이니, 성인의 세대와의 거리가 이와 같이 멀지 않고, 성인이 계시던 곳과 가까운 것이 이와 같이 심한데, 아무도 없으니, 그렇다면 정말 아무도 없을 것인가!"[16] 공자는 춘추시대 사람이지만 이처럼 전국시대에 더욱 유명세를 떨친 것처럼 보인다.

『맹자』나 『순자荀子』처럼 명시적으로 공자를 계승하려는 텍스트 이외에도 『장자』, 『묵자墨子』, 『한비자韓非子』 등 공자에 비판적인 텍스트들도 공자라는 존재를 소환한다. 그러나 전국시대에만 해도 공자는 유력한 가르침과 학인집단을 대표하는 이름에 가까웠지 후대에 널리 알려진 것과 같은 본격

18세기경 그려진 성인으로서 공자. ⓒ The Granger Collection

적 성인은 아니었다.

　공자의 성인화가 본격화된 것은 한나라 때이며, 그것은 『논어』가 현재의 모습으로 정착하게 된 시기와 일치한다. 공자의 신격화에 격렬히 반대했던 사상가 왕충王充조차도 공자를 '성인'으로 존중했으며, '12성인' 중 한 명으로 열거하고,[17] '백 대에 한 번 나타나는 성인'으로 불렀다.[18]

왕으로서 공자

　왕이 아니고 일개 지식인에 불과했던 공자는 점차 왕 못지않은 권력자로 인식되었다. 한나라 때 공자를 따라다닌 저 유명한 "소왕素王"(무관의 제왕)이란 표현은 공자가 왕위에 오르지는 못했지만 왕과 다름없는 존재라는 인식을 나타낸다.[19] 공자 신격화에 격렬히 반대했던 사상가 왕충조차도 공자를 '성인'으로 존중하면서 소왕이라고 부를 정도였다.[20] 소왕이라는 표현은 단지 공자가 왕과 다름없는 존재였다는 것을 뜻하는 데 그치지 않는다. 실제 왕들은 오히려 왕다운 자질을 결여했으나 왕위에 오르지 않은 공자야말로 진정한 왕이라는 함의까지 담고 있다. 이렇게 되면 현실의 왕들은 오히려 공자를 존숭해야 하는 처지에 놓이게 된다.[21]

　어떻게 공자는 왕과 다름없는 존재, 아니 왕 이상의 왕으로 간주될 수 있었나? 궁극의 정치권력을 쥐지 못했기 때

가노 오사노부(狩野養信, 1796~1846)가 19세기 전반에 그린 소왕(素王)으로서 공자. 미국 국립아시아미술관 소장.

문에 공자는 끝내 자신의 이상을 제도나 통치로 구현할 수 없었다. 그러나 이상적 정치를 위한 청사진을 미래세대를 위해 남길 수는 있었다. 『춘추공양전』 학술 전통은 바로 이러한 의미에서 공자를 현실의 왕들보다 한나라의 기초를 더 잘 놓은 인물로 간주한다. 한나라 때 한칙韓敕이 만든 공묘예기비孔廟禮器碑에는 "공자는 성인에 가까운 분으로서 한나라를 위해 도道를 정했다"[22]는 내용이 실려 있다. 그리고 후한 때 인물인 사신史晨이 공묘에 세운 비석인 사신비史晨碑에도 "서쪽에서 기린을 사냥하여 잡자, 한나라를 위해 (법도를) 만들었다",[23] "한나라를 위해 『춘추』를 제작하여 도가 실로 행해질 수 있었다"[24]는 내용이 실려 있다.[25]

공자가 얼마나 구체적인 정치적 청사진을 남겼는지는 논쟁거리다. 그러나 『논어』나 『춘추』처럼 중요한 텍스트의 주인공이라는 점 하나만으로도 공자는 충분히 정치적 존재일 수 있었다. 현실정치의 영향력이라는 점에서가 아니라, 현실정치의 부침을 넘어 오래도록 정치적 영향력을 발휘하는 텍스트의 주인공이라는 점에서 그렇다. 그 텍스트들은 특정 정권에 복무하는 데 그치지 않고 정권 비판의 토대 역시 제공했으므로, 정치적 부침을 넘어 살아남을 수 있었다. 즉, 공자는 상징권력의 최고봉이라는 점에서 일종의 왕이었던 셈이다.

앞면　　　　　　　뒷면

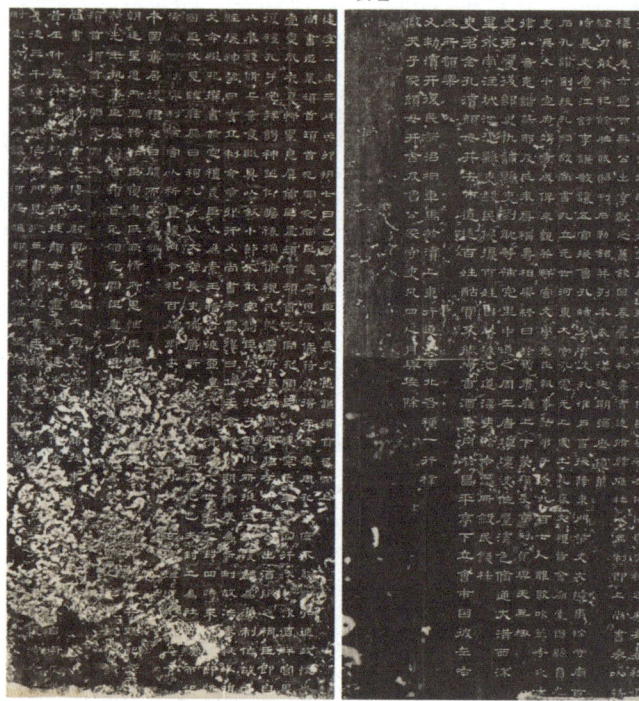

〈사신비(史晨碑)〉는 169년 동한(東漢) 시기에 새겨진 비석으로, '사신전후비(史晨前後碑)'라고도 불린다. 앞면은 노나라 재상 사신(史晨)이 공자를 기리기 위해 조정에 올린 상소문이고, 뒷면은 사신이 공묘의 제사를 성대하게 거행한 업적을 기록하고 있다.

신으로서 공자

『논어』에서 공자는 신과 거리가 멀다. 제자들에게 때로 타박을 받는 사람, 자기를 알아줄 권력자를 찾아 떠도는 사람이 초월자일 리는 없지 않은가. 게다가 공자는 "괴이한 힘과 어지러운 귀신에 대해 가르치지 않았고",[26] 신보다 인간에게 집중하라고 말하지 않았던가. "사람도 섬기지 못하는데 어찌 귀신을 섬길 수 있겠는가?"[27] 왕이나 성인 취급을 받았을 때조차, 공자는 인간에 불과했다. 그러나 한나라에 이르면 공자를 신으로 여기는 흐름이 나타난다.[28]

앞에서 언급한 『춘추위』 「연공도」는 공자의 탄생을 이렇게 묘사했었다. "공자의 어머니 안징재가 대총 언덕에서 노닐다가 잠들어 꿈을 꾸었는데 꿈속에서 흑제의 사신이 와서 같이 가자고 초청했다. 따라가서 꿈속에서 [흑제와] 교접하였다. [흑제는] 다음과 같이 말했다. '너는 빈 뽕나무에서 아이를 낳으라.' 깨어나보니 임신한 느낌이 있었고, 공자를 공상에서 낳았다."[29] 이렇게 신의 아들로 태어난 공자가 보통사람과 똑같이 생겼을 리 없다. "공자는 키가 십 척이고 허리가 아홉 아름이고, 앉으면 또아리를 튼 용과 같고 서면 견우별과 같고, 나아가면 묘성과 같고, 멀리 바라보면 북두칠성과 같다."[30]

이와 같은 묘사를 『논어』에서 제자들의 공자 묘사와 비교해보라. "우러러볼수록 더욱 높고, 뚫을수록 더욱 견고하

천사가 마리아에게 와서 예수를 수태하게 될 것이라고 알렸다. 프라 안젤리코, 〈수태고지〉, 1439~1443, 피렌체 산마르코 수도원 소장.

고, 바라보면 앞에 계시다가 홀연히 뒤에 계신다! 선생님께서는 차근차근 사람을 잘 이끌어 나를 세련된 표현으로 넓혀주시고, 예禮로 단속해주어 그만두고 싶어도 그만둘 수 없다. 이미 나의 깜냥을 다 하였으나, 여전히 무엇인가 우뚝 서 있는 것 같다. 비록 그것을 따라가고 싶어도 정녕 따라갈 수가 없다."[31] 지극한 존경이 넘쳐나는 발언이지만, 여기서 공자는 어디까지나 선생의 위치에 머문다. 공자를 그토록 존경하고 따르던 제자들조차 공자를 신으로 여기지 않았는데, 공자 사후 수백 년이 지나, 공자는 마침내 신의 반열에 오른 것이다. 공자 어머니의 임신 과정은 성모 마리아의 예수 임신 과정에 비견될 정도의 서사이다.

한나라 때 사상가인 왕충은 이러한 공자 신격화에 극력 반대한다.

> 공자를 사수泗水 앞에 장사 지내니 사수는 공자를 위해 물길이 거꾸로 흘렀다고 전한다. 이는 공자의 덕이 물길을 바꿀 수 있는 힘이 있어서 묘가 물에 잠기지 않았다는 말이다. 세상 사람들은 이것을 믿는다. 이 때문에 유자들은 이를 거론하며 일제히 다음과 같이 말한다. 공자의 후대에게 작위를 줄 가치가 있음은 바로 사수가 거꾸로 흐른 일이 증명해준다고. 이 사정을 살펴보면 허황된 말이다.[32]

왕충의 이러한 공자 신격화 비판은 역으로 그 당시 강력한 공자 신격화 시도가 있었음을 보여준다. 신격화된 공자는 이해의 대상이나 존경의 대상을 넘어 숭배와 신앙의 대상이 되었다.

유학자로서 공자

사람들은 공자를 유가, 유학, 혹은 유교의 창시자로 여기곤 한다. 예컨대 중국 학자 류쩌화는 『중국정치사상사』에서 "공자가 유가 학파를 창립했다"고 말했다.[33] 그런데 이는 어폐가 있다. 그것이 무엇을 지칭하든 유가, 유학, 혹은 유교라는 것은 공자 생전에는 존재한 적이 없다. 우리는 중국 고대 사상가들을 '유가儒家, 도가道家, 법가法家'라는 학파 구분으로 파악하려는 경향이 있지만, 그러한 틀은 후대에 만든 것이다. 공자가 살아 있던 당시에는 확고한 의미에서의 학파나 '유교'라고 이름할 만한 조직화된 운동이나 종교가 존재하지 않았다. 실제 상황에 부합하는 것은 공자라는 인물이 야심 찬 젊은이들의 선생으로서 상당한 명성을 누렸다는 것 정도이다.[34] 싯다르타가 불교도가 아니고, 예수가 그리스도교도가 아니듯, 공자 역시 유학자가 아니다. 불교나 그리스도교가 싯다르타와 예수가 해당 종교 성립 이전에 활동했듯이, 공자 역시 후대에서 말하는 유가, 유학, 혹은 유교 성립 이전에 활동했다.

유가, 유학, 혹은 유교는 매우 모호한 말이다.[35] 고대 문헌에서 '유儒'로 지칭되는 사람들이 반드시 공자의 추종자들은 아니다. 고대 중국에서 '묵墨'이라는 글자는 매우 한정적이고 동질성이 높은 묵가집단을 지칭하지만, '유'의 경우는 전혀 그렇지 않다. 동질성이 높은 학파를 가리키기보다는 텍스트와 예에 관심 있는 이들을 느슨하게 지칭하는 경우가 적지 않았다.[36] 그것이 느슨하고 거친 범주인 만큼 『논어』나 공자를 정교하게 이해하는 데 별로 도움이 되지 않는다. 사람들마다 그 범주에 자기 입맛대로 의미를 부여하는 지경에 이르렀기 때문이다. 오죽하면 저명한 과학사학자 네이선 시빈 Nathan Sivin이 이렇게 말했을까. "중국에 대해 뭔가 저술하는 데 그 어떤 것보다 유교라는 개념이 가장 심각한 혼란을 일으켰다."[37]

혹독한 관리로서 공자

조선 후기의 학자 이익李瀷(1681~1763)은 『맹자질서孟子疾書』[38] 서문에서 다음과 같이 말했다. "엄격한 법과 가차 없는 형벌을 어찌하여 공자의 문하에서 시행하는가!"[39] 이와 같은 말은 공자는 엄격한 법과 가차 없는 형벌을 집행하지 않았다는 생각에 기초해 있다. 그리고 이 같은 공자 이미지가 만들어진 데에는 『논어』의 역할이 크다. "정치로써 이끌고 형벌로써 가지런히 하면, 피치자들은 제재를 면하려 들 뿐 부끄러움을 모른다. 덕德으로써 이끌고 예禮로써 가지런히 하면, 부끄러움을 알고 선한 곳에 이른다."[40]

그런데 『논어』이외의 다른 사료에 기초하면, 정반대의 공자 이미지도 얼마든지 가능하다.[41] 예컨대, 사마천의 『사기』「공자세가」 중반부에 나오는 공자의 모습을 보라. 노나라와 제나라의 군주가 협곡夾谷에서 회동할 때, 공자는 노나라 정공定公에게 만일을 대비해서 물리력을 잘 갖추라고 조언한다. 마침내 회동이 이루어졌을 때 제나라 경공景公이 부적절한 예식을 연출하자 공자는 예식에 동원된 광대들과 난쟁이들의 손발을 잘라버리게 한다. 이러한 과감한 처벌을 본 제나라 경공은 두려움에 사로잡힌다.

이 장면에서 공자는 도덕군자라기보다는 무자비한 냉혈한, 군주의 권력을 제어하기보다는 강화하는 관리, 정치권력과 거리를 두기보다는 적극적으로 봉사하는 가신, 유랑 지식인이라기보다는 집행력이 뛰어난 관리처럼 보인다. 이런 장면은 『논어』에 나오는 공자 이미지와는 다른 공자 이미지가 존재했고, 그 이미지에 따르면 공자가 도덕이나 예치禮治에만 연연하지 않았음을 시사한다.

법을 잘 집행하는 공자의 모습이 잘 드러난 경우가 이른바 소정묘少正卯(?~B.C.496)를 처형한 사건이다. 그 사건은 『백

호통白虎通』,[42] 『중론中論』,[43] 『신어新語』,[44] 『회남자淮南子』,[45] 『윤문자尹文子』,[46] 『한서漢書』,[47] 『후한서後漢書』[48] 등 여러 텍스트에 실려 있다. 즉, 앞에서 언급한 『사기』 「공자세가」 해당 부분은 결코 예외적 사료가 아니다. 왜 사마천은 해당 부분에서 군주권을 옹호하는 과감한 행정가로 공자를 묘사하려 했을까? 학계의 유력한 의견에 따르면, 사마천이 "통일된 제국에서 글을 썼기 때문에, 그는 공자를 지방의 이익의 옹호자이자 찬탈하는 귀족들의 부하로 제시할 수 없었다. 공자를 법치의 대표자로 묘사한 것과 나란히, 그는 또 성인을 중앙집중화된 절대주의의 헌신적인 옹호자로 묘사했다."[49]

공자가 법을 가혹하게 집행하는 에피소드로서 가장 유명한 소정묘 처형 사건을 살펴보자.[50] 당시 사법을 총괄하던 사구司寇 직책을 맡은 공자는 취임한 지 불과 7일 만에 관료 소정묘를 제거했다는 기록이 『사기』 「공자세가」와 『순자』 「유좌宥坐」를 비롯한 중국 고대 문헌 여러 곳에 실려 있다. 그와 같은 처형은 어떤 결과를 가져왔을까? "그렇게 가차 없이 집행한 지 3개월 만에, 양과 돼지를 파는 사람들이 바가지를 씌우지 않고, 남녀가 각기 다른 길로 다니며 길에 뭔가 떨어져 있어도 줍지 않았다."[51] 즉, 공공질서가 잡힌 것이다. "길에 뭔가 떨어져 있어도 줍지 않았다"와 같은 표현은 혹리들의 법 집행을 묘사할 때 사용되는 관용구다.

고대 중국의 문헌 다수에서 소정묘 사건을 언급하느니

만큼 그 사실성을 의심하는 사람들은 거의 없었다. 그러다가 남송대에 이르러 그 유명한 성리학자 주희가 그때까지 사실로 받아들여지던 소정묘 사건의 진위를 의심한다. 이후 소정묘 사건이 실제로 일어났는지 여부를 두고 찬반양론이 꾸준히 이어졌다. 그러나 나의 접근법은 다르다. 앞에서 말했듯이, 공자에 대해 확실히 알 수 있는 사료는 매우 적다. 소정묘 관련 사료도 그것이 진실 혹은 허위라고 확정하는 것보다는 공자에 대한 다양한 전승이 존재했음을 보여주는 증거로 간주하는 것이 바람직하다. 『논어』가 영향력이 커지면서 그중에 특정한 전승이 더 우리에게 익숙해졌을 뿐이다. 이처럼 다양한 전승이 존재함을 염두에 두면, 우리는 공자 관련 전통을 이해할 때 덕치 대 법치의 이분법을 좀 더 조심스럽게 활용하게 될 것이다. 덕치가 공자의 전유물이 아니었듯, 법치 역시 이른바 법가의 전유물은 아니었다.

비판 대상으로서 공자

공자에 대한 칭송만큼이나 뿌리 깊은 것이 공자에 대한 비판이다. 『논어』 안에 이미 비판자들이 등장할 정도다. 공자가 노나라 주공周公의 사당에 들어가 매사를 묻자, 누군가 이렇게 헐뜯었다. "노나라 추읍 사람의 아들이 예禮를 안다고 누가 그랬는가? 태묘에 들어와 매사를 묻는구만."[52] 전국시대로 갈수록 그런 경향은 더 강해진다. 공자의 계승자를 자처하는 『맹자』 같은 텍스트에는 물론 공자에 대한 칭송이 넘치지만, 『장자』, 『열자列子』, 『한비자』, 『안자춘추晏子春秋』 등 여러 전국시대 텍스트에 공자를 비판하거나 멸시하거나 조롱하는 내용이 다수 실려 있다.

그들이 비판하는 공자가 공자의 실제 모습인지, 세월을 거치면서 윤색된 것인지, 공자를 비난하기 위해서 왜곡한 것인지, 영향력을 얻기 위해 공자 이름을 빌려 말한 것인지, 오늘날 우리는 확인할 수 없다. 칭송이건 비판이건, 공자가 자주 거론된다는 사실 자체가 공자라는 캐릭터의 영향력을 증거한다. 그러한 영향력은 그 이후로도 지속되어, 현대에 이르면 공자를 현대화의 걸림돌로 간주하는 이들을 다수 발견할 수 있다. 1919년 5·4신문화운동 시기에 중국에서 벌어진 공자 비판이 대표적인 예이다. 현대의 비판자들은 공자를 과거 전통의 상징으로 만든 뒤, 그 상징을 파괴하는 과정에서 생기는 에너지를 현대화의 동력으로 삼곤 했다. 그러한 동력에 관심 있는 사람들은 오늘날에도 주기적으로 공자망국론을 제기한다.

단순화된 공자망국론은 단순화된 공자찬양론만큼이나 자의적이다. 이것은 중국뿐 아니라 한국의 경우에도 마찬가지다. 예컨대 박정희(1917~1979)와 그 추종자들이 지은 책인 『우리 민족의 나갈 길』을 살펴보자.

1966년부터 시작된 중국 문화대혁명 당시에도 '구사상·구문화·구풍속·구습관'을 타파한다는 명목으로 대대적인 파괴와 폭력이 자행되었다. 사진은 홍위병들이 공묘의 '대성문' 명패를 파괴하는 모습이다.

유교는 공자가 그 교설을 제창한 이래 '자왈子曰'이면 공자님의 말씀이니 곧 진리라고 생각했고 절대왕권과 봉건적 가족제가 영속적임을 합리화해서 새로운 학설의 제창이나 비판의 여지를 허용하지 않는 혹심한 배타적 성격을 가지고 있었다. 또한 유교적 봉건지배원리는 주종성主從性을 통해서 존왕사상을 강조하였으므로 문화창조나 경제활동 면에 있어서도 민간활동을 억제하는 결과를 초래하였으며 군주전제적 성격이 고질화되어 고작해야 '한글'과 같은 문자개혁이 있었으나 그 연구 역시 왕권의 뒷받침 없이는 불가능했던 것이다. … 그러므로 동양적 전제사회 전반에 대해 통용될 수 있는바 '사회보다도 강력한 국가' 하에서 서구 민주주의사상과 같은 이질적 정치체제를 받아들일 만한 민중의 성장을 기할 도리가 없었다고 할 수 있다. 따라서 민중은 무지하고 무권리하며 허송세월을 일삼는 '무표정한 맹종적 인간'에 지나지 않았다고 하겠다. 이것이 곧 아시아적 침체성의 원인이 되었으며, 빈곤과 압박을 감수하고 '자족'하는 노예적 성격을 이룩한 것이라고 하겠다.[53]

이 인용문이 담고 있는 주장은 다음과 같다. 첫째, '공자가 유교라는 교설을 제창했다'. 그렇지 않다. 앞에서 이야기했듯, 이러한 주장은 사실이 아니다. 유교가 무엇이든 그것은 공자 이후에 생겼다. 둘째, '공자님 말씀이니 곧 진리라고 생각했다'. 그렇지 않다. 앞으로 살펴보겠지만, 공자는 탄압 대상이었고 그 탄압 덕분에 역사의 무대에 극적으로 등장할 수 있었다. 공자의 말을 드높이는 경우에도 그것이 진리라고 생각해서 드높이기보다는 자기 입장의 권위를 내세우기 위해 이용하는 경우가 적지 않았다. 셋째, '공자는 절대왕권을 지지했다'. 그렇지 않다. 『논어』에는 왕권을 지지하기보다는 왕권과 긴장을 유지하는 언명들이 가득하다. 넷째, '사회보다도 강력한 국가를 주장했다'. 그렇지 않다. 『논어』 속 공자는 국가보다는 사회의 힘을 신뢰한다. 다섯째, '무표정한 맹종적 인간으로서 민중을 양산했다'. 그렇지 않다. 『논어』 속 공자는 민중의 덕성에 관심을 두었다. 여섯째, '아시아 전체가 침체했다'. 그렇지 않다. 아시아는 자기 나름의 방식으로 움직여왔다.[54] 결국 위 인용문의 내용은 틀렸거나, 참과 거짓을 거론할 수 없을 정도로 거친 주장이다. 그렇다면 진정한 공자는 어디에 있는가?

진짜 공자는 어디에?

예수 이후 초기 그리스도교의 역사는 사도 요한, 베드로, 바오로가 중심이 된 교회의 발전사다. 오랫동안 이 같은 서사에 큰 이견이 없었다. 그런데 1945년 이집트 나일강 상류 나그함마디NagHammadi 지역에서 발견된 옛 문헌으로 인해 그

1945년 이집트 나일강 상류 나그함마디에서 발견된 초기 그리스도교 문서 가운데 「토마스 복음서」.

러한 서사는 심각하게 재고되었다. 나그함마디 문서에는 현재 성경에 포함되어 있는 네 복음서(마태·마가·누가·요한 복음서)가 아닌 「토마스 복음서」가 포함되어 있었다. 「토마스 복음서」는 복음서 성립 이전에 예수의 어록집이 이미 존재했음을 알렸을 뿐 아니라, 초기 그리스도교 정통 지도자들이 억압했던 다른 목소리가 존재했음을 보여주었다.

우리에게는 예수를 구세주로 믿어서 구원을 얻는다는 타력 신앙관이 익숙하다. 그런데 「토마스 복음서」는 그와는 판연히 다른 자력 신앙관을 설파한다. 「토마스 복음서」에서 예수는 이렇게 말한다. "나는 너의 스승이 아니다. 내가 직접 (크기를) 잰 샘에서 솟아오르는 물을 네가 이미 마시고 취하였기 때문이다." 즉, 제자들은 예수 자신과 동일한 능력을 갖추고 있다고 전제한 것이다. "이들 말씀의 의미를 찾아내는 사람은 죽음을 맛보지 않을 것이다"라고 하여 제자가 스스로의 능력으로 구원에 이를 가능성을 인정하고 있다.[55]

독일의 신학자 발터 바우어Walter Bauer가 쓴 『원시 기독교의 정통과 이단』에 따르면, 현 『신약성서』가 표방하는 입장은 로마 교회의 입장만 주로 반영하고 있다. 초기 그리스도교 시대의 에데사, 이집트, 소아시아, 마케도니아, 크레타 등지에서는 다른 목소리가 오히려 득세했다. 즉, 200년경 이전에는 로마 교회의 입장은 그리스도교 내에서 경쟁하던 여러 입장 중 하나에 불과했다. 200년이 지나서야 로마 교회의 해

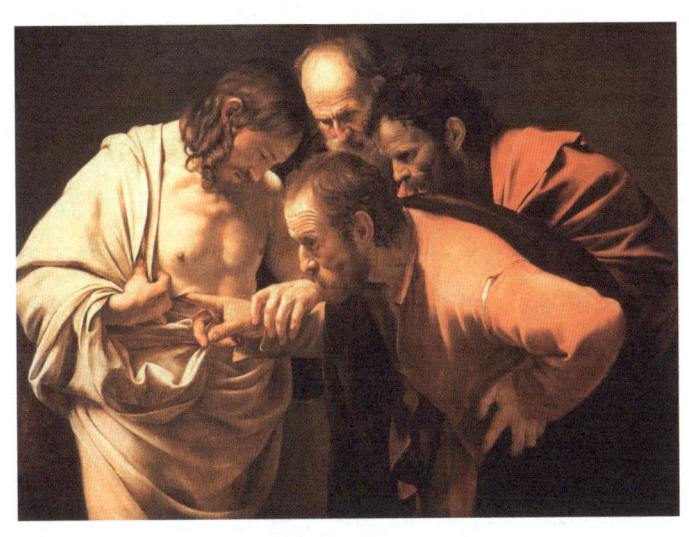

1601년경 카라바조(Michelangelo Merisi da Caravaggio, 1571~1610)가 그린 부활한 예수의 옆구리 상처를 의심하는 토마스의 모습. 포츠담 상수시미술관 소장.

석이 비로소 기타 지역에서도 우위를 점하게 되었다. 이 같은 바우어의 견해는 영향력 있는 신학자 루돌프 불트만Rudolf Bultmann에 의해 수용되어 그 이후에도 중요한 견해로 자리 잡았다.[56]

이것은 그 유명한 아리우스 논쟁을 상기시킨다. 오늘날 우리는 신으로서 예수의 이미지에 익숙하다. 그러나 초기 그리스도교 시기에는 예수를 어떻게 이해할 것인가라는 문제를 두고 다양한 입장들이 경쟁하고 있었다. 그처럼 경쟁하는 입장들 간의 긴장을 극명하게 보여주는 것이 이집트 북부 항구 도시 알렉산드리아에서 주교 알렉산더와 장로 아리우스 사이에 벌어졌던 이른바 '아리우스 논쟁'이다.[57] 두 사람 모두 예수를 존숭했으나, 알렉산더는 예수를 하나님으로 간주했고, 아리우스는 인간으로 간주했다. 예수를 하나님으로 볼 경우, 그리스도교는 타력 종교가 된다. 인간은 자신의 노력에 의해 구원받는 존재가 아니라, 신앙을 통해 신에 의해 구원받는 죄인이다. 예수를 인간으로 볼 경우, 그리스도교는 자력 종교가 된다. 인간은 자신의 노력에 의해 구원받는다. 심지어 예수처럼 될 수도 있다. 325년에 열린 니케아 종교회의는 마침내 예수는 하나님과 동일한 본질을 갖고 있다는 니케아 신조를 채택했다. 그 이후, 가톨릭 교회는 니케아 신조를 받아들였고, 아리우스 입장을 고집하던 그리스 지역 주교들은 그리스 정교회로 분화해나갔다.

그리스의 대 메테오라 수도원에 있는 니케아 종교회의 그림. 장로 아리우스가 황제와 주교들의 발밑에 있는 모습으로 그려졌다.

공자의 이미지 역시 아리우스 논쟁을 연상시킬 만큼 다양하다.[58] 예수가 랍비(율법 선생)이기도, 예언자이기도, 메시아이기도, 하나님의 아들이기도, 하나님 그 자체이기도 했던 것처럼, 공자 역시 선생이기도, 예언자이기도, 관리이기도, 성인이기도, 신이기도, 국혼이기도,[59] 겁쟁이이기도 했다.[60] 공자의 이미지는 그처럼 다양한 반면, 실존 인물 공자에 대해 확언할 수 있는 자료는 지나치게 부족하다. 공자가 말했다는 내용의 편린들과 후대 사람들이 묘사한 내용들이 우리가 가진 자료의 전부다. 그 자료 중 어느 것이 진실이고 어느 것이 왜곡인지 밝혀내는 일에도 한계가 있다. 솔직히 인정하자, 우리에게 익숙한 공자는 그러한 불충분한 자료에 기초한 모습이라는 것을. 우리에게는 공자라는 실존 인간에게 가닿을 방법이 없다. 그러니 앞으로 이어질 내용은 공자 그 자체에 대한 것이 아니라 『논어』에 대한 것, 그리고 『논어』가 전하고 있는 공자의 이미지에 대한 것이다.

4

세속의 질서를 찾아서

 인간은 난장판 속에서 살 수 없다. 아니, 잠깐 살 수는 있지만 오래 살 수는 없다. 그래서 질서가 필요하다. 그러나 질서에는 대가가 따르는 법, 질서를 유지하기 위해서는 대개 모종의 권력이 필요하다. 운 좋게 권력을 쥔 사람은 상대가 자기 뜻에 복종하기를 바란다. 그런데 누가 남에게 순순히 복종하고 싶겠는가. 그래서 권력자들은 물리적 폭력을 통해 상대의 복종을 끌어내곤 한다. 사소한 폭력은 물론이고 심지어 전쟁을 일으켜서라도 상대를 굴복시킨다. 그러나 폭력을 지속적으로 사용할 수는 없다. 물리적 폭력은 비싸니까. 폭력을 휘두르는 데도 체력 소모가 따르고, 전쟁을 계속하는 데도 막대한 비용이 든다. 타고난 싸움꾼도 매일 싸우고 싶는 않고, 최강의 국가도 매일 전쟁을 하고 싶지는 않다.

따라서 권력자는 이 세속을 넘어선 존재, 즉 신에게 관심이 많다. 만약 사람들로 하여금 신이 권력자의 편이라고 믿게 할 수만 있다면, 고생스럽게 물리적 폭력을 동원하지 않아도 된다. 내 뜻을 따르라! 신 혹은 하늘은 내 편이니까! 이 말을 믿어주기만 한다면, 엄청난 비용을 들여가며 전쟁을 할 필요는 없다. 고대인들은 신을 자기편으로 만들기 위해, 혹은 신이 자기편이라는 것을 사람들에게 보여주기 위해 제사를 지냈다. 이렇게 해야 그나마 적은 비용으로 질서를 유지할 수 있다. 이렇게 해야 폭력 이외의 방법으로도 권력을 유지할 수 있다.

그리하여 그 옛날, 제사에 대한 관심은 실로 지대했다. 사회가 가진 막대한 자원을 제사 비용으로 지불했다. 『논어』에도 제사에 대한 내용이 가득하다. 그런데 놀랍게도 초월자나 전쟁에 대한 관심은 적다.[1] "선생님은 괴이한 힘과 어지러운 귀신에 대해 가르치지 않으셨다."[2] 자로가 귀신에 대해 묻자 공자는 이렇게 말했다. "사람도 섬기지 못하는데 어찌 귀신을 섬길 수 있겠는가? … 삶도 아직 모르겠는데, 죽음을 어찌 알겠는가?"[3] 그때까지 지배층이 가졌던 초월자에 대한 지극한 관심을 감안하면, 초월적 힘으로부터 거리를 두라고 한 『논어』의 내용은 놀라울 정도다. 그 놀라움을 제대로 느끼려면 고대 중국의 정치를 잠시 살펴볼 필요가 있다.

고고인류학자들의 연구에 따르면, 고대 중국에서 제사장과 정치지도자는 불가분의 관계에 있었다.[4] 이때 제사장 겸 정치지도자는 인간의 심연에 도달하거나 개인의 심리적 위로를 위해 제사를 지낸 것이 아니다. 병을 치료하고 싶어서, 비를 내리게 하고 싶어서, 전쟁에서 이기고 싶어서 등 매우 현실적인 목적을 가지고 제사를 지냈다. 예컨대 공자가 태어나기 전 존재했던 상商나라에서는 조상신의 현실적 도움을 얻기 위하여 제사를 열심히 지냈다. 음악과 춤과 공물이 어우러지는 정교한 예식을 조상신에게 바치면, 조상신이 그에 응답할 거라고 믿었다. 이러한 상나라의 제사는 보편 도덕과는 거리가 멀었다. (제사를 제대로 지내기만 하면) 조상신들이 보편적인 인간에게가 아니라 상나라 후손들에게만 호의를 베풀어주는 것이었으니까.

조상신들이 게을러서였을까, 아니면 후손들이 타락해서였을까? 상나라는 주나라에 정복당했다. 상나라를 정복한 뒤, 주나라는 놀랍게도 자신이 상나라보다 무력이 강해서 승리했다고 주장하지 않았다. 주나라 조상신이 상나라 조상신보다 강해서 승리했다고 주장하지도 않았다. 그 대신, 하늘이 주나라의 승리를 원했기에 승리했다고 주장했다. 하늘은 왜 하필 주나라의 승리를 원했나? 주나라가 가장 도덕적인 정치 세력이기에 그러했다. 천명天命 사상이라 불리는 이 주장은 보편 도덕의 성격을 띤다. 하늘은 어느 종족이든 도덕적이기만 하면 가리지 않고 축복하니까. 상나라가 부도덕하게 처신하자 하늘은 상나라를 벌했듯, 언제고 주나라가 부도덕하게 굴면 주나라도 벌할 것이다. 즉, 천명의 대상은 바뀔 수 있다. 이러한 천명 사상을 통해 주나라 사람들은 보편 도덕으로 권력을 정당화할 수 있었다.

천명으로 권력이 정당화되고 나면, 그 권력은 안정된다. 이제 폭력을 휘두를 필요가 대폭 줄어든다. 이것이 꼭 권력자에게 좋은 일만은 아니다. 어떤 권력자가 충분히 도덕적이지 않다고 판명될 경우, 마찬가지 이유로 권력을 잃을 수 있다. 실제로 누군가 정권을 전복하고 나면, 앞 정권이 천명을 무시해서 망했다고 주장했다. 일상에서도 권력자를 통제하기 위해 천명 개념을 들먹일 수 있었다. 하늘에 혜성이 나타나면 누군가 외치는 것이다. 저것은 현 정권이 제대로 통치하고 있지 못하다는 신호다! 한나라 이래 황제들은 자신이 천자天子(하늘의 자식)라고 주장했지만, 그것이 곧 자기 멋대로 할 수 있다는 뜻은 아니었다. 하늘의 자식은 어디까지나 자식일 뿐, 하늘 그 자체는 아니다. 하늘이 아닌 한 자기 멋대로 할 수는 없고, 하늘의 뜻을 받들어야만 한다.

세상에 영원한 것은 없는 법. 주나라의 정치 질서가 해이해지면서, 초월자의 권위 역시 약화되었다. 예컨대 『시경詩經』에 실려 있는 시 「운한雲漢」에는 자신이 겪는 고통에 대해 초월자들이 응답하지 않는다는 좌절감이 생생하게 표현되어 있다. "왕이 말했다. 아아! 지금 사람들이 무슨 죄람. 하늘이 난리를 내리고, 기근이 창궐한다. 신들에게 빠짐없이 제사 드리고, 제물을 아낀 적 없고, 귀한 구슬까지 바쳤는데, 내 말을 들어주지 않네!"[5] 공자가 질서의 새로운 기초를 찾아 나선 것은 바로 이러한 역사적 맥락에서였다. 비록 하늘이 여전히 최상위의 권위였지만, 그 하늘이 인간사에 직접 반응하리라고 공자는 더 이상 믿지 않았다. 공자에게 중요했던 것은 제사의 대상인 신이 아니라 제사 그 자체였다. 신이 인간에게 반응하든 말든 그것은 중요하지 않다. 중요한 것은 제사를 지내는 행위 그 자체다!

이런 주장을 수용하지 않았던 이들은 공자의 주장을 마치 무신론인 것처럼 몰아붙였다. "귀신이 없다고 주장하는 동시에 제사 지내는 예를 공부하는 것은 손님이 없는데 손님 맞는 예를 공부하는 것과 같고, 물고기가 없는데 그물을 만드는 것과 같다."[6] 그러나 공자의 입장은 결코 무신론이 아니었다. "귀신을 공경하되 거리를 두어라."[7] 공자는 신보다는 제사 그 자체에 관심을 두라고 했지, 신이 없다고 주장한 적은 없다. 따라서 이러한 고대 중국의 논쟁은 근대 유럽의 자연법 논쟁과는 다르다. 근대 유럽의 자연법 사상가들은 도덕률의 근원이 신이라고 생각한 반면, 무신론자들은 도덕률의 근원인 신의 존재를 의심했다. 공자는 달랐다. 공자는 신의 존재를 긍정하는 동시에, 신이 도덕률의 근원이라고 생각하지 않았다.

    그렇다면 공자에게 신과 하늘 같은 초월자는 도대체 무엇이었단 말인가? 고대 로마나 상나라의 신처럼 인간의 제사에 직접 반응하는 존재가 아니었다. 그렇다고 이해득실이 걸린 제사 대신 영혼에 반응하는 플라톤적 존재도 아니었다.[8] 공물보다는 사랑을 요청하는 그리스도교적 신도 아니었다. 하늘은 묵자의 신처럼 인간에게 예측 가능한 서비스를 제공하는 존재도 아니었고,[9] 그리스 신화의 신들처럼 인간에게 장난을 거는 존재도 아니었다.

    『논어』에서 하늘은 인간사에 명시적으로 개입하지 않는다. 그러나 존재한다. 그렇게 존재해서, 인간이 현세의 고뇌를 도저히 이길 수 없는 순간에 그 존재를 떠올릴 수 있게 한다. "하늘이 내게 덕德을 주었으니, 환퇴桓魋가 나를 감히 어찌하겠는가?"[10] "하늘에 죄를 지으면 빌 데가 없습니다."[11] "나를 알아주는 사람이 아무도 없구나! … 하늘을 원망하지 않고, 남을 탓하지 않고, 범속한 공부에서 출발하여 고매한 곳에 이르니, 나를 알아줄 이는 아마 하늘이런가!"[12] 이처럼 『논어』에서 하늘 혹은 신은 최후의 정서적 의지처 역할을 한다.

    이런 의미의 하늘은 오늘날 우리에게도 너무 익숙한 것이어서 왜 하필 그 의지처가 하늘이어야만 하는지 새삼 묻지 않게 된다. 그러나 하늘은 그러한 역할을 맡기에 적합하다.

아리스토텔레스가 말했듯, 하늘은 모든 것을 포괄하는 뜻을 담기 때문이다. "하늘 밖의 장소, 공백, 시간은 없다."[13] "결코 태어난 적이 없는 하늘이 늘 우리가 태어나는 것을 본다. 그리고 모든 시간을 포함하는 하늘, 생성되지도, 썩지도, 뭉개지지도 않을 하늘은 우리가 죽는 것을 언제나 보게 될 것이다."[14]

어쨌거나, 공자의 마음속에서 하늘은 최종적인 심리적 의지처일 뿐, 이 세속을 살아가는 것은 인간의 몫이다. 이 세속의 질서를 유지하기 위해서는 신이 아니라 신에게 바치는 예 그 자체를 중시해야 한다. 많은 사람들이 신으로부터 보상을 기대하면서 의례를 실천할 때, 공자는 그러지 말고 예 자체에 집중하라고 말했다.

5

행동규범을 찾아서

　예, 전례, 혹은 의례란 무엇인가? 예는 의식적인 결단 없이도 반복하는 행동이며, 반복하기에 양식화된 행동이며, 양식화되었기에 패턴이 있고, 패턴이 있기에 심미적인 행동이다. 평범한 습관에 비해 의례는 공들여 행하는 상징적인 행위라서 아름다운 경우가 많다. 천주교의 미사가 그렇지 않던가. 종교적 상징이 가득한 미사는 주기적으로 반복되며, 반복되기에 양식이 존재하고, 그 양식 속에서 패턴이 구현되며, 그 패턴은 아름답다.

　이것이 어디 미사뿐이랴. 나같이 평범한 사람의 일상에도 의례는 깃들어 있다. 나는 아침에 일어나면 특별한 결단 없이도 아침 체조를 하고, 달걀을 삶고, 아침 식사를 차리고,

책상을 정리한다. 이것은 아주 오랫동안 반복해왔기에 서툴지 않으며 동선이 깔끔하게 정리되어 있다. 내가 하는 다른 짓거리에 비하면 훨씬 더 정제되어 있고 아름답다. 이 루틴은 내게 꼭 필요하다. 내가 오늘 하루도 멀쩡하게 시작하고 있다는 뜻이니까. 이러한 나의 아침 루틴을 모두 예라고 부를 수 있다.

예라는 관습은 공기처럼 존재한다. "예란 일이 터지기 전에 금지하고, 법이란 일이 터진 뒤에 금지한다. 따라서 법을 쓸 곳은 쉽게 보이지만, 예가 생겨난 바는 알기 어렵다."[1] 이 공기 같은 예는 언제 어떻게 생겨난 것일까? 예를 갑자기 발명한다고 해서 예로 정착되지는 않는다. 예는 대개 전해 내려오는 행동을 모방하고, 경우에 따라 수정함으로써 유지 강화된다. 예가 시작되었을 때는 나름의 원인이나 이유가 있었겠지. 그러나 오랜 시간이 지난 지금은 그 기원이나 이유를 새삼 생각하지 않은 채 그냥 행동하곤 한다. 악수도 그렇지 않은가. 악수할 때마다 반드시 호감을 표시하는가? 꼭 그렇지는 않다. 사람을 만나면 습관적으로 손을 내민다. 그러한 예를 통해 삶의 예측 가능성이 높아진다. 내가 악수하려고 손을 내밀면 상대도 아마 손을 내밀 것이다, 그리고 상대는 정말 손을 내민다. 세상에, 예측대로다! 악수를 한다는 것은 상대가 예측 가능한 사람이라는 것, 적어도 미친 사람이 아니라는 것을 나타낸다.

악수의 경우에서 보이듯, 사람 사는 곳에서 예는 편재한다. 그렇지만 예가 언제 어느 곳에서나 이론화되는 것은 아니다. 네덜란드 태생의 인문주의자 에라스뮈스Desiderius Erasmus(1466~1536)는 『소년들의 예절론』에서 "철학에서 가장 고상하지 못한 분야인 매너에 대한 글을 바치는 일을 용서해달라"고 굳이 양해를 구했다.[2] 에라스뮈스가 살던 사회에서는 예 혹은 매너를 그다지 고상한 주제로 생각하지 않는 이들이 있었기에 그런 양해가 필요했던 것이다. 반면, 고대 중국에서 예의 실천과 담론은 풍부했다. 공자를 비롯한 많은 사람들이 예가 통치의 핵심적 수단이 될 수 있다고 굳게 믿었다.

고대 중국의 예

고대 중국에서 예는 원래 신적인 존재들과 소통하는 제사를 의미했다. 조상이나 정령들에 대한 제사 자체가 특이한 일은 아니다. 고대 인도, 그리스, 로마에서 신에 대한 제사와 예식은 지극히 중요한 일이었다.[3] 그리스도교도 마찬가지다. 예수가 살았던 시대에 세정례, 정화욕淨化浴 등 예식이 많이 있었다. 세례 요한은 물론 예수도 그와 같은 예식을 집전한 적이 있다.[4]

1566년 대 브뤼헐(Pieter Brueghel the Elder, 1525?~1569)이 그린 〈세례자 요한의 설교〉. 부다페스트미술관 소장.

고대 중국의 제사는 원래 소규모였는데, 기원전 10세기 정도에 이른바 제사 혁명이 일어났다. 소규모로 거행하던 제사가 청중들이 지켜보는 스펙터클로 변모했다.[5] 그 점은 점차 거대해진 청동 제기들이 잘 보여준다. 남아 있는 상나라 청동제기 중 무거운 것은 875킬로그램에 달한다. 그러한 성대한 예식의 스펙터클 속에서 상나라 사람들은 음식을 바치고 형식에 맞추어 노래하고 춤을 추었다. 중국의 고전『시경』속 작품 중 상당수는 그러한 제사 때 불린 노래 가사다.[6]

주나라에 이르러 예의 범주는 몸의 자세, 제스처, 서고 앉고 보고 말하고 걷는 행위, 그리고 도구를 사용하는 방식까지 포함할 정도로 확장되었다. 즉, 예는 종교적 예식뿐 아니라 일상적인 예의범절까지 포함하게 된 것이다.『논어』에 나오는 "예가 아니면 보지 말고, 예가 아니면 듣지 말고, 예가 아니면 말하지 말고, 예가 아니면 움직이지 마라"[7] 같은 대목은 일상적 행동거지까지 모두 예의 영역이었음을 확인해준다. 물론 이것이 곧 스펙터클적 요소가 완전히 사라졌다는 것을 뜻하는 것은 아니다.『논어』에는 성대한 전례에 대한 언급도 많이 있다. "체禘 제사에서 술 따르는 순서 다음은 [예가 엉망이라] 나는 보고 싶지가 않다."[8] 다만,『논어』에서 예는 거대 전례에 그치지 않고 일상적이고, 미시적인 차원까지 포괄하게 된 것이다.

예는 신과 인간 간의 상호작용, 그리고 인간과 인간 간의

기원전 14~기원전 11세기 상나라 시기에 제작된 거대한 청동기 후모무정(后母戊鼎). 높이 133cm, 너비 112cm, 깊이 79.2cm, 무게 875kg, 중국국가박물관 소장.

상호작용을 가능하게 하는 세련된 행위였다. 그 두 측면 중에서 전자가 먼저 고대 중국을 풍미했다. 신에게 예식을 통해 공물을 바치면, 신은 그에 호응하여 자신에게 호의를 베풀어주리라 기대했다. 이 험한 세상을 살아가기 위해 인간은 신의 도움이 필요하며, 그 도움을 얻기 위해 제사를 지냈다. 『논어』 속 공자는 이러한 사고방식을 정면으로 거부한다. 신의 응답을 기대하지 말고 예를 수행하라고 말한다. 마치 결혼을 생각하지 말고 사랑하라고 말하듯이. "귀신을 공경하되 거리를 두어라."[9]

신에게 무엇인가를 바라다니! 공자가 보기에 인간은 신의 뜻을 알기 어렵다. 귀신과 죽음에 대해 제자 자로가 물었을 때 공자는 이렇게 대답했다. "삶도 아직 모르겠는데, 죽음을 어찌 알겠는가?"[10] 기존에는 제사를 통해 신의 뜻을 알아낸다고 설쳤으나, 공자는 냉정하게 말했다. "피치자에 관련하여 올바름에 힘쓰고, 귀신을 공경하되 거리를 두면 '안다'고 할 수 있다."[11] 여기서 흥미로운 것은 '거리를 둔다'는 대목이다. 과연 무엇으로부터? 바로 제사의 대상인 귀신으로부터. 주체가 대상을 믿고 몰입할 때는, 공자가 말하는 바의 '거리'는 유지될 수 없다. '거리 유지'야말로 앎의 중요한 요건이다. 귀신에게 거리를 두지 않고 기복을 해대는 것은 앎이 아니다. 거리 유지를 위해 필요한 것은 메타meta적인 태도다. 즉, 예에 몰입하는 데 그치지 않고 거리를 두고 질문할 수 있는 능력 자체가 중요하다. "유由(자로)야. 네게 안다는 것에 대해 깨우쳐주마. 아는 것을 안다고 하고, 모르는 것을 모른다고 하는 것, 이것이 아는 것이다."[12] 자신이 무엇을 모르는지 알아야 제대로 아는 것이므로 귀신의 뜻을 안다고 설치면 안 된다. 실로 공자는 귀신에게 기복적인 태도를 보인 인물인 장문중臧文仲을 보고 지혜롭지 못한 사람, 즉 앎을 제대로 성취하지 못한 사람이라고 비판한 적이 있다.[13]

대상과 일정한 거리를 두고 메타적인 앎을 확보할 때, 비로소 대상에 대해 미혹되지 않을 수 있다. 메타적 앎과 미혹의 관계에 대해서는 플라톤의 대화편 『알키비아데스』에 잘 나와 있다. 소크라테스는 이렇게 말했다. "누군가가 뭔가를 알지 못할 때면, 그것에 관해서 그의 영혼은 어쩔 수 없이 헤매게 될 수밖에 없는 것인가? … 그러니까 알지 못하는 것들에 관해서, 자네가 그걸 알지 못한다는 것을 알고 있는 한에서는 헤매지 않겠지?"[14] 자신이 모른다는 사실을 알면 헤매지 않는다. 진정 헤매게 되는 것은 자신이 모른다는 사실을 모를 때다. 인간은 아무리 노력해도 귀신의 뜻을 알 수 없다. 따라서 귀신은 알아야 할 대상이 아니라 공경하며 거리를 두어야 할 대상이다. 그렇지 않고 귀신의 뜻을 파악하겠다고 설치면 필연적으로 헤매게 된다.

그렇다면 진정 알아야 할 대상은 무엇인가? 알아야 할 대상은 귀신이 아니라 예, 덕, 타인 등이다. "관중管仲이 예를 안다고 하면 누가 예를 알지 못하리오?"[15] "유由야, 덕을 아는 사람이 드물구나."[16] "남을 아는 것이다."[17] 그런데 많이 보고 기억한다고 해서 곧 제대로 알게 되는 것은 아니다. "대개 알지 못하면서 지어내는 사람이 있기 마련이다. 그런데 나는 그러한 경우가 없다. 많이 듣고, 그중에서 좋은 것을 택하여 따른다. 많이 보아 기억하는 것은, 아는 일의 다음이다."[18] '예를 안다는 일'이 곧 특정 사실을 외어 아는 것에 불과하다고 생각하는 상대를 맞아, 앎(知)에는 더 심층적인 차원이 개재되어 있다고 공자는 말했다. 제대로 알려면 많이 듣고, 패턴을 분별해내고 그중에서 좋은 것을 택하여 따를 수 있어야 한다. 그래야 마침내 움직여 일을 벌일 수 있다. "시 300편을 외워도, 정사를 맡겼을 때 제대로 잘 해내지 못하고, 사방으로 사신 갔을 때 독자적으로 대처해내지 못한다면, 비록 많이 외운들 대체 무엇을 하겠는가?"[19]

예로 다스린다는 것

예를 제대로 알아 마침내 일을 벌인다니, 대체 무슨 일을 벌인단 말인가? 예의 핵심은 통치에 있다.[20] 과연 그런가? "예禮, 예禮 운운하는데, 옥구슬과 비단을 말하는 것이겠는가! 음악, 음악 운운하는데, 종과 북을 말하는 것이겠는가!"[21] 공자가 아무리 예라는 것이 옥구슬, 비단, 종, 북 등에 불과한 것이 아니라고 역설해도 사람들은 의아해할 수 있다. 예식에 동원되는 저 번거로운 치장이나 난리법석이 통치에 다 무슨 소용이람. 그냥 추위와 더위를 막기 위해 옷을 입으면 그만 아닌가. 그냥 허기를 없애려 대충 먹어 치우면 그만 아닌가. 왜 장식이 달린 옷을 입고 정해진 그릇에 음식을 담아 일정한 순서대로 먹어야 하는가? 그것이 도대체 다스림에 무슨 소용이 있는가? 실제로 성군으로 알려진 한나라 문제文帝(한나라 5대 황제) 같은 이조차도 번잡한 예와 외관은 다스림에 무익하다고 여겼다.[22]

그러나 예는 다스림에 도움이 된다. 행위 규범으로서 예는 제멋대로 굴려는 경향을 제어한다. 예가 있기에 예측 가능해지고, 예측 가능하기에 타인과 공존할 수 있다. 에라스뮈스의 『소년들의 예절론』에는 "용변 보는 사람에게 다가가 인사하지 마라"는 지침이 나온다.[23] 인사를 하겠다는 뜻이야 좋은 것이겠지만, 인사하기 적절한 때와 장소와 방식이라는 것이 있다. 용변 보는 사람이나 구토 중인 사람에게 다가가 인사하지 말아야 한다. 테오프라스토스는 『성격의 유형들』에서, 애인이 열이 날 때 세레나데를 불러주거나 긴 여행에서 방금 집으로 돌아온 상대방에게 산책하자고 하면 안 된다고 못박았다.[24] 물론 섣부른 일반화는 금물이다. 대변을 보며 신하와 대화를 한 황제도 있었을 정도니까.[25] 예란 적절한 매너이며, 그것들은 무난한 사회관계를 촉진한다. 그러니 질서 유지가 최대 관심사인 통치자들이 예에 의존하는 것도 당연하다. "예와 겸양으로 나라를 다스릴 수 없다면 예를 어떻게 하랴!"[26]

한 걸음 더 나아가 예는 질서 유지 이상의 일을 한다. 인류학자 디미트리스 지갈라타스Dimitris Xygalatas의 연구에 따르면, 의례는 불안을 제거하고 조직의 단결을 꾀하고 질서 유지에 기여하고 사회적 세계를 형성하고 개인의 역량을 강화하고 사람을 변화시키는 놀라운 기능을 수행한다.[27] 예에 수반되는 움직임은 뇌의 화학작용에 영향을 미쳐 일종의 진통제 같은 신경전달물질을 분비하게 한다는 연구도 있다.[28] 그런 물질을 통해 사람은 많은 역경을 감당할 수 있게 된다. 실로 인간은 자신이 처한 상황을 통제하는 다양한 방법을 개발해 왔고, 의례도 그러한 방법 중 하나다.

인과관계를 분명하게 파악한 대상에 대해서는 그 인과적 지식을 이용하여 대상을 통제할 수 있다. 물을 가열하면 100도에서 끓을 것이고, 물을 냉각하면 0도에서 얼 것이다. 그러나 모든 상황이 그렇게 파악 가능하고 통제 가능한 것은 아니다. 통제 불가능하다고 느끼면 공포가 생겨나고, 공포를 느끼면 상황은 한층 더 통제 불가능해진다. 이러한 악순환을 끊는 데 의례가 도움이 된다. 의례를 수행하는 동안 불안감과 스트레스가 줄어들고 자신과 주변 환경이 동조화되는 느낌을 받는다. 조율되고 심미적인 행동을 반복적으로 그리고 집단적으로 수행하면 그런 효과가 나타난다. 의례가 가져다주는 그런 여유로운 느낌을 얻기 위해, 난관에 부딪힐 때마다 의례가 필요하다. 예컨대 죽음과 같은 상실의 경험을 극복하기 위해 상례가 필요하다.[29] 이렇게 보면 과학과 의례는 완전히 다른 것이 아니라 삶의 통제력을 향상하는 상호보완적인 두 방법인 셈이다.

의례는 집단 소속감을 강화하기도 한다. 의례는 대개 집단적 경험이기에, 의례를 통해 해당 집단의 결속이 이루어지는 것은 이상하지 않다. 의례에 함께 참여함으로써 서로 간 행위를 조율하고 공동의 기억을 창출한다. 다른 공통점 없이도 일정한 행동을 함께하면, 그 함께한 집단 구성원 간에는 소속감이 증대하기 마련이다.[30] 결국 의례의 반복을 통해 인간은 모래알적 존재, 오합지졸적 존재를 넘어서게 된다. 이런 식으로 강화된 사회적 유대감은 이제 개개인의 심적 안정감에 기여한다. 안정된 개인은 사회 질서에 필수적이다.

예로 할 수 없는 것

그렇다고 해서 예가 만병통치약일까? 이 질문에 답하기 위해 영국 작가 도리스 레싱Doris Lessing(1919~2013)의 『19호실로 가다』라는 소설을 보자.[31] 주인공 롤링스 부부는 모범적인 부부다. 두 사람 모두 뛰어난 지성을 가지고 인생의 대소

사에 합리적 선택을 해왔다. 그러던 두 사람은 낭만적인 연애로 사랑을 키운 끝에 결혼 적령기에 결혼했다. "두 사람 본인뿐만 아니라 다른 사람들도 두 사람이 잘 어울린다고 생각했다. 기뻐하는 친구들의 반응 또한 두 사람의 행복을 확인해 주는 증거였다."(278쪽) 그들의 결혼은 누가 보아도 축복받은 결혼 같았다.

경제적 여건도 좋았다. 어느 한쪽의 아파트에 들어가 살 필요조차 없었다. 두 사람은 각기 대형 신문사와 광고회사에서 일했으므로 수입이 넉넉했다. 그래서 고급 주택지로 유명한 사우스 켄싱턴에 신혼집을 마련할 수 있었다. "자신의 아파트를 포기하고 상대의 아파트로 들어와야 하는 사람이 개인적으로 굴복한 것처럼 보일 우려가 있기 때문이었다."(279쪽) 이것은 이 두 사람이 모두 강한 자아를 갖고 있는 동시에 상대의 자아를 존중할 줄 아는 성숙한 태도를 갖고 있었음을 알려준다. 그리고 그런 태도는 넉넉한 재산에 의해 뒷받침되었다.

결혼생활은 무난히 진행되었고, 여자 주인공 수전은 때맞춰 임신했다. 수전은 주저 없이 직장을 그만두었고, 네 아이가 차례로 태어났다. 아이들은 별 탈 없이 자라기 시작했다. "누구라도 스스로 선택할 수만 있다면 선택하고 싶은 삶이었다."(279쪽) 아주 무난한 날들이 흘러갔다. 그러나 문제가 있었다. "두 사람이 '다른 것은 모두 이것을 위해서'라고 말할 만한 것이 없었다."(280쪽) 삶의 이유 혹은 "삶의 원천"이 될 만한 것이 없었던 것이다. 아이들이 "기쁨과 재미와 만족"을 주기는 했지만, 삶의 원천이 되기에는 어림없었다. 두 사람 모두 유능했지만 직장에서 그러한 충족감을 느낄 수는 없었다. 두 사람 모두 상대를 사랑했지만, 사랑조차 삶의 중심이 될 수는 없었다. 사랑조차 "다른 모든 것을 지탱할 수 있을 만큼 강렬하고 중요하지 않은 것 같은 생각이 든다면, 그것은 누구의 잘못일까?"(281쪽)

생활이 점점 공허해졌다. 두 사람은 여전히 가정을 돌보았다. "수전과 매슈는 모두 아는 것이 많고 책임감 있는 사람들이었다. 자기 내면에 존재하는 폭풍과 모래 구덩이에 대해서도 잘 알고 있었다."(283쪽) 그렇게 노력했건만, 그 노력의 결과는 보잘것없었다. 그러던 과정에서 남편이 외도를 저질렀다. 부인은 용서했다. 용서했지만 짜증이 늘어났다. 그 외도가 마음에 걸려 짜증이 늘어난 것은 아니었다. 수전은 그저 인생이 사막이 된 것 같은 기분이 들었을 뿐이었다. 아이들조차 자신의 것이 아닌 듯한 기분, 아무것도 중요하지 않다는 기분이 들었다.

"하지만 그 모든 것은 누구의 잘못도 아니었다."(286쪽) 아무의 잘못도 아니었지만 공허감은 그칠 줄 몰랐다. 아이들이 좀 더 큰 뒤에 원래 직장으로 복귀할 거라는 생각조차 도움이 되지 않았다. 즉, 수전은 커리어의 중단 때문에 고민한 것

5. 행동규범을 찾아서

이 아니었다. 육아로 인해 시간이 없어진 것이 문제였을까? 아니다. 아이들이 학교에 가고 없는 동안, 수전은 일부러 일을 찾아 자신을 더 바쁘게 만들었다. 오히려 집안일로부터 자유로워지지 않으려고 애썼다. 집안일로부터 해방된 그 시간마저도 부자유스럽다는 사실을 깨달았기 때문이다. "그녀는 결코 무아의 경지에 빠질 수 없었다. 모든 것을 잊고 자신을 내려놓을 수 없었다."(295~296쪽) 아이들이 커서 덜 바빠지자, 더 고통스러워졌다.

시간이 나도 자유롭지 않았다. "수전은 자유롭지 못하다는 말을 남편에게 하려고 시도해보았다. 매슈는 그녀의 말을 들은 뒤 이렇게 말했다. '수전, 도대체 어떤 자유를 원하는 거야? 그런 건 죽기 전에는 불가능해! 나라고 자유로운 줄 알아? 나는 매일 10시까지 반드시 출근해야 돼.'"(298쪽) 이것이 자유에 대한 남편의 견해였다. 일에 얽매이지 않고 시간을 마음대로 쓸 수 있으면 그것이 곧 자유라고 보았던 것이다. 그러나 수전이 원하는 자유는 그런 것이 아니었다. 시간이 있다고 그냥 얻을 수 있는 자유가 아니었다. 집에 독방이 생긴다고 그냥 얻을 수 있는 자유가 아니었다.

마침내 수전은 그 크고 아름다운 자기 집에 들어가기조차 싫다는 것을 깨닫게 되었다. 자기 집 대신 다른 공간을 원했다. 처음에는 거실이 아닌 욕실로 도피했고, 그다음에는 빈방으로 도피했으나 공허감은 끝내 해소되지 않았다. 기차를 타고 다른 도시에 가서, 싸구려 호텔방을 찾아 들어갔을 때에야 비로소 마음이 편해졌다. 대낮에 호텔방을 빌리는 자신을 매춘부로 보는 시선이 따가웠지만 개의치 않았다. "호텔 방은 평범한 익명의 장소였다. 수전이 원하는 바로 그런 곳. 수전은 가스히터에 1실링을 넣어 작동시킨 뒤, 더러운 창문을 등진 더러운 안락의자에 앉아 눈을 감았다. 그녀는 혼자였다. 그녀는 혼자였다. 그녀는 혼자였다. 자신을 짓누르던 압박이 사라지는 것이 느껴졌다."(304쪽) 이 익명의 호텔방에서 수전은 무엇을 했을까? 아무 일도 하지 않았다. 그저 미소 지으며 창밖을 내다보았다. 중요한 것은 그 순간 수전이 익명의 존재였다는 사실이다. "익명의 존재가 된 이 순간이 귀중했다. 여기서 그녀는 네 아이의 어머니, 매슈의 아내, 파크스 부인과 소피 트라우브의 고용주인 수전 롤링스가 아니었다. 친구, 교사, 상인 등과 이런저런 관계를 맺고 있는 그 수전 롤링스가 아니었다."(318쪽)

일주일에 서너 번씩 싸구려 호텔의 빈방을 빌려 그저 혼자 앉아 있는 수전을 호텔 측도 남편도 이해하지 못했다. "수전은 자신의 역할을 거부하는 중이었고, 그녀에게 그 역할을 계속 수행하라고 강요할 방법은 없었다."(311쪽) 수전의 역할을 대신할 가정부를 고용했다. 입주 가정부가 말했다. "가끔 이 집의 안주인 역할을 대신해줄 사람이 필요한 거죠?"(313쪽) 남편은 차라리 수전이 애인과 밀회를 즐기고 있길 바랐다. 그

편이 오히려 이해 가능한 현상이었으니까. "그렇지 않다면 지금 상황이 너무 무서우니까."(322쪽) 남편은 그녀가 사라져서 뭘 하는지 알기 위해 탐정을 고용했다. 그 사실을 알게 되자 수전은 그 호텔방에서 다시는 평화를 느낄 수 없었다. "그녀는 여러 번 그 방으로 다시 돌아와 자아를 찾으려 했다. 하지만 그곳에서 찾은 것은 이름을 붙일 수 없는 초조감이었다."(325쪽) "내가 있는 곳을 당신이 알아낸 순간부터 그건 의미 없는 일이 됐어."(327쪽) 이제 그녀는 정말 갈 곳이 없어져버렸다. 동시에 더 이상 살아갈 기운도 없어졌다. 19호실에서 가스를 켜고 "그녀는 어두운 강물로 떠갔다."(335쪽) 그녀는 자살했다.

도대체 뭐가 문제였을까

도리스 레싱의 『19호실로 가다』에는 "자아" "선택" "역할" "자유" 같은 단어가 자주 등장한다. 자아를 가진 명민한 여성 수전은 사회가 요구하는 역할을 잘 알고 있었고, 결혼이라는 선택을 통해 그 역할을 잘 수행하고자 했다. 역할을 잘 수행하기만 하면 만사가 괜찮을 줄 알았다. 그러나 괜찮지 않았다. 사회는 괜찮았지만 수전은 괜찮지 않았다. 부자유를 느낀 수전은 익명의 장소를 찾았다. 익명의 장소는 사회적 역할로부터 해방된 장소였다. 수전은 익명의 장소에서 완전히

실종되고 싶었다. "미스 타운센드. 저는 당신처럼 이 세상에서 철저히 혼자였으면 좋겠어요."(305쪽)

수전은 왜 이토록 익명의 장소를 원했을까? 이름 혹은 명분이 곧 감옥일 수 있기 때문이다. 사물은 원래 그냥 존재한다. 이름은 그렇게 그냥 존재하는 사물을 순치하려 든다. 이름을 부여받은 사물은 더 이상 규정 불가능한 대상이거나 뭔지 모를 정도로 신비한 대상이 아니다. 이름들이 이루고 있는 질서 안으로 포섭된 대상이다. 이제 사물은 그 자체로 존재하기보다는 그 이름값에 맞추어 존재하게 될 것이다. 종잡을 수 없던 사람도 아버지의 이름을 부여받으면 아버지라는 이름에 맞춰 살게 될 것을 요구받는다. 자기 잘난 맛에 살던 사람도 학생의 이름을 부여받으면 학생이란 이름에 맞춰 살 것으로 기대된다.

그냥 존재하는 사물에는 온갖 측면이 있다. 무게, 질량, 색깔, 기억, 의미 등등 무수한 측면이 있다. 그리고 그 무게, 질량, 색깔, 기억, 의미 등도 시간에 따라 달라지고, 경험하는 사람에 따라 달라진다. 즉, 사물은 원래 규정하기 어렵다. 그러나 이름은 규정하기 위해 존재한다. 이름은 사물이 가진 온갖 다양한 측면을 다 고려해서 주어지지 않는다. 이름은 필요한 질서를 고려해서 주어진다. 그 이름은 꿈틀거리는 사물을 고정된 박제품으로 만든다. 이름을 통해 생명력을 희생하고 그 대신 질서를 얻는다. 이름은 현상의 단순한 묘사가 아니라 현상을 창출하는 규범이다. 뭔지 모를 현상에 이름을 부여한다는 것은 곧 질서를 부여하는 일과 같고, 그 질서를 통해 현상은 통제된다.[32]

잘 정의된 이름 혹은 명분 속에서 각자 제 역할을 수행하는 사회야말로 공자가 생각한 이상 사회다. 그 점은 공자가 역설한 정명正名 사상에 잘 드러나 있다. 위나라 '출공出公'의 통치에 대해 조언하는 과정에서 공자는 이렇게 말했다. "반드시 이름을 바로잡아야지!" 왜 이름을 바로잡는 게 그토록 중요한가? "이름이 바르지 않으면, 말이 순조롭지 못하다. 말이 순조롭지 못하면, 일이 이루어지지 않는다. 일이 이루어지지 않으면, 예악禮樂이 흥성하지 않는다. 예악이 흥성하지 않으면, 형벌이 들어맞지 않는다. 형벌이 들어맞지 않으면, 피치자들이 손발을 둘 곳이 없게 된다."[33]

이름을 바로잡아야 한다는 말로 미루어볼 때, 『논어』에서 말하는 이름은 현상을 묘사하는 일을 넘어 그 현상이 어떠해야 한다는 규범적인 뜻을 담고 있다. 그래서 어떤 이름이 존재하면 그 이름이 지칭하는 대상은 그 이름값을 해야 한다. "군주는 군주답고, 신하는 신하답고, 아비는 아비답고, 자식은 자식다워야 한다."[34] 그렇지 못할 경우, 그 대상은 자신에게 부여된 이름을 박탈당해야 한다. 그대로 두었다가는 그 이름을 통해 제대로 된 말을 할 수 없게 되고, 말이 제대로 되지 않은 상태에서 일이 제대로 이루어질 리 없다. 일이 제대로 되지 않는데, 각 부분이 최적의 상태에서 조화를 이루어 탄생하는 예악이 제대로 홍성할 리 없다.

『19호실로 가다』의 수전의 경우도 마찬가지였다. 수전은 결혼한 이상 아내답고 어머니다워야 한다. 그렇지 못할 경우, 수전은 자신에게 부여된 아내나 어머니라는 이름을 박탈당해야 한다. 그대로 두었다가는 그 이름을 통해 제대로 된 말을 할 수 없게 되고, 말이 제대로 되지 않은 상태에서 일이 제대로 이루어질 리 없다. 일이 제대로 되지 않는데, 수전의 가족들이 조화를 이룰 수도 없고, 또 수전의 가족은 사회와 조화를 이룰 수 없고, 각 부분이 최적의 상태에서 조화를 이루어 탄생하는 예악이 제대로 홍성할 리 없다.

예악이 홍성하지 않는 상태란 단순히 특정 예식이 집행되지 않는 상태를 말하는 것이 아니라, 그 조화로운 상태를 뒷받침하여 가능하게 하는 일, 말, 이름이 모두 제 위치와 상태를 잃은 상태인 것이다. 그런 상태에서 강제력을 동반한 처벌이 제대로 적중할 리 없다. 그러한 형벌 집행은 납득할 수 없는 것이며, 피치자들은 그야말로 손발 둘 데가 없게 된다. 그래서 공자는 적절한 이름을 부여하는 데 부심한다. 대표적인 예가 『춘추』다. 선생답지 못한 사람은 아예 선생이라고 부르지 않는 것이다. 나라답지 못한 나라는 아예 나라라고 부르지 않고 다른 이름을 부여하는 것이다. 특정 대상에 어떤 이름을 부여하느냐는, 그 대상이 원래 따라야 했을 규범을 환기하는 동시에, 그 규범을 따르지 못한 현실을 지적하는 일이 된다. 그런 일을 하기 위해서는 일단 이름이 바로 되어야 한다. 이름이 바르지 않다는 것은 현실이 엉망인 사태를 넘어 규범이 엉망인 상태라는 것이다.

그러나 개인은 그 규범적인 이름보다 더 복잡한 존재다. 현대에 이르러 더 복잡한 존재가 되었다. 이름은 그 복잡한 개인을 섬세하게 반영한 거울이 아니라, 그 개인들이 따라야 할 규범이다. 운 좋게 그 규범이 부여하는 역할이 자신한테 잘 맞으면 다행이겠지만, 그러리라는 보장은 없다.『19호실로 가다』의 수전을 보라. 수전은 그 역할을 잘 수행할 줄로 알았고, 그러면 만사가 괜찮을 줄 알았다. 그러나 괜찮지 않았다. 사회는 괜찮았지만 수전 본인은 괜찮지 않았다. 무엇이 문제였을까? 사회에서 부여하는 규범과 역할이 자신에게 맞지 않을 때, 개인이 할 수 있는 일은 많지 않다. 서툴게 저항하려다가는 반사회적 인물로 낙인찍힐 수도 있고, 수전처럼 거의 미쳐버릴 수도 있다. 대개의 사람들은 자신의 내면을 억누르면서 자신에게 부여된 역할을 수행한다. 마치 가면극의 주인공처럼.

예는 껍질 혹은 가면에 불과한 것일까

그렇다.『논어』에 나오는 예치의 이상은 일견 가면극으

로 보인다. 그것이 가면극이라면 상당 부분 자아 연출의 사회학으로 설명 가능하다. "개인이 염두에 둔 목표와 동기가 무엇이든, 그의 관심사는 다른 이들의 행동, 특히 자기를 대하는 다른 이들의 반응을 통제하는 데 있다. 통제는 대개 그가 다른 사람들이 상황을 정의하는 과정에 영향을 미침으로써 달성된다. 그는 자기가 의도한 대로 다른 이들이 자연스럽게 반응할 수 있는 인상으로 자기를 표현함으로써 다른 이들의 상황 정의에 영향을 미칠 수 있다."[35] 이처럼 자신의 내면이 어떤 상태이든 사회의 요구에 맞게 자신을 연출해가면서 살아가는 것이다. 그것이 바로 예다.

실로 『논어』에서는 밖으로 연출되는 모습을 중시한다. 사람들은 사물의 물성에 영향을 받지 않던가. 그러니 어떤 대상을 판단할 때, 외관이 판단 근거가 되는 것도 당연하다. 사람의 경우에도 다르지 않다. 겉으로 드러난 사람의 몸이야말로 예가 구현되는 장소이니까. "그의 아버지가 돌아가신 뒤에는 그의 행동을 살펴보아라."[36] 이처럼 외관이 중요하다고 해서 내면을 무시해도 좋을까? 겉으로는 멀쩡해 보이는 사람의 내면이 저속하기 이를 데 없다면, 환멸감이 들지 않을까?

겉으로는 예를 잘 지키지만 속으로는 저속한 사람에 대한 비판으로 19세기 프랑스 사상가 알렉시 드 토크빌Alexis de Tocqueville의 말을 참고할 수 있다.

동일한 사람이 아주 탁월한 매너와 아주 저속한 감정을 동시에 지니고 있는 경우가 드물지 않다는 것을 나는 안다. 궁정 생활을 속속들이 잘 아는 사람이라면 누구든 아주 거창한 외관이 흔히 아주 비루한 심성을 감추고 있다는 것을 잘 알 수 있을 것이다. 하지만 귀족주의의 매너는 결코 미덕을 만들어내지는 못하지만, 이따금 미덕 자체를 멋지게 장식하곤 한다. 외부로 드러나는 모든 행동거지가 언제나 본원적으로 고양된 사상과 감정, 정교하고 우아한 취향, 세련된 매너 따위를 내보이는 듯한 이 다수의 막강한 계급의 광경은 일상적으로 볼 수 있는 장면이 아니다. 귀족주의의 매너는 인간성에 대해 매혹적인 환상을 불어넣어 주었다. 그래서 그 겉모습이 비록 흔히 거짓된 것이라 할지라도, 그것을 보게 되면 고상한 만족감을 느끼게 되는 것이다."[37]

이러한 비판에 대해 공자는 무엇이라고 답했을까? "거창한 외관이 흔히 아주 비루한 심성을 감추"는 경우에 대해 공자가 몰랐으리라고 단정할 수는 없다. 그것은 너무나 흔히 볼 수 있는 광경이니까. "겸양 떠는 예는 멀쩡한데, 실제 하는 일은 그렇지 않단 말인가."[38] 이 대목에서 물어야 할 것은, 그럼에도 공자가 예를 중시했던 이유다. 토크빌은 "매너는 결코 미덕을 만들어내지는 못하지만, 이따금 미덕 자체를 멋지게 장식하곤 한다"고 말했지만, 공자는 예가 미덕을 만들어

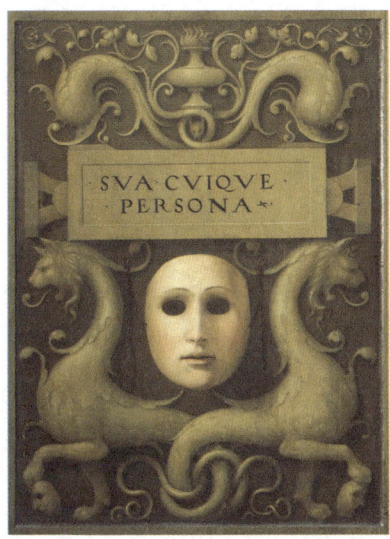 

16세기에 리돌포 델 기를란다요(Ridolfo del Ghirlandaio)는 "사람들은 다 가면을 쓴다(SUA CUIQUE PERSONA)"라는 말이 적힌 그림을 남겼고, 아고스티노 카라치(Agostino Carracci)는 그에 공명하는 판화 작품을 남겼다.
(왼쪽) 리돌포 델 기를란다요, 〈사람들은 다 가면을 쓴다(Sua Cuique Persona)〉, 73×50cm, 1510년경, 우피치미술관 소장.
(오른쪽) 아고스티노 카라치, 〈배우 조반니 가브리엘리(Giovanni Gabrielli)의 초상〉, 18.7×12.5cm, 1599년경, 암스테르담국립미술관 소장.

낼 수 있다고 믿었다. 예는 단순히 내면에 존재하는 것을 발산하는 형식에 그치지 않고, 내면을 조형하기도 한다. 위선의 반복은 선을 만들어낸다지 않는가. 그에 더하여 공허한 형식으로 그칠 수 있는 예의 측면을 인仁으로 보완하고자 한다.

설령 예가 단지 형식에 그치더라도 그 형식의 효과는 부인할 수 없다. 매너가 미덕을 만들어낼 가능성에 대해 냉소적이었던 토크빌조차도 매너는 인간성에 대해 매혹적인 환상을 불러일으킨다고 하지 않았나. 그 환상이 집단적 환상일 때, 그 환상은 그저 환상에 그치지 않고 현실이 된다. 요컨대 예가 껍질인 것은 사실이지만, 껍질이라고 함부로 무시할 수는 없다. 미국의 사상가 조지 산타야나George Santayana는 이렇게 말했다. "말과 이미지는 조개껍질과 같아서, 속에 든 내용물보다 덜 중요한 것이 아니라 오히려 눈에 더 잘 띄고 관찰하기 쉬운 자연의 본질적 성분이다. 겉모습을 위해 내용물이, 가면을 위해 얼굴이, 시와 미덕을 위해 열정이 존재한다는 말이 아니다. 자연에 다른 무엇을 위해 생겨나는 것이란 없다. 이 모든 단계와 산물이 존재의 순환에 똑같이 작용하는 것이다."[39]

법으로 다스린다는 것

앞에서 공자가 법을 강조하는 모습을 담은 사료들에 대

해 이야기한 바 있다. 그에 비해 『논어』 속 공자는 명백히 법보다 예를 강조한다. 그런데 『논어』 속 공자조차도 법을 무시하고 예만 강조하지는 않는다. 공자는 결코 예로만 나라를 다스려야 한다고 보지 않았다. "이름이 바르지 않으면, 말이 순조롭지 못하다. 말이 순조롭지 못하면, 일이 이루어지지 않는다. 일이 이루어지지 않으면, 예악이 흥성하지 않는다. 예악이 흥성하지 않으면, 형벌이 들어맞지 않는다. 형벌이 들어맞지 않으면, 피치자들이 손발을 둘 곳이 없게 된다. 그러므로 군자가 이름을 사용하면 반드시 그에 대해 말할 수 있어야 하고, 그에 대해 말을 하면, 반드시 그에 대해 행할 수 있어야 한다. 군자는 자신의 말에 대해 구차함이 없을 따름이다."[40] 이른바 정명 사상을 제기하는 이 언명에도 우리는 이름-말-일-예악-형벌의 연쇄를 본다. 즉, 형벌도 통치의 엄연한 일부인 것이다.

게다가 형벌은 예악의 대안이라기보다는 예악의 연장선에 있다. 즉, 형벌은 예와 경쟁하는 선택지일 뿐 아니라 예악이 흥성했을 때 비로소 활용 가능한 선택지이기도 하다. 공자는 전쟁과 같은 무력 사용에 반대했을지언정 형벌의 필요를 부정하지 않았고, 부정하지 않은 데 그치지 않고 예악과 형벌에 긴밀한 관계가 있다고 보았다. 텍스트는 이름을 통해 사물이 어떠해야 하는지를 규정하는 법이고, 그 규정 없이 예치는 불가능하다. 형벌은 그러한 규범적 세계와 현실 세계를 조응시키는 과정의 마지막 단계에서 고려된다. 그러한 형벌도 폭력이기는 매한가지다. 『논어』 속 공자는 예에 어긋난 폭력을 반대하는 것이지 폭력 자체에 반대하는 것은 아니다.[41]

우리는 예치와 법치의 대비에만 익숙할 뿐, 기원상 예와 법이 밀접하게 연관되어 있다는 사실에는 낯설다. 고대 중국에서 법의 기원은 국가나 종족 간에 맺어진 약속, 즉 '맹약'에 있다. 그런데 그 맹약들은 예와 별개로 발전된 것이 아니라 원래 예의 일부였다.[42] 허우마侯馬, 원현溫縣, 친양沁陽 등지에서 발견된 맹약 텍스트 연구 결과를 잠시 살펴보자. 당시 이합집산 중이던 국가나 종족들은 서로 연합하여 더 큰 정치체를 형성하고자 노력했다. 마침내 합의에 이르렀을 때, 지도자들은 함께 모여 정치적 서약을 했다. 이러저러한 사람들을 추방하고, 이러저러한 사람들을 포용하며, 결과적으로 좀 더 결속력 있고 좀 더 확대된 정치체를 창출하고자 했다.

그렇게 서약을 하면 뭐하나. 지키지 않으면 그만인 것을. 서약의 실천을 보장하려면 뭔가 추가적으로 필요하다. 그래서 지도자들은 초월자들의 힘을 빌려 서약의 권위를 확보하고자 하였다. 신은 이 서약을 어기는 사람들을 처벌할 것이라고 기록한 문서를 만들고, 그 문서가 완성되면 종교적 예식을 거행하며 무덤에 묻었다. 그렇게 매장된 문서는 그 종족들의 조상들에게 전달될 것으로 믿어졌다. 이것은 맹약 같은 법적 문서가 효력을 얻는 과정에서 종교적 의례가 적극적으로 활용된 예이다. 이러한 법적 문서 진화 과정을 고려하면, 법과 예는 서로 반대되기만 하는 것은 아니다.[43] 운몽雲夢과 포산包山의 무덤들에서 발견된 전국시대 법률 텍스트의 경우도 마찬가지다. 그 텍스트들 역시 종교적 예식을 거친 뒤 다른 부장품과 함께 땅에 묻혔다. 즉, 종교적 예식의 힘을 통해서 해당 법률의 구속력을 확보하고자 했던 것이다.[44]

이렇게 볼 때, 법과 예는 반드시 대조적인 것은 아니다. 법이든 예이든 제도화된 규범이라는 점에서는 동일하고, 집행을 위해서 권위가 필요하기는 마찬가지다. 이 점은 중국의 특성만도 아니다. 예컨대 로물루스를 계승한 고대 로마의 누마Numa왕은 새로운 법령을 도입하려 시도할 때마다 신의 조언을 구하는 예식을 베풀었다.[45] 『논어』가 예치를 강조한 것은 사실이지만, 공자는 통치 과정에서 법을 활용하는 데 반대하지 않았다. 형벌이라는 이름의 폭력도 예의 일부가 될 수 있고, 따라서 통치에 활용될 수 있다고 보았다. 망나니가 목을 베는 것도 일정한 절차와 양식을 따른다면 예의 일부가 아니겠는가. 다만, 날것으로서의 폭력은 예와 상충한다. 공자가 우려했던 바는 형벌이 남용된 나머지, 예의 차원을 상실하게 되는 상황이었다.

6

주체를 찾아서

『논어』에 따르면, 사회 속에서 정의된 이름과 명분에 맞추어 자기 역할을 해나가는 것이 중요하다. 그렇게 사회적 역할을 강조하다보니, 『논어』의 세계에 나오는 인간형을 두고 자아가 없다느니, 주체가 없다느니 이야기를 하는 경우가 종종 있다.[1] 만약 별 생각 없이 전통적으로 주어진 행동규범만 따르다가 가는 인생이라면, 자아가 없느니 주체가 없느니 해도 별 할 말이 없을 것이다. 그러나 공자가 말하는 예는 시대가 바뀌어도 단순히 반복되는 규범에 불과한 것이 아니다. 『논어』에는, 예의 준수를 강조하는 것만큼이나 예의 '어김' 혹은 변화를 찬양하는 언명들이 상당수 존재한다. "삼베 모자를 쓰는 것이 예이다. 그런데 지금은 실로 짠 것을 쓴다. 그것은 검소한 것이니 나는 다수의 사람들을 따르겠다. 당 아래에서 절하는 것이 예이다. 그런데 지금은 당 위에서 절한다. 그것은 교만한 것이니 비록 다수 사람과 다르더라도 나는 아래에서 [절하는 것을] 따르겠다."[2]

전통을 중시하는 경우에도, 공자는 단순히 특정한 과거(주나라)를 그대로 복사하려 든 것이 아니라 전승된 여러 요소들을 배합하여 창의적인 결과를 창출하고자 하였다. "하夏나라 때의 역법을 시행하고, 은殷나라 때의 나무 수레를 타고, 주周나라의 면류관을 쓰고, 순舜임금 시대 이래로 전해오는 음악을 써라. 그리고 정鄭나라 음악을 내치고, 아첨하는 말을 하는 사람을 멀리하라. 정나라 음악은 음란하며, 아첨하는 사람은 위험하다."[3] 즉, 공자는 과거를 묵수하기보다는 과거를 재해석한다. 공자는 예를 재해석하는 과정에서 예의 외연을 확장했을 뿐 아니라 과거보다 훨씬 더 깊은 주체적, 심리적 차원을 부여하고자 한 사람들 중 하나였다. 공자의 사상을 대표한다고 알려진 인仁을 통해 그 주체적, 심리적 차원을 살펴보자.

인이란 무엇인가

공자 혹은 『논어』의 사상을 이야기할 때 가장 중시되는 것은 인이라는 관념이지만, 정작 『논어』에서 인 그 자체에 대한 이론적인 사색은 거의 발견할 수 없다. 『논어』에서 관심은 인의 실천이지 인의 이론이 아니다. 제자 중궁仲弓이 인에 대해서 묻자, 공자는 인을 이론적으로 정의하기보다는 인의 실천 방법을 나열한다. "중궁이 인에 대해 여쭈었다. 선생님께서 말씀하셨다. '문을 나가서는 큰 손님을 뵌 듯이 하고, 피치자를 부릴 때는 큰 제사를 받들듯이 하고, 자신이 원하지 않는 것을 남에게 하지 않는다. 그러면 제후국에 [벼슬하고] 있어도 원망함이 없고, 경대부 집안에 [가신으로] 있어도 원망함이 없을 것이다.'"[4]

제자 자장이 인에 대해서 물었을 때도 마찬가지다. 공자는 인의 실천 방법을 거론할 뿐이다. "자장이 인에 대해 선생님께 여쭈었다. 선생님께서 말씀하셨다. '다섯 가지를 세상에 행할 수 있으면, 인을 실천하는 것이다.' … '공손함, 너그러움, 믿음직스러움, 애씀, 베풂이다. 공손하면 무시당하지 않고, 너그러우면 많은 사람을 얻고, 믿음직스러우면 사람들이 신임하고, 애쓰면 공을 세우고, 베풀면 다른 사람을 부릴 수 있다.'"[5] 왜 인에 대해서 묻는데, 이렇게 실천 방법을 나열한단 말인가? 이러한 응답 방식에 주목한 허버트 핑가레트 Herbert Fingarette 같은 학자는 인에는 심오한 심리적 성격이 없다고까지 주장했다.[6] 그러나 인에 담긴 심리적 성격을 보여주는 문답 또한 적지 않게 존재한다. 따라서 인에는 심리적 성격이 없다고 섣불리 단정하지 말고, 왜 이렇게 실천이 중시되는지를 물어볼 필요가 있다.

인이 그토록 실천으로 이어질 수 있는 것은 인이 심리적 성격이 결여되어 있기 때문이 아니라, 인에 심리적 기질이 풍부하기 때문이다. 제자 번지樊遲가 인에 대해서 물었을 때, 공자는 심리적 차원에서 인을 정의하는 것처럼 보인다. "남을 아끼는 것이다"[7]라고 정의했다. '마음 심(心)'자가 '아낌(愛)'이라는 글자에 포함되는 것에서 알 수 있듯, 이와 같은 인의 정의에는 심리적 요소가 포함되어 있는데, 그 심리적 요소는 물론 정서를 동반한다. 그리고 정서는 사람을 움직일 수 있다. 즉, 행동으로 이어질 수 있는 잠재력을 갖고 있다. 인이라는 정서적 기질이 없다면, 사람들은 예로 지탱되는 사회 속에서 그저 자기에게 주어진 역할만 하는 수동적인 존재로 살아갈 것이다. 마치 『19호실로 가다』의 주인공 수전처럼. 그럴 경우 예는 겉치레에 불과한 행동규범이 된다. 그러나 인의 정서적 성격은 인간의 행동거지가 무의미한 겉치레로 전락하지 않도록 해준다.

인에 정서적 성격이 풍부한 만큼, 인은 자칫 단순하고 무반성적인 감정 반응, 심지어 격렬한 감정 분출로 오해될 수도 있다. 제자 재아宰我가 "인仁한 사람은 누군가 '우물 안에 인한 사람이 빠져 있다'라고 하면 아마 우물에 따라 들어갈 겁니다"라고 말하자 공자는 이렇게 대꾸한다. "어찌 그러하겠는가? 군자는 [우물에] 가게 할 수는 있지만, [우물에] 빠지게 할 수는 없다. [그럴듯한 논리로] 속일 수는 있지만, [무턱대고] 속일 수는 없다."[8] 여기서 재아는 인한 사람은 누군가 우물에 빠지면 놀랄 것이며, 제어할 수 없는 감정적 격동에 휩싸일 것이라고 전제하고 있다. 그런 나머지 사람을 구하기 위해 다짜고짜 우물에 뛰어들 것이라고 상상한다. 즉, 솟구치는 인한 감정과 상황에 대한 현명한 대처는 양립하지 않을 것이라고 시사한다. 그러나 공자는 인이 단순한 감정의 격발이 아니라 타인이 처한 상황을 잘 인지하고, 그에 대해 체계적인 반응을 하는 일까지 포함한다고 보았다.

인은 타인에 대한 공감이자 아끼는 마음이지만 그렇다고 해서 무조건적인 사랑을 뜻하는 것은 아니다. "오직 인한 사람만 남을 좋아할 수 있고, 미워할 수 있다."[9] 여기서 능能(~할 수 있다)자에 주목할 필요가 있다. 그냥 호오의 감정이 일어났다가 사라지는 것은 인이 아니다. 제대로 좋아하고 미워하는 일을 해내는 힘이 인이다. 그러기 위해서는 감정에도 인지적 기능이 발휘되어야 한다. 사회규범을 기계적으로 따르는 것도 아니고, 주어진 상황에 단순히 감정적 대응을 하는 것으로는 충분하지 않다. 분별 있는 판단이 따라야 한다. 인은 공감이지만 그렇다고 무지성은 아니다.

이렇게 보면 인에는 감정, 지성, 실천의 요소가 모두 갖추어져 있다. 그러니 그것은 얼마나 대단한 것인가. 그래서 사람들이 여러 가지 긍정적인 가치나 상태를 인으로 간주하고 싶어도 공자는 거듭 그것들은 바람직하지만 아직 인이라고 하기는 어렵다는 유보적 자세를 취했다. "이기려 하고, 자랑하고, 원망하고, 욕심 부리는 일을 하지 않으면 인을 실천한다고 할 수 있습니까?"라는 질문을 받고서 공자는 이렇게 말했다. "어려운 일이라고 할 수 있겠지만 인인지는 모르겠다."[10] 이처럼 논의의 복합적이고 심오한 차원을 환기하는 취지의 발언은 『논어』에 적지 않다. "인한 사람은 반드시 용기가 있지만, 용기가 있는 사람이라고 해서 반드시 인한 것은 아니다."[11] "아직 모르겠다. 어찌 인할 수 있겠는가."[12] 심지어 바람직한 인간상으로 제시되는 군자조차도 인을 충분히 실현한 존재는 아니다. "군자이면서 인하지 않은 사람은 있어도, 소인이면서 인한 사람은 아직 없었다."[13]

인이 이처럼 대단한 것인 동시에, 원하면 즉각적으로 구현 가능한 것처럼 이야기되기도 한다. "만약 인에 뜻을 두기만 하면, 악惡이 없을 것이다."[14] "내가 인을 원하면, 인은 곧 이를 것이다."[15] 인이 즉각적으로 구현 가능한 것은 그것이 자신에게 있는 것이기 때문이다. "인을 실천한다는 것이 자기로부터 말미암는 것이지, 남으로부터 말미암는 것이겠는가?"[16] 이처럼 인은 자기 자신에게 있다. 인을 알면, 자신에 대해 알게 될지 모른다. 그런데 공자와 그 제자들은 인이 본성에 뿌리박은 것이라기보다는, 후천적 행위와 습득 속에서 구현되는 것처럼 말한다. 자하子夏가 말하였다. "널리 배우고,

잘 기억하고, 절실히 묻고 가까운 일부터 생각하면, 인이 그 가운데 있다."[17]

인은 자신에게 있거나, 자신에게 달린 것이지만, 배움을 통해 비로소 실현되는 것이다. 인은 우리 안에 존재할지언정, 발견되기만 하면 되는 완성된 실체는 아닌 셈이다. 누구나 마음먹으면 인을 실천할 수는 있으나, 인한 사람이 되는 것은 별개 문제다. 좋은 일을 하는 것과 좋은 사람이 되는 것이 같지 않듯이. "인하지 않은 사람은 곤궁한 상황에 오래 머물지 못하고, 즐거운 상황에도 오래 머물지 못한다. 인한 사람은 인을 편히 여긴다.[18] 후자는 인을 실천하는 정도를 넘어 인을 편하게 여기는 수준에 이른 경우다. 인을 한번 실천하는 일을 넘어 인한 사람이 되기 위해서는 지속적인 수련이 필요하다. 그 경지에 도달하기만 한다면, 평화가 따른다. "인한 사람은 고요하다."[19]

인과 이익

인한 사람은 고요하다니, 정말로 그런 상태가 가능한가? 인간은 이익을 위해 동분서주하느라 마음의 평화를 얻기 어려운 존재가 아니던가? 소크라테스의 제자 알키비아데스 Alkibiades(B.C.450?~B.C.404)는 스승에게 이렇게 탄식한 적이 있다. "제 생각에 아테네 사람들이나 그 밖의 그리스 사람들이 뭐가 더 정의롭고 뭐가 더 부정의한지에 대해서 숙의하는 경우는 드뭅니다. 그들은 이와 같은 건 뻔하다고 믿고 있고, 그래서 그것들에 관해서는 제쳐놓은 채, 행위를 할 때 어느 쪽을 하는 것이 이로운가를 살필 따름입니다."[20] 『논어』의 말대로라면, 이 그리스 사람들은 군자가 아니라 소인들인 셈이다. "군자는 올바름에 밝고, 소인은 이익에 밝다."[21]

왜 그토록 사람들은 정의를 도외시하는 것일까? "많은 이들은 엄청나게 부정의한 짓을 저지르고서 이득을 보았는데, 그와 다른 이들은 정의로운 것들을 행하고서도 이로움을 얻지 못했습니다."[22] 그렇다. 만약 정의를 추구하는 이들이 늘 불이익에 시달린다면, 사람들이 정의를 도외시하고 이익만 추구하는 것도 당연하지 않은가. 인간이 천사가 아닐진대 이익으로부터 완전히 자유로울 수는 없다. 잠시 자유로울 수는 있을지 몰라도 지속적으로 자유로울 수는 없다. 그러니 인간은 결국 정의를 희생하고 이익을 좇을 수밖에 없는 것인가? 이런 질문이 생기는 이유는 정의와 이익을 별개의 것, 혹은 양립 불가능한 것으로 보는 사고방식에 있다. "제 생각으로는 정의로운 것들과 이로운 것들이 동일한 것은 아니거든요."[23]

아테네 사람들과는 달리, 공자는 이익에 대해 잘 거론하지 않았다. "선생님께서는 이익에 대해 드물게 말씀하셨고, 운명에 대해 긍정하시고, 인에 대해서도 긍정하셨다."[24] 공자가 완벽한 성인이어서 그랬을까? 혹은 인간이 이익과 무관하다고 보아서 그랬을까? 그럴 리가. 이익과 무관하게 살 수 있는 사람은 없다. 모두가 도덕적으로 완전무결해지는 날은 쉽게 오지 않는다. 특히 정치의 문제는 이익과 무관할 수 없다. 그래서 정치에 대해 묻자 공자는 곧바로 이익의 문제를 거론했다. "빨리 이루려 들지 말고 작은 이익에 눈을 두지 마라. 빨리 이루려고 하면 제대로 이룰 수 없고, 작은 이익에 눈을 두면 큰일을 이룰 수 없다."[25] 즉, 이익을 무시하라는 말이 아니라 이익에 대해 바른 태도를 취하라는 말이다.

그렇다면 어떠한 태도가 이익에 대한 바른 태도일까? 일단 단기적 이익을 고려하지 말고 장기적 안목에서 이익을 고려해야 한다. 공자는 "작은 일을 참지 못하면 큰일을 망친다"[26]고 했으니, 작은 이익에 연연하면 큰 이익을 망친다고 생각했을 것 같다. 그리고 여기서 큰 이익은 장기적 안목에서의 이익이라고 볼 수 있다. "사람에게 멀리까지 걱정하는 마음이 없으면, 반드시 가까이에 근심이 있기 마련이다."[27] 이익의 단기적이고 무절제한 추구가 문제가 되는 것은, 목전의 자원이 한정되어 있기 때문이다. 자신의 이익 추구가 곧 타인의 이익 감소로 이어지는 경우가 적지 않다. 그렇게 되면 사람들이 원망한다. "이익을 마구 좇아 행동하면, 원망을 많이 사게 된다."[28] 작은 이익에 눈을 두고 빨리 이루려 들면, 목전의 파이를 두고 쟁탈전이 벌어지게 된다. 큰 이익을 고려하여 천천히 이루려 들면, 목전의 파이를 키워서 상대적으로 더 큰 이익을 얻을 수 있다. 정의나 도덕의 추구가 목전의 이익을 가져다주지는 못해도 장기적으로 이로운 일이라면 정의는 결코 이익과 양립 불가능한 것이 아니다. 공자가 이익에 대해 잘 거론하지 않았어도, 인간의 이익 추구를 부정한 것은 아니다. 관건은 이익 추구 여부가 아니라 이익을 추구하는 방법이다.

인은 당연하지 않다

"인자仁慈하다"라는 말이 오늘날 한국어에 살아 있듯이, 인이라는 도덕 감정은 우리에게 익숙하다. 오늘날 이웃을 사랑하라, 공감하라, 약자를 보살펴라, 이런 말들은 지극히 타당하게 들린다. 그것을 얼마나 실천하느냐가 관건일 뿐, 그런 말들이 널리 퍼져 있기에, 인을 강조하는 『논어』의 말들도 지극히 당연하게 들린다. 당연하게 들리기에 진부하게 느껴지기조차 한다. 그러나 그러한 느낌은 후대의 감각이다. 인을 강조하기 위해서 각오가 필요했던 시대도 존재했던 것이다. 인에 대한 강조가 신선한 것이었다는 것을 실감하려면, 그와는 다른 입장, 그와 경쟁할 수 있는 다른 입장들과 함께 생각해보아야 한다.

로마의 경우를 보라. 로마에서 원하지 않는 아이를 유기하는 일은 흔한 일이었고, 그런 일은 법적으로도 문제가 없을 뿐 아니라 이론적으로도 타당한 것으로 여겨지는 경우가 많았다.[29] 로마에서는 아들과 맏딸은 유기하지 말라고 권유했지만, 그것은 곧 아들과 맏딸을 제외한 다른 자식들은 유기해도 좋다는 뜻이기도 하다.[30] 실제로 「12표법」은 기형아나 허약한 아기를 유기하는 것을 허용하고 있다. 심지어 그러한 습속을 정당화하는 사상가마저 존재했다. 그 결과 로마에서는 많은 아기들이 버려졌고, 버려진 아기들은 짐승에게 잡아먹혔다. 고고인류학자들은 태어난 지 하루가 된 영아의 뼈들이 모여 있는 하수구를 발견한 적도 있다.[31] 요컨대, 강한 것이 좋다는 사고방식이 로마에 팽배했던 것이다. 원형 경기장에서 사람이 짐승에게 찢기는 모습을 보며 열광하는 문화는 로마에 엄연히 존재했던 것이다. 마키아벨리 Niccoló Machiavelli(1469~1527)에 따르면, 그리스도교는 이러한 로마적 용맹함을 제거하고 유약함을 심어주었다.[32] 니체Friedrich Nietzsche(1844~1900) 역시 『도덕의 계보』에서 로마적인 가치로부터 그리스도교적 가치로의 대역전에 주목한 바 있다. 그러한 대역전이 성공한 결과, 우리는 로마적 강함보다는 공감과 연민 같은 그리스도교적 도덕에 (충분히 실천하지는 못할지라도) 더욱 익숙하게 되었다.[33]

그러한 가치의 대역전 이전에 자비심이나 동정심 같은 도덕 감정은 오늘날만큼 당연시되지 않았다. 노력하지 않은

로마에서는 맹수가 죄수를 공격하게 하고 그것을 관람했다. 기원후 3세기경 모자이크. (Dennis G. Jarvis-Flickr / CC BY-SA 2.0)

사람들에게 도움을 주다니! 게으른 이들에게 위안을 주다니! 그들에게 불쌍한 마음이 드는가? 그런 것은 비이성적인 충동에 불과하다![34] 이런 분위기에서 공감과 연민 같은 도덕 감정을 적극적으로 선양하려면 각오가 필요하다. 『논어』의 세계도 마찬가지다. 내세의 구원을 약속하지 않는다는 점에서는 로마적인 것과 유사하지만, 물리적인 강함을 찬양하지 않는다는 점에서 로마적인 것과 판연히 다르다. 공감에 기초한 도덕 감정을 강조한다는 점에서 그리스도교적인 것과 유사하지만, 내세의 구원을 약속하지 않는다는 점에서 그리스도교적인 것과도 다르다.

인은 인간 본성인가

공자는 인간이라면 인을 갖추어야 한다고 주장한다. 그렇다고 공자가 인을 인간 본성이라고 이해했는지는 분명하지 않다. 『논어』에서 공자는 인간 본성에 대해 논하기를 삼갔다. "선생님께서 성性과 천도天道에 대해 말씀하신 것만큼은 들을 수 없었다."[35] 공자가 강조한 것은, 인이 인간으로 하여금 각 상황에 걸맞은 예의 실천을 하도록 해준다는 것, 그리고 합당한 예의 실천은 인을 배양한다는 것이었다. 요컨대 인은 갈고 닦은 마음의 기질이다. 인을 갖기 위해서는 자기 연마가 필수적이다.

자기 돌봄, 자기 수양, 혹은 자기 연마를 운운할 때, 관건이 되는 것은 연마의 객체가 되는 '자기'뿐 아니라 자기 연마를 결심하고 이행하는 주체로서의 '자기'다. 즉, 자기 연마를 운운하는 한, 자아는 상상 속에서나마 두 영역으로 분리되고, 분리된 만큼 그 양자 간의 관계가 문제시된다. "내겐 먹여 살려야 할 내가 있다"라고 말할 때도 자아는 두 영역으로 분리된다. 미셸 푸코Michel Foucault는 고대 그리스·로마의 자기 돌봄 전통에서 제기되는 이 문제를 "주체의 문제"라고 불렀다.[36] "저는 '자기'라는 말을 어떤 종류의 관계로 이해합니다. 주체로서의 인간 존재가 자기 자신과 맺을 수 있고 유지할 수 있는 관계 말입니다."[37] 『논어』의 세계에 푸코가 정의하는 바의 '자기'가 존재하는 것은 의심할 나위가 없다. 『논어』에도 명백히 자기 연마의 문제를 논하기 때문이다. 자기 연마가 별거인가. 극기가 바로 자기 연마이다. "자신을 이기고 예禮로써 남을 대하는 것이 인을 실천하는 것이다."[38]

그렇다고 해서 『논어』에 근대적 자아나 주체가 있다는 말은 아니다. "이 자기 수양은 사회와 문명의 개인주의적 형태의 발전과 관련이 있는 걸까요? 사람들은 대체로 개인주의와 자기의 문제를 혼동합니다. 저는 로마 제국을 통해 개인주의 사회가 전혀 아니었으면서 대단히 확산되고 대단히 풍요로운 자기 수양을 발전시킨 사회의 적절한 예를 발견할 수 있다고 생각합니다. 로마 사회는 결코 개인주의적 사회가 아니었습니다."[39] 마찬가지 이유에서 『논어』의 세계를 근대적 개인주의 사회라고 할 수 없다. 자기 수양이나 자기 연마의 전통은 개인주의 사회보다 훨씬 더 오래되었다.

푸코에 따르면, 이 '자기'는 선험적으로 존재하거나, 인간으로 태어난 이상 본능적으로 느끼는 현실은 아니다. "자기라는 것은, 애초부터 주어진 현실도 아니고 특정 도식이나 특정 모델에 맞춰서 발전시켜야 하는 것도 아닙니다. 자기는 심리학적 현실이 아닙니다. 혹은 아마도 자기는 특정한 역사문화적 형식들을 통해서 심리학적 현실이 되거나, 혹은 적어도 경험의 근간이 됩니다."[40] 따라서 이 주체는 인간 본성으로부터 연역될 대상이 아니라 역사적으로 탐구해볼 대상이다. 환경이 바뀌면 자기를 구축해내는 윤리적 실천도 변하고, 윤리적 실천이 변하면 그 실천의 결과 역시 달라질 수밖에 없다. 마찬가지로 그 윤리적 실천이 바뀌지 않고서 그냥 주체를 바꾸는 일 역시 불가능하다. 권력은 인간을 직접적으로 통제하는 데 그치지 않는다. 자기가 자기를 스스로 통제하게끔 한다. 푸코가 보기에, 자기가 자기와 맺는 관계야말로 권력 작동의 핵심 중 하나다. 그래서 "오늘날 정치의 가장 중요한 문제 가운데 하나는 엄밀한 의미에서 우리 자신에 대한 정치가 될 것입니다."[41]

자기가 자신을 통제하는 과정에서 이미 통제하려는 자아와 통제받는 자아라는 두 겹의 자아가 발생하고, 그 결과 자아는 입체적이 된다. 그런데 이 자아는 자신의 지하실을 한 층 더 파 내려가서 더 입체적인 존재가 될 수도 있다. 푸코가 보기에, 그러한 현상은 그리스도교와 더불어 발생했다.

> 예를 들어 금식하는 것은 좋은 것이라는 생각이 내게 떠올랐다고 합시다. 이 생각은 진실된 것일 수 있습니다. 하지만 이런 생각은 신이 머리에 떠오르게 한 것이 아니라 나를 다른 수도사들과 경쟁시키기 위해 사탄이 제안한 것일 수 있고 그래서 내가 평소 하는 금식보다 더 많은 금식을 하려는 계획에는 타자들에 대한 나쁜 감정이 섞여 있을 수 있다는 것입니다. 이처럼 관념은 외부 세계의 관점이나 규칙의 관점에서는 진실되지만 그 기원이 나쁜 감정에 뿌리를 두고 있기 때문에 불순하다는 것입니다. 그리고 우리는 그 뿌리와 기원에서 세심하게 해석되고 점검되어야 하는 주관적 사실로서 우리 자신의 사유를 해석해야 하는 것입니다.[42]

이쯤 되면 자신을 대상화해서 연마하고자 하는 것은 두 겹의 '자기'의 성립에서 그치지 않는다. 그렇게 연마하려 드는 자기 생각이 과연 사탄에 의해 주입된 생각인지를 점검하기 위해 의식의 지하실까지 내려간다. 『논어』에 그러한 지하실에 대한 사색은 없다. 그와 유사한 깊이는 송宋나라 때부터 번성하기 시작하는 성리학에 가서나 발견할 수 있다.[43]

7

인간을 찾아서

누군가 『논어』를 거론하며 공자가 인간 본성에 대해 이야기했다고 한다? 그렇다면 그는 사기꾼일 가능성이 높다. 『논어』에서는 인간 본성의 내용에 대한 공자의 명시적 주장을 단 한마디도 찾을 수 없기 때문이다. 자공子貢이 말했다. "선생님의 세련된 표현에 대해서는 들을 수 있었지만, 선생님께서 성性과 천도天道에 대해 말씀하신 것만큼은 들을 수 없었다."[1] 중국 고대에서 인간 본성에 대한 본격적인 논의는 양주楊朱(B.C.440?~B.C.360?) 정도는 되어야 제대로 찾아볼 수 있다.[2]

『논어』에 인간 본성에 대한 논의가 없다고 해서 『논어』에 담긴 인간관을 논의할 수 없는 것은 아니다. 고대 중국에는 다양한 인간 유형을 통해 인간을 논의해온 전통이 있다. 이를테면, 『장자』 「천하」에는 천인天人, 신인神人, 지인至人, 성인聖人, 군자君子 등의 인간형이 병존한다. "본원에서 떠나지 않는 이를 천인이라고 한다. 정수에서 떠나지 않는 이를 신인이라고 한다. 참으로부터 떠나지 않는 이를 지인이라고 한다. 하늘을 본원으로 삼고 덕을 근본으로 삼고 도를 문으로 삼아 변화를 살피는 자를 성인이라고 한다. 인을 은혜로 삼고 의를 이치로 삼고 예를 행위로 삼고 음악을 조화로 삼아 은은하게 자애로움과 인자함을 적셔주는 이를 군자라 한다."[3]

그렇다면 『논어』에서는 어떤 인간형을 제시하고 있는가? 『논어』에도 선인善人(좋은 사람),[4] 대인大人,[5] 성인聖人, 군자君子, 한결같은 사람恆者,[6] 완성된 인간成人[7] 등과 같은 다양한 인간형이 등장한다. 물론 이 인간형을 공자가 발명한 것도 아니고, 『논어』에서만 등장하는 것도 아니다. 『논어』에서 공자와 그의 제자들은 바람직한 인간형을 제시하려 부심했지만, 새로운 인간형을 발명하기보다는 기존 인간형을 재정의했다. 그 관심의 정도를 볼 때, 『논어』에서 긍정적 인간형으로 각별히 부각한 것은 군자와 사士이다.

군자[8]

고대 중국에서 군자는 원래 귀족 엘리트를 뜻하는 말이

었다.⁹ 귀족이란 자신의 가계를 기반으로 높은 사회적 위치를 확보한다. 그러나 귀족이 아닌 사람들은 당신이 출신 가문 하나로 그렇게 높은 지위를 누려도 되느냐고 끊임없이 따지는 법. 특히 춘추전국시대 같은 정치적 혼란기에는 단순히 가문만 가지고는 자기 입지를 수호하기 어려웠다. 그러한 문제를 타개하기 위하여 귀족들은 자신들이 혈통만 훌륭한 것이 아니라, 그 혈통에 걸맞은 덕성을 가지고 있다고 주장했다. 인仁이나 효孝 같은 덕성들은 공자 이전에 이미 귀족적 가치로서 거론되던 것들이다. 그런데 그 가치들은 단지 귀족 혈통을 가진 이들만 독식할 수는 없고, 귀족이 아닌 사람들도 그런 가치를 구현할 수 있다고 주장할 수 있다. 즉, 덕을 갖춘 사람이라면 누구나 군자의 자격을 주장할 가능성이 있다. 이리하여 귀족적 가치는 더 이상 세습 귀족만이 누릴 수 있는 배타적인 것이 아니라, 배워서 고귀해지고자 하는 모든 이에게 열린 이상이 되었다. 『논어』에 나오는 군자에 관한 언명들은 바로 그 열린 이상이 보여주는 인간형을 표현하고 있다. 역사가 윌리엄 부스마William Bouwsma는 14세기 이후 유럽에서 '귀족nobility'이라는 신분 개념이 훨씬 더 융통성 있는 개념으로 바뀌었다고 지적했는데, 그러한 지적은 고대 중국의 군자 개념에도 적용할 수 있다.¹⁰

공자가 자하에게 한 말을 들어보자. "너는 군자 같은 식자(儒)가 되어라. 소인 같은 식자(儒)가 되지 말아라."¹¹ 이 말을 통해, '유儒'가 되느냐 여부가 아니라 군자가 되느냐 여부가 관건임을 알 수 있다. 그리고 이 당시 '유'라는 범주에는 군자뿐 아니라 소인도 포함되어 있었음을 알 수 있다. 그만큼 '유'란 공자와 딱히 관련 없이 느슨하게 쓰이는 말이었고, 그 자체로 딱히 좋다고도 나쁘다고도 할 수 없는 표현이었다. 그러니 공자를 두고 유가, 유학, 유교 운운하는 것은 그다지 정교하지 않은 접근이다. 공자가 바람직한 인간형으로 선양한 것은 '유'가 아니라 '군자'였고, 그 군자는 무엇보다 소인이 아닌 사람을 의미했다.

이토록 군자와 소인을 구분하고자 한다는 것은, 군자와 소인이 일견 비슷하기 때문이다. 누구나 보자마자 분별이 가능한 유형이라면 굳이 두 유형을 구별하려 들 필요도 없었을 것이다. 첫째, 군자와 소인 모두 타인과 교류한다는 점에서 유사하다. 둘 다 은둔형 외톨이가 아니다. 군자든 소인이든 넓은 사회에 나와서 적극적으로 사람들과 교류하고 무엇인가 이루려고 열망한다. 그러나 "군자는 조화를 도모하되 부화뇌동하지 않고, 소인은 부화뇌동하되 조화를 이루지 못한다."[12] 이 점은 『논어』에서 반복해서 강조된다. "군자는 두루 아우르되 편을 짓지 않고, 소인은 편을 짓되 두루 아우르지 않는다."[13] "군자는 긍지를 갖되 다투지는 않으며, 무리를 이루되 편을 짓지는 않는다."[14]

편을 짓지 않고 두루 아우른다는 점에서 군자는 타인과

잘 지내려는 데에만 골몰하는 사교적 인간처럼 느껴질지 모른다. 그러나 공자는 군자가 원칙 있는 인간임을 강조한다. "군자는 섬기기는 쉬워도 기쁘게 하기는 어렵다. 도道로써 기쁘게 하지 않으면 기뻐하지 않는다."[15] 원칙이 있기에 그의 절개를 빼앗을 수 없다. "육 척의 고아(어린 임금을 일컬음)를 맡길 수 있고, 백 리 땅의 명운을 위임할 수 있고, 큰 절개가 요청되는 상황에서 [그의 절개를] 빼앗을 수 없으면, 군자다운 사람인가? 군자다운 사람이다!"[16] 원칙 있는 사람은 안달복달하지 않는다. "군자는 평탄하고 여유로우며, 소인은 늘 속을 졸인다."[17] 군자의 이와 같은 의연함은 소인의 교만함과는 다르다. "군자는 태연하되 교만하지 않고, 소인은 교만하되 당당하지 않다."[18]

원칙을 지키지 못하는 사람은 원칙을 지키는 사람을 시기하고 미워하는 법. 원칙을 내세우는 사람은 고립되지 않던가. 그럼에도 군자가 고립되지 않고 다른 사람들을 아우를 수 있는 비결은 무엇인가? "군자는 남의 좋은 점을 이루어주고, 남의 나쁜 점을 이루어주지 않는다. 소인은 이와 반대이다."[19] 소인은 다른 사람들의 나쁜 점을 이루어준다니, 이게 무슨 말일까? 문제의 소지를 자신보다는 타인에게서 찾기 때문이 아닐까. "군자는 자기에게서 찾지만, 소인은 남에게서 찾는다."[20] 남 탓을 어떻게 하느냐고? 남 탓할 구실이야 많다. 소인은 "사람을 부릴 때도 그 사람이 모든 것을 갖추기를 요구한다."[21] 군자는 사람을 부릴 때 그가 완전무결한 팔방미인이기를 바라는 대신, "그 사람의 그릇에 맞게 부린다."[22] 이것은 공자가 존경했던 주공의 견해와 같다. "한 사람에게 모든 것이 갖추어져 있기를 바라지 않는다."[23]

이처럼 군자와 소인은 일견 비슷해 보일지 몰라도 지향은 판연하게 다르다. "군자는 위를 향해 가고, 소인은 아래를 향해 간다."[24] 이 말은 다음과 같은 오스카 와일드의 말을 연상시킨다. "우리는 모두 시궁창에서 살아가고 있지만, 그 와중에도 몇몇은 별빛을 바라볼 줄 안다."[25] 별을 바라본다는 것은 멀고 높은 곳을 지향한다는 뜻이다. 소인은 남 탓을 하고 남으로부터 덕 보려고 하고 당장의 이익에 연연하는 반면, 군자는 사후의 명예까지 고려한다. "군자는 무능함을 근심하지, 남이 자기를 알아주지 않는 것을 근심하지 않는다."[26] 그렇다고 자신의 노력이 산산이 흩어져도 좋다고 생각하는 것은 아니다. "군자는 죽을 때까지 이름이 일컬어지지 않는 것을 근심한다."[27] 고대 그리스의 영웅들이 그러한 것처럼 군자 역시 명예를 생각한다. 허명을 통해서가 아니라, 합당한 문화적 유산을 통해서 기억되기를 바란다. 이토록 멀리 그리고 높이 보는 인간이니, 소인에 비해 입체적일 수밖에 없다. 자하가 말하였다. "군자에게는 [그 모습이] 세 가지 변화가 있다. 바라보면 엄연하고, 다가가면 온화하고, 말을 들어보면 엄격하다."[28]

이러한 군자는 언제 완성되는가? "군자는 올바름으로써 바탕을 삼고, 예로써 행하며, 공손함으로써 표출하고, 믿음직스러움으로써 완성한다. [이렇게 해야] 군자로다!"[29] 여기서 "완성"이라는 말이 나온다. 자로가 완성된 인간에 대해 묻자 공자는 이렇게 대답했다. "장무중臧武仲의 앎, 공작公綽의 욕심 없음, 변장자卞莊子의 용기, 염구冉求의 재주를 갖춘 뒤에, 예악으로 세련된 표현을 더한다면, 과연 완성된 인간이라고 할 수 있다." 다시 덧붙여 말씀하셨다. "요즘의 완성된 인간이야 어찌 꼭 그러기야 하겠는가? 이익을 마주할 때 올바름을 생각하고, 위기에 닥쳤을 때 목숨을 던질 수 있고, 오래전 약속이라 해도 전에 했던 말을 잊지 않으면 과연 완성된 인간이라고 할 수 있다."[30] "이익을 마주할 때 올바름을 생각하고, 위기에 닥쳤을 때 목숨을 던질 수 있는" 사람이라니, 그런 사람은 '사士'라고 불리기도 한다.

사士

고대 중국에서 '사'가 현실에서 어떤 존재 혹은 계층이었는지에 대한 학계의 합의는 충분치 않다. 그러나 그에 대한 대략적인 정의를 내려볼 수는 있다. 사란 원래 공직에 진출할 수도 있는 사람들을 지칭했다. 따라서 귀족이나 천민이나 환관이나 여성은 원래 사에 포함되지 않았다. 그들은 관직이 이미 보장되어 있거나, 아예 관직에 접근할 수 없었으므로. 크리스토퍼 리 코너리Christopher Leigh Connery는 사를 "실제적, 잠재적 혹은 전직 비거세 남성 관직 보유자"[31]라고 정의 내렸다. 사는 관직을 자동으로 얻는 귀족이 아니라 하기 나름에 따라 관직을 얻을 수도 있는 이들이었다. 사야말로 혈통이 아니라 덕성을 구현함으로써 군자가 되는 존재들이었던 것이다.

『논어』에서 이 사는 바람직한 인간형을 나타내는 말로서 끊임없이 재정의된다. 한나라 때 경학가 하휴가 『춘추공양전』에 붙인 주석에는 "덕이 자리를 차지할 만한 이가 사다"[32]라는 대목이 있는데, 이는 『논어』에서 천명하는 사의 정의로서 적절하다. 이 정의의 핵심은 덕과 관직의 결합이다. 덕 없이 관직에만 관심을 가져도 사라고 하기에 부족하고, 덕은 있지만 관직에 냉담한 사람도 사라고 하기에 부족하다. 사란 정치적 관심과 덕을 결합한 존재이다. 『논어』는 정치에 대한 집요한 관심과 더불어 덕의 강조가 두드러지는 텍스트다.

춘추시대 중기까지만 해도 사 계층과 상위 귀족 간에 넘기 어려운 간극이 존재했다. 그러나 춘추시대 후기부터 그 간극은 급격히 좁혀졌다.[33] 귀족 가문들이 죽고 죽이는 상호 투쟁에 휘말려 있었고, 제후들은 자신의 권력을 강화하기 위해 유능한 사들을 적극적으로 등용하였다. 그 결과 사 계층의 입신 기회는 전보다 확대되었다. 공자 역시 사 계층의 일원이었던 것으로 알려져 있다. 공자는 사들이 무엇보다 도덕적 덕성으로 무장하기를 바랐다.

도덕적인 인간이 되려면 부끄러움의 능력이 장착되어야 한다. 부끄러움을 안다는 것은 외부 평판이나 외재적 기준이 아니라 내면의 기준에 의해 움직인다는 뜻이다. "자신의 행동에 부끄러워할 줄 알아야 한다."[34] 그렇게 부끄러워할 수 있는 능력은 자신이 맡은 일을 잘 수행하기 위해 중요하다. "사방으로 사신 가서 군주가 명한 바를 욕되게 하지 않으면, 사라고 할 수 있다."[35] 다만 부끄러움에도 예외가 있는데, 그것은 바로 물적 조건에 관련해서이다. "도에 뜻을 두고서도 나쁜 옷과 나쁜 음식을 부끄러워한다면, 아직 거론할 만하지 않다."[36] "사가 안식처를 마음속에 품고 있다면, 사라고 하기에는 부족하다."[37]

물적 조건에 연연하지 않는다면, 사의 관심은 도대체 어디에 있는가? 그것은 다름 아닌 선善에 있다. "간절히 선을 권면하고, 어울려 즐거워하면 사라고 할 만하다."[38] 선을 구현하고자 그 자신과 주변에게 선을 권하는 사람, 그가 바로 『논어』에 나오는 사다. 자장이 말했듯이, 사는 "위기에 마주해서는 목숨을 바치고, 이익에 마주해서는 옳음을 생각하는"[39] 사람이다. 그러니 그 길이 얼마나 어렵겠나. 그런 사람이 현실에 있을까? 있어도 많기는 어려울 것이다. 『논어』는 주나라의 그 많은 사람들 중에 "[손에 꼽히는] 여덟 사가 있었다. 백달

伯達, 백괄伯适, 중돌仲突, 중홀仲忽, 숙야叔夜, 숙하叔夏, 계수季隨, 계와季騧"라고 말한다.[40]

사는 과연 생전에 선을 충분히 구현할 수 있을까? 알 수 없다. 선은 혼자 노력한다고 완성되는 일이 아니니까. 도움과 협력, 그리고 행운마저 필요하다. 그래서 증자曾子는 사의 "맡은 바는 무겁고 갈 길은 멀다"[41]고 했다. 누가 무거운 짐을 지고 험난한 인생길을 걸어가라고 강제하기라도 했나? 아무도 강제한 사람은 없다. 즉, 그것은 사가 스스로 진 짐이다. 생전에 성취를 볼 가능성은 희박하다. "말은 꼭 미더워야 하고, 행동은 꼭 과단성 있어야 한다는 것은 협량한 소인"[42]에 불과하다. 남들이 칭송하니, 성취를 이룬 게 아니겠느냐고? 그렇지 않다. 성취는 평판과는 다르다. 안색으로만 인한 척하여 좋은 소리를 듣는 것, "그것은 평판이지 성취가 아니다."[43] "일가친척이 효성스럽다고 칭찬하고, 지역 사람들이 윗사람을 공경한다고 칭찬하는 것"[44] 정도로는 아직 사라고 하기 어렵다. 칭송이 자자하다고 해서 끝나지는 않는 길, 그 길은 죽고 나서야 끝나는 길이다. "죽은 뒤에야 그칠 일이니, 참으로 멀지 아니한가?"[45] 이토록 어려운 길을 가려면 무엇이 필요할까? "넓고 강인하지 않을 수 없다."[46]

군자나 사와 같은 인간형에 대한 논의 이외에도, 기타 여러 언명으로부터 『논어』에 나타난 인간 이해를 재구성해볼 수 있다.

인간은 배운다

인간은 불완전한 존재다. "인간은 무에서 나와 시간을 횡단해서 신의 가슴속으로 영원히 사라지는 존재이다. 덧없이 사라지는 두 심연의 양극단 사이에서 방황하는 어느 한순간에만 우리는 인간을 볼 수 있을 따름이다."[47] 그렇다고 자기 자신에 대해서 아무것도 모르는 단세포 동물도 아니다. 아는 것과 알지 못하는 것 사이에서 방황하는 존재가 인간이다. "만일 인간이 자기 자신에 대해 아무것도 모른다면 시를 지을 수 없다. 알지 못하는 것을 묘사할 수는 없기 때문이다. 만일 인간이 자기 자신을 명확하게 본다면, 인간의 상상력은 발휘되지 않으며 그림에 무언가 더 첨가하지도 못한다. 그런데 인간은 자기 자신에 대해 무언가 알아챌 수 있을 정도로 반쯤 드러나 있는 존재이며, 나머지는 침투할 수 없는 어둠 속에 묻혀버릴 정도로 반쯤 은폐되어 있는 존재이다."[48] 그러니 배워야 한다. 그리고 배우는 과정에서 중요한 것은 무엇을 모르는지 아는 것이다.

공자와 그 제자들은 인간이 '배울 수 있다'는 사실을 끊임없이 환기한다. 배울 수 있다는 사실은 인간에 대해 무엇을 이야기해주는 것일까? 이 질문에 답하는 데는 에픽테토스Epiktētos의 『강의 1권』 「16장 섭리에 대하여」가 도움이 된다.[49] 거기에는 인간과 동물의 차이에 대한 흥미로운 논의가 실려 있다. 인간과 달리 동물은 자족적이다. 살아가기 위해 의복이나 침구 같은 추가적인 것들이 필요하지 않다(반려동물에게 옷을 입히기 시작한 현대인들은 이런 말에 동의하지 않을 수 있다). 반면, 인간은 동물만큼 자족적이지 않다. 살아가기 위해 여러 가지 것들이 추가적으로 필요하다. 따라서 인간은 자족적인 동물보다 열악한 존재로 보인다. 그런데 인간에게는 동물은 갖지 못한 이성이란 능력이 있다. 인간은 이성으로써 자신을 돌볼 수 있기에 결국 동물보다 나은 존재가 된다. 이성을 통해 인간은 자신을 둘러싼 환경을 개선하고 자신을 좀 더 탁월한 존재로 향상시켜나간다. 요컨대 동물과 달리 인간은 탁월해질 수 있는 존재이며, 탁월해지기 위해 자신을 돌볼 수 있는 존재이며, 자신을 돌보기 위해 이성을 사용할 수 있는 존재이다.

『논어』에서 배움이라는 것도 이와 같은 자기 돌봄의 과정과 크게 다르지 않다. 이렇게 자신을 돌보고자 하는 주체를 플라톤은 영혼이라고 불렀다.

> 소크라테스　사람은 적어도 셋 중에 하나가 아니겠는가 하는 것이지.
> 알키비아데스 어떤 것들 말씀인가요?
> 소크라테스　영혼, 신체, 그리고 이 둘이 합쳐진 전체 말일세.
> 알키비아데스 물론입니다.

소크라테스 하지만 신체를 다스리는 것은 바로 인간이라는 데는 우리가 동의했었지?

알키비아데스 동의했습니다.

소크라테스 그러면 신체가 바로 스스로를 다스리는가?

알키비아데스 전혀요.

소크라테스 그것은 다스려진다고 우리가 말하기 때문일세.

알키비아데스 예.

소크라테스 그러니 이것만큼은 우리가 찾고 있는 것이 아니군.

알키비아데스 아닌 듯합니다.

소크라테스 그렇기 때문에 둘이 합쳐진 것이 신체를 다스리면, 이것이 사람인 것인가?

알키비아데스 아무래도 그런 것 같습니다만.

소크라테스 무엇보다도 그것은 아닐 걸세. 어느 한쪽이 다스림에 참여하지 않는다면, 둘이 합쳐진 것이 다스릴 방도는 전혀 없을 테니까.

알키비아데스 옳은 말씀이십니다.

소크라테스 사람은 신체도, 둘이 합쳐진 것도 아니니, 내 생각에는 아무것도 아닌 것이거나, 그것이 무엇이기는 하다면 영혼 말고 다른 게 결코 아니라는 결론이 남는군.

알키비아데스 바로 그렇습니다.

소크라테스 그러니 영혼이 사람이라는 것에 관해 이 이상 분

명하게 자네에게 논증할 필요가 아직도 있겠는
가? … 아마 우리는 영혼보다 더 우리 자신을 주
도하는 것은 없다고 말할 것이기 때문일세. … 그
러니 자신을 알라고 명하는 자는 우리에게 영혼
을 알라고 시키는 걸세. … 그러니 신체에 속하
는 것들 중에 무엇인가를 아는 사람은 자신에
속하는 것들을 아는 사람이지, 자신을 아는 사
람은 아닐세.[50]

이 논의에 따르면 인간을 신체와 영혼으로 나눌 수 있
다. 인간이 자신을 돌보고자 할 때, 신체는 객체이고 영혼은
주체이다. 영혼을 가꾸어야겠다고 신체가 결심하는 게 아니
라, 신체를 가꾸어야겠다고 영혼이 결심하기 때문이다. 자신
을 돌보아서 탁월한 상태에 이르려는 것이 인간이라면, 그러
한 인간의 핵심은 신체가 아니라 영혼에 있다. 서양은 영혼을
강조한 반면, 동양은 신체를 강조했다는 식의 거친 이분법이
유행하지만, 자신을 돌보는 주체를 강조한 것은 동서양의 전
통에 공통적이다. 그만큼 영혼은 거의 보편적으로 중요한 주
제이다. 다만 『논어』에서는 '영혼'이라는 표현을 쓰지 않았
을 뿐.

자신을 탁월하게 만들려는 목적은 그저 자기 잘난 맛을
즐기려는 데 있지 않다. "자기 자신을 적절히 돌볼 줄 아는

자 — 다시 말해서 자기 자신에 속하는 바와 그렇지 않은 바가 무엇인지를 잘 분석하는 자 — 는 자기 자신을 잘 돌보아서 그 결과 자신의 표상에 어떤 것이 나타날 때 무엇을 해야 하고 무엇을 하지 말아야 하는지를 잘 알게 되고, 그와 동시에 그는 자신이 인간 공동체에 속한다는 한에서 자신의 임무를 잘 수행할 수 있습니다."[51] 즉, 자기 돌봄 활동의 결과, 무엇을 실천해야 할지 잘 알게 되고, 그 결과 자신이 속한 공동체 내에서 주어진 역할을 잘 해낼 수 있게 된다. 자기 연마를 통한 공동체에 공헌, 이것은 동서양을 가리지 않는 보편적 주제다.

인간은 나아진다

배움은 인간의 변화 가능성을 전제한다. 배워도 바뀌지 않는다면 굳이 배울 필요가 있겠는가? "본성은 서로 가깝지만, 습관에 의해 서로 멀어지게 된다."[52] 배워도 바뀌지 않는 사람이 있을까? 이미 완벽하거나 이미 최악인 사람은 바뀌지 않을 것이다. 그러나 최고와 최악은 하나의 설정일 뿐, 사람들은 모두 최고와 최악 사이에 존재한다. 따라서 "오직 가장 지혜로운 사람과 가장 어리석은 사람만 바뀌지 않는다"[53]라는 말은 실질적으로 누구나 바뀐다는 말과 다를 바 없다. 어디 사람만 그럴까. 국가도 마찬가지다. "제나라가 한번 변하면, 노나라의 경지에 이를 것이요, 노나라가 한번 변하면 도에 이를 것이다."[54] 배우는 존재는 나아질 수 있다. 배워서 나아질 수 있기에 자신의 잘못에 좌절할 필요가 없다. "잘못을 저지르면 고치기를 꺼리지 마라."[55]

현재 상태에 안주하지 않고 잘못을 고쳐 더 나은 상태로 나아가기 위해서는 '비판'이 필요하다. 그리고 비판은 가치 판단을 동반한다. 판단을 해야 자신이 옳았는지 옳지 않았는지 알 수 있고, 거기에 기초해서 개선을 도모할 수 있다. 아니나 다를까, 『논어』에는 대상에 대한 판단과 가치 평가가 가득하다. 음악을 평가하고,[56] 제자들을 평가하고,[57] 정치가들을 평가하고,[58] 옛사람들을 평가했다.[59] 제자들은 자기들 중 누가 더 낫냐고 공자에게 묻고,[60] 서로를 평가하기도 하며[61] 초조해했다. 공자는 그런 제자들에게 핀잔을 주기도 했다. 자공이 사람들을 비교하자 공자는 이렇게 말했다. "사賜(자공)는 현능한가 보구나! 나는 그럴 여가가 없더구나."[62]

스승으로서 공자는 다양한 각도에서 제자들을 평가했다.[63] 평가는 가슴 아픈 일이니, 평가를 유보하자는 태도는 없었다. 『논어』에 나오는 판단들은 사탕발림에 그치는 것이 아니었다. 높이 평가한 제자에게 자기 형의 자식을 주어 아내로 삼게 했을 정도였다.[64] 그러니 제자들이 평가에 신경을 쓴 것도 이해할 만하다. 공자는 누가 가장 뛰어난 제자인지를 공공연하게 말했다. "회回(안회)는 거의 [도에] 가까웠다."[65]

사실, 구체적으로 누가 가장 뛰어났었는지보다 그런 판단에 적용된 기준이 더 중요하다. 그 판단 기준은 배움을 얼마나 좋아하느냐였다. 탁월성 그 자체가 관건이 아니라 좋아하는 정도가 관건이었던 것이다. 계강자季康子가 제자 중에 누가 배움을 좋아하느냐고 묻자 공자는 이렇게 대답했다. "안회라는 사람이 있어 배움을 좋아하였는데, 불행히도 명이 짧아 죽었습니다. 지금은 [그런 사람이] 없습니다."[66] 지금은 없다니, 이 얼마나 나머지 제자들에게 가혹한 말인가.

이토록 가치 판단을 분명히 하는 사람이었기에, 공자가 무골호인을 미워한 것도 이상하지 않다. 무골호인의 다른 이름은 향원鄕原이다. "향원은 덕을 해친다."[67] 향원은 해당 지역 사람의 호감을 얻는 것이 궁극의 목적인 지역민 영합주의자다. 사람들의 호감을 얻기 위해 원칙을 포기할 수 있는 사람이 향원이다. 공자가 보기에, 호감이라고 다 좋은 것은 아니다. 나쁜 사람으로부터는 미움을 받아야 마땅하다. 지역 사람이 일제히 좋아하고 미워하는 경우는 "지역의 좋은 사람이 그를 좋아하고 지역의 나쁜 사람이 그를 미워하는 것만 못하다".[68] 그렇다고 미움받는 것이 자신의 의로움의 증거일까? 그렇지는 않다. 미움받는다는 것은 충분히 안 좋은 신호가 될 수도 있다. "나이가 사십이 되어서도 미움을 받는다면, 아마도 끝난 것이다."[69]

향원을 미워했다는 것은 공자가 가진 가치관에 대해 많

은 것을 말해준다. 관건은 대중의 선호 여부가 아니라 '옳음'이다. "군자는 옳음을 으뜸으로 친다. 군자가 용맹하기만 하고 옳음이 없으면 난리를 일으키고, 소인이 용맹하기만 하고 옳음이 없으면 도둑질을 한다."[70] 물론 섣부른 판단은 금물. 옳음을 파악하기 위해 많은 노력을 기울여야 한다. "많은 사람들이 어떤 것을 미워해도 반드시 잘 살펴라. 많은 사람들이 어떤 것을 좋아해도 반드시 잘 살펴라."[71] 조리돌림의 욕망은 가치의 수호와 무관하다. 다른 사람이 지키기 어려운 잣대를 제시하고 거기서 조금이라도 이탈하기를 숨죽여 기다렸다가, 그런 틈새가 보이면 그 사람이 완전히 무너질 때까지 짓밟고자 하는 욕망은 정당한 비판이 아니라 가해 욕망의 배설에 가깝다.

요컨대, 사교적이라고 곧 인한 사람이 되는 게 아니다. 좋아할 사람을 좋아하고 미워할 사람을 미워해야 인한 사람이다. 바람직한 사람이 되기 위해서는 타인을 좋아할 수 있을 뿐 아니라 미워할 수도 있어야 한다. "오직 인仁한 사람만 남을 좋아할 수 있고, 미워할 수 있다."[72] 덕으로써 원한을 갚으면 어떻겠냐고 묻자, 공자는 "곧음으로써 원한을 갚고, 덕으로써 덕을 갚아라."[73] 군자는 누구를 미워해야 하는가? 공자의 경우, "남의 흠을 떠들어대는 사람을 미워하고, 아래 무리에 있으면서 윗사람을 헐뜯는 사람을 미워하고, 용맹하기만 하고 예의가 없는 사람을 미워하고, 과감하기만 하고 꽉 막힌 사람을 미워한다." 제자 자공의 경우, "겉핥기를 앎이라고 여기는 사람을 미워하며, 불손함을 용기라고 여기는 사람을 미워하며, 남의 단점을 지적하는 것을 곧은 것이라고 여기는 사람을 미워한다."[74]

이처럼 공자는 제대로 미워하는 일을 강조했다. 『논어』에서 공자 스스로 제대로 미워하는 일에 대해 자부심을 가졌고, 또 『논어』이외의 텍스트에도 그와 관련 있는 내용이 보인다. 『예기禮記』「단궁檀弓」에 다음과 같은 대화가 실려 있다. 자하가 "부모의 원수를 어떻게 해야 하나요?"라고 묻자, 공자가 대답했다. "[복수심을 다지기 위해] 짚풀 위에서 방패를 베개 삼으며, 벼슬하지 말고, 그 원수와는 천하를 함께하지 마라. 사람이 많은 곳에서 마주치면 무기를 가지러 갈 겨를 없이 싸워야 한다"[75]라고 대답하였다.

『사기』「공자세가」에는 공자가 노자老子를 만났다는 전승이 실려 있는데, 노자는 공자를 전송하며 다음과 같이 충고한다. "총명하고 깊이 살피는 사람이 죽음에 가까운 것은 다른 사람과 따지기를 좋아해서다. 박식하고 말 잘하는 사람이 스스로를 위태롭게 하는 것은 다른 사람의 나쁜 점을 들추기 때문이다. 자식된 사람이나 신하된 사람은 자아를 드러내지 않는다."[76] 이런 충고가 실제로 있었는지 여부는 중요하지 않다. 여기서 중요한 것은 공자가 총명한 동시에 매우 비판적인 사람으로 여겨졌다는 사실이다.

노자의 말에서 알 수 있듯, 비판은 자신을 드러내는 방식이기도 하다. 비판은 상대를 더 나은 길로 인도하기 위해서도 필요하지만, 자기 자신이 되기 위해서도 필요하다. 기호학자 움베르토 에코Umberto Eco는 이렇게 말했다. "적을 가진다는 것은 우리의 정체성을 규정하기 위해서뿐만 아니라, 우리의 가치체계를 측정하고 그 가치를 드러내기 위해 그것에 맞서는 장애물을 제공한다는 측면에서도 의미가 있다. 따라서 적이 없다면 만들어낼 필요가 있는 것이다."[77] 게임을 할 때를 생각해보라. 적이 나타나지 않으면 길을 잘못 가고 있는 것이 아니던가. 적의 출현은 자신이 바른길로 가고 있다는 신호이다. 아니, 그렇게 많은 사람을 비판하다보면 적이 너무 많이 생기지 않을까? 원망이 가득하지 않을까? 공자는 이렇게 말했다. "자신에게는 후하게, 남에게는 박하게 책망하면, 원망을 멀리할 수 있다."[78]

인간은 완성된다

이러한 배움의 길은 궁극적으로 어디에 이르나? 공자는 자신의 올바른 행동이 양적으로 늘어나는 것을 목표로 삼지 않았다. 그가 목표로 삼았던 것은 질적으로 다른 어떤 인간이 되는 것이었다. "회(안회)는 그 마음이 석 달 동안 인에서 떠나지 않았다. 그 나머지 제자들은 하루나 한 달에 한 번 인에 이를 뿐이다."[79] 인한 행동을 종종 하는 것으로는 충분하지 않다. 인의 경지에 머무르는 인간이 되는 것이 중요하다. 목표는 옳은 행동이 아니라 옳은 행동을 할 수 있는 인간이다. 지속적인 배움을 통해 또 다른 자기 자신을 창조하는 것이 궁극적 목표다.

또 다른 자신을 창조하는 데는 충분한 시간이 필요하다. "싹을 틔우고도 꽃을 피우지 못하는 이가 있다! 꽃을 피우고도 열매를 맺지 못하는 이가 있다!"[80] 이와 같은 식물의 비유는, 배움이 성숙의 과정이라는 것, 따라서 시간이 필요하다는 것을 뜻한다. 그래서 안회처럼 뛰어난 제자도 요절로 인해 완성에 이르지는 못했다. "안회라는 사람이 있었습니다. 그가 배우기를 좋아하고, 화를 옮기지 않고 같은 잘못을 거듭 저지르지 않았습니다. 불행히도 명이 짧아 죽었습니다."[81] 완성하기 위해서는 오래 살아야 한다. "애석하구나! 나는 그가 진전하는 것만 보았을 뿐, 그가 멈추어 있는 것은 본 적이 없다."[82]

완성에 이르는 여정을 이해하기 위해서 공자의 인생 역정을 살펴보자. "나는 15세에 배움에 뜻을 두었고, 30세에 스스로를 확립하였고, 40세에 미혹됨을 벗어났으며, 50세에 천명을 알았고, 60세에 귀가 순해졌고, 70세에 마음 가는 대로 해도 도리에 어긋남이 없었다."[83] 이와 같은 공자의 인생 정리에서 가장 먼저 눈에 띄는 것은 인생을 단계별로 나누었다는 사실이다. 이것은 고대 그리스와 로마에서 인생을 여러 단계로 나눈 뒤 각 단계에 적합한 삶의 방식을 배당한 전통을 연상시킨다. 예컨대 피타고라스 학파는 청소년기, 청년기, 노년기 등의 구분을 사용했다. 인간은 각 단계에 걸맞은 삶의 방식을 배워서 실천해야 한다. 청소년은 청소년답게 살아야 하고, 청년은 청년답게 살아야 하고, 노년은 노년답게 살아야 한다.[84]

공자는 인생의 단계를 나열하는 데 그치지 않고 누적적인 발전 과정으로 제시한다. 그 과정은 젊은 시절에 정점을 찍는 조숙의 흐름도 아니고, 중년기까지 상승하다가 이후 하강하는 곡선도 아니고, 완전히 원형을 이루어 회귀하는 것도 아니다. 공자는 노년까지 꾸준히 성숙하는 인생 역정을 제시한다. 노년에 이르러 비로소 갖추게 되는 어떤 탁월함은 획득된 능력이지 생득적 능력이 아니다. "본성은 서로 가깝지만, 습관에 의해 서로 멀어지게 된다."[85] 그것은 타고난 자질이 아니라 장시간에 걸친 노력과 배움의 결과인 것이다. 그토록 배움이 평생의 노력을 필요로 하는 것이라면, 잘 살아낸 인생은 노년에 꽃피우게 될 것이다. 이것은 내세를 기대하지 않는 『논어』의 입장과도 잘 어울린다. 어쨌거나 노력의 결과는 현세에 이루어져야 하는 것이다. 노년이란 불가피하게 마주해야 하는 최후 단계가 아니라 전력을 기울여 추구해야 할 목표인 셈이다.

사실, 노년을 찬양하기는 쉽지 않다. 신체는 쇠락하고 감각은 둔해지고 정신은 기민함을 잃는다. 그러니 노년은 자칫 연민이나 혐오의 대상이 되기 쉽다. 노년을 칭송하는 경우도 무엇인가를 견뎌내어 살아남았다는 사실에 대한 칭송일 경우가 많다. 그런 면에서 공자가 인생 단계를 논하면서 노년을 거의 찬양하다시피 한 것은 주목할 만하다. 로마의 철학자 세네카Lucius Annaeus Seneca가 노년을 인생의 황금기로 본 나머지, 인간은 가급적 빨리 늙기를 바라야 한다고 본 것과 상통한다.[86] 세네카가 보기에, 노인이 되기 전까지 인간은 부질없는 기대와 쾌락과 욕망에 시달리며, 그로 인해 인간은 평정을 얻기가 어렵다. 그에 비해 노년은 헛된 기대와 쾌락과 욕망으로부터 은신처를 제공한다. 적들로부터 쫓기는 사람들이 은신처를 찾듯, 기대와 쾌락과 욕망으로부터 쫓기는 사람들은 노년을 찾아야 한다. 그래서 세네카가 보기에는 인간은 자기 만족과 평정을 얻기 위해 노년을 적극적으로 추구해야 한다. "늙기 위해 살아야 한다."[87] 세네카와 공자 둘 다에게, 노년은 쇠락해가는 인생의 말로에 불과한 것이 아니라 평생에 걸친 자기 단련이 열매 맺는 시기다.

    그 자기 단련의 결과를 비교해보자. 세네카의 경우 노년으로 상징되는 자기 단련의 결과는, 인생을 이미 완수했다는 충족감이다. 생을 아직 완수하지 못하여 안달복달하는 느낌이 아니라 생을 이미 완수했기에 갖는 초연함과 완결감이다.

그리하여 노년에 이르면 인생에 대해 별다른 것을 기대하지 않는 상태가 된다. 좌절했기에 기대하지 않는 것이 아니라 완수했기에 기대할 필요가 없는 것이다. 그래서 세네카는 "죽음이 오기 전에 인생을 완수하라"고 말한다.[88] 세네카가 추구한 이러한 완결감과 공자가 추구한 완결감은 어떻게 같고 다를까?

공자가 생각한 노년의 완결성은 "종심소욕불유구從心所欲不踰矩"(마음 가는 대로 해도 도리어 어긋남이 없다)라는 문장에 압축되어 있다.[89] 이것은 별다른 것을 기대하지 않는 상태가 아니라, 그 어떤 것을 기대하고 욕망해도 문제가 없는 상태다. 평생에 걸쳐 자신을 연마한 결과, 규범이 자신의 일부로 자리잡아 제2의 천성이 된 상태다. "역할에 맞는 행동을 하려고 분투하면서 우리가 구축해온 스스로에 대한 관념을 가면이라 한다면, 가면은 우리의 참자아, 우리가 되고 싶어 하는 자아다. 결국 역할이라는 것은 우리의 제2의 천성, 인성을 구성하고 통합하는 성분이다. 우리는 한 개인으로 이 세상에 들어와, 성격을 획득하고, 그러면서 사람이 된다."[90]

이렇게 탄생하는 제2의 천성은 욕망의 소거나 통제가 아니라 욕망의 자연스러운 실현 상태다. 규범이 요청하는 바와 자신이 욕망하는 바가 행복한 일치를 이룬 상태다. 이런 상태에 이른 인간은 실수를 저지를까 전전긍긍하는 소심한 인간이 아니다. 그렇다고 해서 무례한 인간도 아니다. 매사에 의식적으로 선택하는 인간도 아니다. 매사에 이해타산을 저울질하는 인간도 아니다. 마음껏 욕망하지만 그 욕망이 규범(矩)에 어긋나지 않은 인간이다. 예를 지키되 예로부터 자유로워진 인간이다.

8

국가와 사회를 찾아서

 자아 수양, 자기 배려, 자기 돌봄, 자기 연마, 자기 계발, 자기 관리 등의 단어는 뉘앙스와 맥락의 차이는 있어도, 모두 자기 상태를 향상하고자 하는 스스로의 노력을 지칭한다. 자기를 관심 밖에 방치하지 않고 주의를 기울이고자 노력한다는 점, 그리고 그 노력하는 존재가 타인이 아니라 바로 자기 자신이라는 점이 특징이다. 이 단어들 중 현대 한국인에게 가장 익숙한 말은 자기 계발이다. 경쟁이 격화되는 이 자본주의 사회에서 살아남기 위하여 자신을 책임지고 관리하고 경영하는 행위가 자본주의 사회에서 말하는 자기 계발이다. 국가가 책임져야 할 사안마저 개개인에게 이관할 수 있다는 점에서 이 자기 계발은 자칫 국가나 사회의 문제를 개인의 문제로 호도할 가능성이 있다. 즉, 자기 탓을 하지 말아야 할 부분까지 자기 탓을 해버릴 수 있다. 도저히 개인의 힘으로는 극복할 수 없는 것을 자신의 문제로 오인하게 될 가능성도 있다. 그로 인해 국가는 그 문제에 대한 책임으로부터 면제될 수도 있다.

이런 자기 계발과 국가의 관계는 『논어』의 세계에서는 어떻게 전개되는가? 공자가 희망한 대로 개개인들이 자신을 충분히 연마한다면, 질서를 유지하기 위해 외부 권력이 굳이 개입할 필요는 줄어들 것이다. 사람들이 알아서 잘 사는데 국가가 굳이 사람들을 통제할 필요는 없을 테니까. 그러니 공자가 사회를 적극적으로 통제하는 전제국가를 꿈꾸었다는 주장은 틀렸다.[1] 공자는 오히려 사회에 대한 국가의 개입을 줄이는 정치를 희망했다. 개개인이 자기 연마를 통해 스스로를 통치하고, 사회가 자정 능력을 통해 스스로 질서를 유지하는 공동체, 그것이 『논어』에 나타난 공자의 꿈에 가깝다. 그러면 그 꿈을 거시적인 중국 국가 발전의 서사 속에서 살펴보자.

고대 중국에서 국가의 탄생과 전개

무엇이 국가를 만드는가? 바로 전쟁이 국가를 만든다. 모든 전쟁이 국가를 만드는 것도 아니고, 모든 국가가 전쟁으로부터 비롯되는 것은 아니지만, 꽤나 자주 전쟁이 국가를 만든다. 전쟁을 효과적으로 수행하는 데는 신속한 행정 집행을 보장하는 권력 집중, 위계적 질서, 조직의 체계화가 필요하다. 자신에게 폭력을 휘두르는 깡패에 맞서기 위해 자기 몸을 단련하듯 공동체도 더 효율적으로 자신을 조직화할 필요가 있다. 이리하여 증강된 조직의 힘이 일정한 수준에 이르렀을 때, 그것을 정부 혹은 국가라고 부른다.

고대 중국도 예외가 아니다. 제사에 치중했던 종교적 조직이 본격적인 행정력을 가진 왕국으로 진화하는 데 전쟁이 중요한 역할을 했다.[2] 춘추전국시대에는 실로 전쟁이 만연했다. 전국시대 232년 동안 590회의 전쟁이 일어났다고 기록되어 있다.[3] 이처럼 전쟁이 만연했다는 사실을 감안할 때, 그 기간에 국가가 비약적으로 성장한 것은 놀랍지 않다. 경쟁자들은 전쟁 수행 능력을 제고하기 위해 인구조사를 하고 경작지를 파악하고 호적을 편찬하고 지도를 만들고 무기 수량을 점검하고 과세가 가능한 곳들을 파악했다.[4] 이러한 것들은 모두 국가가 성장하고 활동한 흔적들이다.

오늘날 중국은 거대한 제국의 이미지를 갖고 있지만, 초기 국가는 일종의 도시국가였다. 당시 전략 자원인 청동 원료와 소금 등을 확보하고 운반하기 위해 권력 집중이 이루어졌고, 그 집중된 권력이 자원 확보를 위해 주변으로 자신을 확장한 결과가 바로 초기 국가다.[5] 이 초기 국가는 장기간에 걸쳐 소규모 도시국가에서 대규모 영토국가로 변모해갔다.[6] 도시국가는 도읍, 중심지, 촌락으로 이루어졌는데, 이는 고대 중국의 사료에 나오는 읍邑, 국國, 야野의 구조와 상응한다. 이러한 구조의 도시국가는 최소한의 관료제를 활용한 소규모 정치체였던 반면, 영토국가는 지방 행정관 제도를 통해 비교적 광범위한 지역을 통치하는 대규모 정치체였다.

서주시대부터 춘추시대 전기에 이르기까지 도시국가 체제는 비교적 잘 작동하였다. 주나라 통치자들은 도시국가들의 우두머리, 즉 지역 제후들에게 충분한 권위를 행사하였고, 제후들은 가신의 도움을 받아 관할 지역을 효과적으로 통제하였다. 제후들은 생산 자원으로서 토지, 상징 자원으로서 종교적 권위, 정치적 권력으로서 고위 관직 임명권을 가지고 있었다. 따라서 신하들은 처음에는 큰 저항 없이 제후들의 명을 받들었다. 춘추시대 후기가 되자, 국가의 장악력은 약해졌고 토지의 사적 소유가 늘어났다. 관직과 함께 수여받았던 토지를, 관직을 상실해도 반환하지 않았다. 결과적으로 기존 정치 질서는 더욱 해이해졌고, 너 나 할 것 없이 부국강병을 위한 경쟁에 본격적으로 뛰어들게 되었다.

빈발하는 전쟁을 수행하기 위해서 자원이 필요했고, 그 자원을 확보하기 위해서 사람들에게 세금과 요역을 부과해야 했고, 세금과 요역을 효율적으로 부과하기 위해서 법률과 호적을 만들어야 했다. 이런 식으로 고대 중국의 국가들은 자원 징발과 전쟁 수행에 최적화된 형태로 진화해갔다. 오직 개혁에 성공한 국가들만이 충분한 중앙집권을 이루어냈고, 그렇게 할 수 있었던 나라들은 그렇게 할 수 없었던 나라들을 정복해가며 대국으로 변모해갔다. 이 긴 국가 발전 과정의 최종 승자는 진秦나라였다. 훗날 진시황秦始皇이라고 일컬어질 진나라 군주는 마침내 중국을 통일하며 중국 역사상 최초의 거대 제국을 만들었다.

작은 국가의 옹호

앞다투어 국가를 크고 강하게 만들려는 경쟁의 와중에, 공자는 역설적으로 작은 국가를 추구했다. 규모가 제국만큼 크지 않다는 의미에서 작은 국가뿐 아니라 정부가 사회에 침투하는 정도가 미약하다는 의미에서도 작은 국가를 추구했다. 정부가 사회에 개입하여 자신의 힘을 강화하는 대표적인 방식은, 세금, 요역 징발, 그리고 소송이다. 이 모든 사안에서 공자는 정부가 가능한 한 사회에 덜 개입하기를 원했다. 누군가 세금을 많이 걷으려 들면, "씀씀이를 절약하여 사람들을 아끼라"[7]고 조언했다. 노나라의 계손씨季孫氏가 세금을 올리려 들자, 계손씨의 가신인 염유冉有에게 공자는 이렇게 말했다. "군자는 일을 이렇게 한다. 예에 맞게 하고, 후하게 베풀고, 일을 정도에 맞게 벌이고, 세금은 적게 거둔다."[8] 제자들도 마찬가지였다. 세금을 더 걷고 싶어 하는 애공哀公에게 공자 제자 유약이 말하였다. "백성이 풍족하면 군주가 누구와 더불어 부족하겠습니까? 백성이 부족하면 군주는 누구와 더불어 풍족하겠습니까?"[9] 누군가 요역을 징발하려 들면 공자는 이렇게 말했다. "제후국을 다스릴 때는 일을 공경하여 믿음을 얻고, 씀씀이를 절약하여 사람들을 아끼고, 시기를 고려하여 피치자를 부려라."[10] 잘 해결되지 않는 분쟁을 조정해내면, 그 조정자의 권력이 커지기 마련이다. 그러나 공자는 이렇게 말했다. "송사를 판결하는 것은 나도 남들처럼 할 수 있다. 그러나 반드시 송사가 없게 하겠다!"[11] 제자들도 마찬가지였다. 증자의 제자 양부陽膚가 감옥 담당 관리가 되자, 증자는 이렇게 말했다. "위에서 도를 잃으니, 피치자들이 흩어진 지 오래되었다. 만약 그들의 실정을 알게 되면, 슬퍼하고 불쌍히 여겨야지, 기뻐하지 마라."[12]

공자가 보기에 바람직한 정치체는 명시적 강제보다는 통치자의 덕에 의존하는 조직이었다. 통치자가 자기 자신을 잘 연마하여 바른 상태로 유지하면 굳이 이것저것 분주하게 명령을 내리지 않아도 사람들이 알아서 따르는 기적이 생겨날 것이다. "자신이 바르면 명령을 내리지 않아도 행해질 것이고, 자신이 바르지 않으면 명령을 내려도 따르지 않을 것이다."[13] 이상적 상태에서는 강제를 동반하지 않아도 혹은 동반하지 않기 때문에 피치자들은 통치자에게 공감할 것이다. 이른바 덕의 힘을 통해 질서가 확보되고 유지될 것이다.

이처럼 강제를 최소화한 통치가 궁극에 이르면, 그것은 마치 아무것도 하지 않는 상태처럼, 즉 '무위無爲'의 상태처럼 보일 수 있다. 흔히 무위의 경지를 노자의 사상과 연결하지만, 『논어』에도 무위를 찬양하는 구절이 여럿 있다. "정치를 덕으로 하는 것은, 비유컨대 북극성은 자기의 합당한 자리에 있고, 뭇별들이 그것을 둘러싸고 도는 것과 같다."[14] "굳이 무엇을 하지 않고도 다스린 사람은 아마 순임금일 것이다. 무엇을 하였는가? 자신을 공손히 하고, 바르게 남쪽을 향해 있었을 뿐이다."[15] 이러한 정치관 속에서는 스펙터클을 동반한 처형이나 과도한 명령이나 통치자의 적극적인 개입은 통치 성공의 지표라기보다는 통치 실패의 징후다. 통치의 성공은, 통치층이 고도의 자기 연마를 통해 덕을 구현하고, 나머지 사람들은 그 덕에 감화된 결과, 사회 전체가 질서를 이루는 상태다.

이러한 무위의 정치가 작동하려면, 통치자는 마치 아무것도 안 하는 상태에 가까울 정도로 섬세한 표현을 할 수 있어야 하고, 피치자는 그러한 표현에 감응할 수 있어야 한다. 그러한 고도의 소통이 가능하려면 아무래도 그 공동체는 작은 국가여야 할 것이다. 개입을 최소화하는 국가일 뿐 아니라, 규모가 제한된 국가여야 할 것이다. 즉, 공자는 결코 오늘날 중국과 같은 거대 제국을 꿈꾸지 않았다. 아니, 그가 꿈꾼 이상적 상태는 작은 정치체의 연쇄였다. 국가의 규모가 정치체의 성격에 직결된다는 생각은 『논어』에만 있는 것이 아니다.

18세기 유럽 사상가들이 집착한 대국/소국 논의를 보자.[16] 그 당시에는 국가를 이해하는 중요한 기준 중의 하나가 다름 아닌 국가의 크기였다. 예컨대 프랑스의 사상가 장 자크 루소Jean Jacques Rousseau(1712~1778)는 사람들이 정치적 자유를 누리는 것은 오직 소국에서나 가능하다고 생각했다. 소국은 작기 때문에 자주 정치적 회합을 가짐으로써 모두 정치에 적극적으로 참여할 수 있는 반면, 대의제를 채택할 수밖에 없는 대규모 국가는 진정한 의미의 정치적 자유를 허용하지 않는다.[17] 물론 국가의 규모가 작다고 무조건 정치적 자유가 확보되는 것은 아니다. 개개인의 덕성 함양, 평등을 구현하는 풍속의 유지 등 다양한 조건이 추가적으로 필요하다. 그러나 대국의 경우는 그런 조건을 거론할 필요조차 없다. 그 규모로 말미암아 회합과 토론도 어려울 뿐 아니라, 오히려 그 번거로운 정치 과정을 대신해줄 강력한 군주에 대한 필요가 제기된다. 즉, 대국에서는 애초에 정치적 자유를 꿈꾸기가 어렵다.

그래서 토크빌은 마을이 중요하다고 주장했다. "그런데 자유로운 인민의 힘이 성장하는 곳은 바로 마을이다. 마을 제도들이 자유에 대해 갖는 관계는 초등학교들이 학문에 대해 갖는 관계와 같다. 마을 제도들은 자유를 인민의 손이 닿는 곳에 놓아주며, 자유를 평온하게 누리고 익숙하게 활용하는 방법을 가르쳐준다. 한 국민은 마을 제도들이 없어도 자유로운 정부를 가질 수 있겠지만, 자유의 정신은 가질 수 없다."[18] 공자 역시 마을의 중요성을 강조했다. "마을이 인仁하면 아름답다. 인한 곳을 택해 살지 않는데, 지혜롭다고 할 수 있겠는가."[19] 공자가 강조한 덕성은 상대적으로 작은 공동체에서 실현될 가능성이 더 크다. 인仁처럼 친밀함에 바탕을 둔 도덕 감정은 기계적 법 적용이 용이한 큰 국가에서보다는 대면이 가능한 소규모 공동체에서 배양되기 쉬운 법이다. 건강한 소국이 존재한다고 한들, 무력으로 팽창하는 대국에 맞서 자신을 지켜낼 수 있을까. 루소조차도 그에 대한 현실적 대안을 찾을 수 없었다. 그러니 공자의 비전이 전국시대에 살아남기를 바라는 것은 무리가 아니었을까.

『사기』가 전하는바, 조趙나라의 운명을 통해 당시의 현실을 상상해보자. 상당上黨 지역은 원래 한나라 땅이었다. 그런데 당시 진秦나라가 그 상당 지역을 차지하려 들자, 상당 태수 풍정馮亭의 사신이 조나라에 와서 호소했다. "조나라 관리와 피치자들은 모두 진나라가 아니라 조나라가 상당 지역을 접수하길 바랍니다!" 이에 조나라 왕은 기뻐서 그 제안을 덥썩 받아들이려 했다. 바로 그때, 평양군平陽君 표豹가 이유 없는 이득을 취해서는 안 된다고 반대하였다. 이때 조나라 왕이 자기 입장을 정당화한 것이 이른바 『논어』에 나오는 덕치 논리였다. 사람들이 자신의 덕에 감화되어 조나라의 일부가 되겠다니 그것이야말로 충분한 이유가 아니냐는 것이었다. 이러한 주장은 『논어』에 나오는 "덕 있는 사람은 외롭지 않으니 반드시 이웃이 있다"[20]는 입장과 일치한다.

그런데 평양군 표는 이와 같은 입장에 극력 반대했다. 한나라의 제안은 진나라의 야욕을 한나라가 아닌 조나라로 돌리기 위한 계책이라고 보았기 때문이다. "비록 강대한 자라고 할지라도 약소한 자에게서 이익을 얻어낼 수 없는데, 약소한 자가 어찌 강대한 자에게 이익을 얻어낼 수 있겠습니까? 이 어찌 근거 없는 이익이 아니라고 할 수 있겠습니까?"[21] 이렇게 외치면서, 조나라는 부국강병에 힘쓴 진나라를 도저히 대적할 수 없다고 주장하였다. 조나라 왕은 평양군 표의 이러한 반대를 무릅쓰고 기어이 상당 지역을 차지했다가, 결국 진나라의 공격을 받고 무려 병사 40여만 명이 죽임을 당하는 곤경을 치렀다.

이와 같은 조나라의 사례는 이른바 덕치 담론이 현실정치하에서 어떻게 작동했는지를 보여주는 사례로 기억할 만하다. 진나라가 조나라를 이겼다고 해서, 그것을 전쟁을 추구하는 대국이 덕치를 펼치는 작은 나라를 집어삼켰다고 해석할 필요는 없다. 조나라 왕이 정말 자신의 덕을 통해 다른 나라 피치자들을 끌어모은 것은 아닐 것이기 때문이다. 좀 더 분명한 것은, 자신의 욕심을 덕치의 언어로 정당화해보려 했다는 것, 그 결과 큰 재난을 맞았다는 사실이다. 그렇다고 조나라의 운명이 곧 덕치 모델의 근본적 한계를 뜻하는 것은 아니다. 조나라의 경우는, 덕치 담론이 어떻게 정치 현실에서 활용되었는지, 그리고 그 활용이 어떤 한계를 노정했는지를 보여주는 사례라고 할 수 있다.

작은 국가에 필요한 것

인간은 안정을 희구하고, 안정은 질서 없이 불가능하다. 질서가 무너지는 혁명적 순간에 낭만적 감정을 잠시 누릴 수는 있지만, 장기적으로 보면 결국 질서가 필요하다. 이 질서가 저절로 생기고 유지되면 좋으련만, 일은 그렇게 간단하지 않다. 질서를 유지하기 위한 제도를 만들어야 하고, 그 제도를 유지할 의지를 가진 사람이 있어야 한다. 그 사람들 사이에 갈등이 없으면 다행이련만, 그 일 역시 그렇게 간단하지 않다. 갈등은 생겨나기 마련이고, 그 갈등을 중재할 권한이 필요하게 된다.

한 나라에서 그러한 큰 권한을 가진 존재가 바로 정부다. 권한을 위임받은 정부가 알아서 일을 잘 처리하면 다행이련만, 그 일 또한 그렇게 간단하지 않다. 큰 권한을 가진 정부는 질서를 유지한다는 명목으로 사람들을 억압하기 쉽다. 그 압제가 두려워 정부의 힘을 축소하면 만사형통일까? 그렇지 않다. 정부의 힘이 필요 없으려면 사람들이 자발적으로 질서를 지켜야 한다. 자발적으로 질서를 지켜나가면 다행이련만, 그 일마저도 그리 간단하지 않다. 갈등은 생겨나기 마련이고, 그 갈등을 중재할 정부의 권한이 다시 필요해진다.

정부의 권한이 커지면 개인이 억압받기 쉽고, 정부의 권한이 작아지면 개인들은 방종하기 쉽다. 정부 말고, 사회 질서를 책임질 다른 조직이 존재한다면, 이 딜레마를 해결할 수 있을 것이다. 그 조직을 사회라고 부르자. 사회란 무엇인가? 인간이 그저 모여 있다는 사실만으로는 사회가 성립하지 않는다. 먼지가 모여 있으면 그것은 그저 먼지 더미일 뿐 먼지의 사회는 아니다. 인간도 마찬가지다. 인간이 모여 있으면 그것은 인간의 군집이지 인간의 사회는 아니다. 최소한의 질서를 이룰 때 비로소 사회를 운운할 수 있다. 한 걸음 더 나아가, 협의의 사회는 그 이상의 것이다. "인간이 같은 우두머리를 받아들이고 같은 법제에 순응한다는 사실만으로 인간이 사회를 형성하고 있다고 보는 견해에 나는 결코 동의하지 않는다."[22] 법제를 통해 정부가 집행하는 행정력이나 강제력 없이도 일정한 질서를 유지해낼 때 우리는 비로소 협의의 사회를 이야기할 수 있다. 그러한 사회를 가질 수 있느냐가 군주를 가질 수 있으냐 여부보다 중요하다. 공자는 말했다. "오랑캐에게 군주가 있는 것이 문명국에게 군주가 없는 것만 못하다."[23]

사회에는 믿음이 필요하다

외적 강제 없이 사람들이 모여 사회를 영위하는 일은 쉽지 않다. "다수의 인간이 다수의 대상에 대해서 같은 시각에서 생각할 때, 다수의 주제에 대해서 같은 의견을 가질 때, 그리고 같은 사실들에 대해서 같은 인상과 같은 생각을 지닐 때, 이럴 때 비로소 사회가 형성되는 것이다."[24] 공자와 그 제자들은 외적으로 표출되는 군사력, 행정력, 강제력에 대해 유보적인 반면, 사회를 유지하는 데 필수적인 믿음을 확보하는 데는 열성적이었다. 양질의 사회를 유지하려는 노력 없이 국가의 힘을 약화시키려고만 하면 남는 것은 무질서일 뿐일 것이기에.

모든 사람이 똑같은 생각을 하는 것이 바람직하지 않다는 데 많은 이들이 동의할 것이다. 다른 생각들이 극단적으로 맞부딪히는 상태 역시 바람직하지 않기는 마찬가지다. 그것은 사회가 아니다. 그래서 토크빌은 종교적 믿음이 사회 유지에 중요한 역할을 한다고 보았다. 종교가 줄 수 있는 심리적 안정감 없이 홀로 살아가야 하는 인간은 어떨까? 그는 모든 생각의 짐을 혼자 감당해야 한다는 처지에 질린 나머지 스스로 누군가에게 예속되고 싶어 하지 않을까? "인간의 운명이 제시하는 가장 어려운 문제들을 자기 혼자서 해결해야 한다는 절망감으로 인해, 결국은 겁쟁이처럼 그 문제를 생각조차 하지 않으려 한다. 이러한 상태는 어김없이 인간의 영혼을 좀먹는다. 그것은 인간의 의지력을 약화시키고 시민들을 예종 상태에 몰아넣는다. 이리하여 시민들은 자유가 박탈되는 것을 감내할 뿐만 아니라, 때로는 스스로 자유를 내주게 된다."[25] 즉, 완전한 자유를 꿈꾸다가 자칫 완전한 예종에 빠질 수 있다.

자하가 이렇게 말했다. "군자는 믿음을 얻고 난 뒤에 피치자를 수고롭게 할 것이니, 믿음을 채 얻지 못하면 [피치자는] 자신을 괴롭힌다고 생각한다. 믿음을 얻은 뒤에야 간언할 것이니, 믿음을 채 얻지 못하면 [사람들은] 자신을 헐뜯는다고 생각한다."[26] 여기서 믿음이 하는 역할을 생각해보라. 믿음이 부재한 상태에서 가능한 사회적 행동은 거의 아무것도 없다. 충심에서 나오는 간언조차 헐뜯는 것으로 간주될 것이다. 믿음이 없는 상태에서 비판이나 충고는 인간관계의 해체로 이어지고, 인간관계의 해체는 결국 사회의 해체로 이어질 것이다.

그러나 국가는 사회의 해체를 방임할 수 없다. 사회가 해체된다는 것은 곧 국가의 죽음을 뜻한다. 방임할 수 없기에 강제력을 동원해서라도 해체를 막고자 하고, 그 강제력 동원을 통해 국가의 힘은 증대한다. 그러나 강한 국가는 공자와 그 제자들이 원한 바가 아니었다. 믿음이 제대로 정착되기만 한다면 국가의 강제력은 커질 필요가 없다. 그래서 『논어』에서는 거듭 믿음을 강조한다. "충성과 믿음을 핵심으로 삼되",²⁷ "제후국을 다스릴 때는 일을 공경하여 믿음을 얻고"²⁸ "말조심하여 믿음을 쌓아라"²⁹라고 권면한다.

> 자공이 정치에 대해 여쭈었다. 선생님께서 말씀하셨다. "먹을 것을 풍족히 하고, 병기를 넉넉히 하고, 피치자들이 신뢰하게 하는 것이다." 자공이 말하였다. "부득이해서 버려야 한다면 이 세 가지 중에서 무엇이 먼저입니까?" 선생님께서 말씀하셨다. "병기이다." 자공이 말하였다. "부득이해서 버려야 한다면 이 남은 두 가지 중에서 무엇이 먼저입니까?" 선생님께서 말씀하셨다. "먹을 것이다. 자고로 모두 죽게 되어 있다. 피치자가 신뢰하지 않으면 설 수 없다."³⁰

이 대화에서 놀라운 것은 먹을 것, 병기, 신뢰가 정치의 3요소로 등장한다는 사실이다. 정치가 먹고사는 일을 고려해야 하고 안보를 책임져야 한다는 것은 상식이지만, 믿음 혹은 신뢰가 그 두 가지와 같은 반열에서 논의된다는 것이 주목할 만하다. 사실 이 세 가지 중에 하나라도 없으면 정치가 제대로 작동할 수 없을 것이다. 그러니 "부득이해서 버려야 한다면 이 세가지 중에서 무엇이 먼저입니까?"와 같은 질문은 실제로 버리고 말고 여부를 묻는 것이 아니라 어느 것을 강조하겠느냐고 묻는 것이다. 먹을 것과 안보는 누구나 중시할 것임을 공자는 알고 있다. 그래서 신뢰를 가장 중요한 것으로 내세운다.

오늘날 이른바 자유민주주의 국가에서 사회의 주된 작동 원리는 시장이다. 시장은 국가의 강제적 개입이 부차적이고, 비국가적 존재들이나 개인들이 상호 경쟁하며 활발하게 재화를 교환하는 곳이다. 이러한 시장과 교역이 발달하면, 사람들은 연결되고 그 연결의 총체가 사회가 된다. 그러나 『논어』에서 권장하는 사회 속에 자기 이익의 최대화를 위해 경쟁하는 시장 같은 것은 없다. "군자는 경쟁하는 바가 없다. 굳이 해야 한다면 활쏘기다! 예를 갖추어 인사하고, 활 쏘려고 오르내리며 예를 갖추어 술을 마신다. [예를 갖춘] 이런 경쟁이라면 군자답다."[31] 그러면 사회를 연결하는 힘은 재화의 교환이 아니라 무엇인가? 그것은 신뢰와 덕이다. "덕 있는 사람은 외롭지 않으니 반드시 이웃이 있다."[32]

사회에는 권위가 필요하다

윌리엄 토머스William Thomas는 이렇게 말한 적이 있다. "우리는 사실 통계나 과학적 근거에 따라 삶을 영위하고 결정을 내리고 일상의 목표를 달성하지 않는다는 사실을 깨닫는 것도 매우 중요하다. 우리는 추론에 따라 살아간다. 내가 당신의 손님이라 치자. 당신은 내가 당신 돈이나 숟가락을 훔칠지 아닐지 알 수 없고 과학적으로 결론 내릴 수도 없다. 그러나 당신은 내가 훔치지 않으리라 추론하고 나는 당신이 나를 손님으로 대하리라 추론한다."[33] 여기서 추론이란 말을 권위라는 말로 바꾸어보자. 인간은 혼자 모든 것을 생각할 수 없다. 인간은 그 정도로 대단하지 않다. 모든 것을 독자적으로 생각할 힘도 없고 시간도 없다. 숙고를 거듭해서 결정할 사안들 이외에는 대개 권위에 의존해서 살아나간다. 아무런 권위에도 의존하지 않고 매사에 생각을 거듭하면 심신이 지쳐버리고, 지쳐버린 나머지 전보다 더 의존적인 존재가 되어버릴 수 있다.

물론 불필요한 권위에 도전하는 일은 꼭 필요하다. 그런 것들을 오래 참다보면 소화불량에 걸리다 못해 우울증에 빠질지도 모른다. 그러나 필수적인 권위에 도전할 필요는 없다. 외부의 힘에 의탁해도 되지 않는 상태를 유지하려면, 노예 상태에 빠지지 않으려면, 필수적인 권위를 잘 유지해야 하고, 그 권위가 타락하지 않도록 잘 관리해야 하고, 권위가 잘 관리되었을 때 비로소 사회가 유지된다.

권위를 강조하는 사회가 곧 평등한 사회는 아닐 것이다. 복잡한 예식을 통한 권위의 강조는 일반 사람들을 배제하는 면이 있다. 노르베르트 엘리아스Norbert Elias는 매너를 지탱하는 '폴리테스politesse(정중함)'나 '시빌리테civilite(예절)' 같은 개념이 하위 계층 사람들에게 자신들의 우월의식을 표현하는 동시에 자신들을 구분해주는 특수한 행동 방식이라고 주장했다.[34] 마찬가지 이야기를 예에 대해서도 할 수 있다. 예를 구현하려면 그에 상응하는 자원이 있어야 한다. 각방을 쓰는 것이 예라면, 단칸방이어서는 불가능할 것이다. 행사 때마다 그에 맞는 옷을 갈아입으려면 옷이 한 벌이어서는 곤란할 것이다. 결국 예를 구현할 수 있는 이와 예를 구현하지 않는 이 사이에는 차이가 있기 마련이다. 엄존하는 그 차이를 양식화한 것이 예이기도 하다.

아무나 의례에 많은 시간, 자원, 에너지를 투입할 수 없다. 그런 면에서 상류층이야말로 예의 주인이다. 상류층은 특정한 예들을 독점함에 의해 사회적 위계를 재생산한다. 피지배층 중에서 운이 좋아 충분한 경제적 자원을 취득한 이는 이제 그 예를 흉내 내어 계층 이동을 꿈꾸기도 한다. 그러면 그들과 다시 차이를 만들기 위해 기존 상류층은 더 복잡하고 또 흉내 내기 어려운 예를 창출해내려 할 수 있다. 18세기 이래 영국 신흥 부자들이 상류층을 본격적으로 흉내 내기 시작하자, 기존 상류층은 배타적인 사교계와 회원제 클럽을 만들었듯이.[35]

예를 강조하는 사회가 곧 민주적인 사회는 아닐 것이다. 예 같은 규범의 강조는 사람들의 일시적인 선호와는 거리가 있다. 따라서 예는 민주주의와 긴장 관계에 있다고 해도 과언이 아니다. 민주주의 이념하에서는 어쨌거나 다수 인민의 뜻이 가장 중요한 권위를 갖는다. 그런데 어느 특정 순간에 존재하는 다수 인민의 선호가 반드시 해당 사회의 기존 규범과 일치한다는 보장은 없다. 아리스토텔레스는 다수 인민의 뜻이 사적 이익 추구에 불과할 때 민주주의는 바람직하지 않다고 경고했다. 이처럼 민주주의의 타락을 우려하는 이들은 그 타락의 위험을 줄이기 위해 예 같은 규범의 지배를 강조한다. 시간의 검증을 통과한 규범은 다수 인민의 뜻보다 더 오랫동안 이성적으로 숙고한 결과 형성된 것이라는 기대가 있기 때문이다.[36] 『논어』의 세계에서도 예는 옛 성왕들이 창출해낸 뒤 오랜 시간에 걸쳐 경험을 통해 검증되고 정련된 규범이다.

사회에는 습속이 필요하다

예가 갖는 힘의 많은 부분은 행위자가 예를 기꺼이 수용하고자 하는 데서 온다. 다시 말해서, 행위자가 예를 행하고 있다는 사실을 의식하고 있지 않을 정도로 습속화되었을 때 예는 가장 성공적이다. 그렇게만 된다면 예는 그저 거기에 공기처럼 존재하게 된다. 사람들은 이제 예라는 공기를 호흡하면서 조화로운 삶을 살아갈 것이다. 그렇다고 해서 『논어』의 세계가 사회적 습속 그 자체를 존중하는 것은 아니다. 사람들이 그렇게 해왔다는 사실 자체가 가치의 근원이 되지는 않는다. 공자는 습속에도 위계가 존재한다고 믿었다. 근세 유럽의 문명화 과정이 프랑스 궁정 예법에서 탄생했듯이, 『논어』에서 역시 바람직한 예는 조정에서 출발한다.

조정이 나서서 예를 반포할 때조차 궁극적인 목표는 국가가 자주 개입하지 않는 상황을 만드는 것이다. 거칠게 말해서 법의 집행은 국가의 소관이고 예의 작동은 사회의 소관이다. 법의 집행자는 궁극적으로 국가이고 예의 집행자는 사회 속 사람들이다. 한 나라의 질서 유지의 큰 몫을 예에 맡긴다는 것은 그만큼 사회 자체의 자정 능력을 신뢰한다는 것이다. 통치자의 입장에서 볼 때, 각 행위자는 합당한 순간에 합당한 방식으로 적절한 기능을 수행하고, 그 결과 조화로운 사회의 실현에 이바지하면 최선이다. "예와 겸양으로 나라를 다스릴 수 있다면 무슨 어려움이 있으리오!"[37]

만약 예가 완벽하게 작동한다면 관료제와 경찰 같은 통치의 도구들은 불필요할 것이다. 공유하는 관습이 생성해내는 조화라는 게 정말 제대로 존재한다면 규칙을 강제할 제3자는 필요 없을 것이다. 다른 곳에서라면 국가가 수행할 법한 많은 행정 조치들이 친족 같은 사회적 집단에 의해 수행되게 된다. 그와 같은 입장에 반대했던 대표적인 『논어』 속 인물이 바로 섭공葉公이다. 섭공이 공자에게 말했다. "우리 쪽에는 자신을 바르게 하는 사람이 있습니다. 아버지가 양을 훔치게 되면, 아들은 그렇다고 증언합니다." 이처럼 섭공은 아버지와 자식조차도 예외 없이 법과 처벌의 대상이 된다고 주장했다. 규칙을 강제할 국가의 힘을 강조하는 섭공에게 공자는 이렇게 대꾸했다. "우리 편의 곧은 사람은 이와 다릅니다. 아버지는 자식을 위해 숨겨주고, 자식은 아버지를 위해 숨겨줍니다. 곧음은 그 가운데 있습니다."[38] 즉, 공자는 국가가 정한 법을 앞에다 두고도 아버지와 자식은 서로를 숨겨줄 수 있다고 보았다. 그리고 그것이야말로 진정한 '곧음'이다. 공자의 발언에서 흥미로운 것은 효를 곧음(直)의 대안으로 제시하지 않고, 그 효 '안'에 곧음이 있다고 한 점이다. 즉, 공자는 국가와 가족, 충과 효를 대척점에 놓지 않았다.

이처럼 『논어』의 세계에는 정부가 일부러 개입해서 간섭할 여지가 크지 않다. 정부가 사회에 많이 개입할수록 관습은 덜 당연시될 것이다. 예가 가진 '관습적' 측면이란, 외부적인 조정자 없이도 예의 실천들이 객관적으로 조화를 이루는 측면을 말한다. "[후대에 『서경』이라는 경전이 되는] 『서』에서 '효도하라, 오로지 효도하고 형제간에 우애하여 그것을 정치에 베푼다'고 하였으니 이 또한 정치를 행하는 것이다. 어째서 구태여 정치를 일삼겠는가?"[39] 여기서 "구태여"라는 표현에 주목하라. 이상적 상황에서는 국가가 굳이 많은 정치를 하려들 필요가 없는 것이다. 굳이 많은 정치를 하려들 필요가 없는 국가, 그것은 작은 국가임에 틀림없다.

9

리더십을 찾아서

 과거 동양에서 전제군주가 무소불위의 권력을 휘둘렀다고 사람들은 생각하곤 한다. 그러나 그러한 생각은 실제와 거리가 멀다. 명목상 모든 정치적 권리를 독점하고 있는 것처럼 보이는 군주와 모든 정치적 권리를 박탈당한 상태에 있는 것으로 보이는 피치자 사이에는 생각보다 많은 것이 있다. 군주와 일반 피치자는 거의 직접 만나지 않는다. 군주가 피치자에게 행정권력을 행사하기 위해서는 법과 명령을 집행해 주는 많은 관리들이 필요하다. 따라서 군주는 일단 그 관리들을 잘 통솔할 역량이 필요하다. 그 관리들이 늘 군주의 말을 잘 듣는 것은 아니므로, 군주는 관리들과 상시적 협상 관계에 있는 경우가 많다. 그리고 엘리트 중에는 관리만 있는 것이 아니다. 관직 없이도 자신의 권력을 유지할 수 있는 엘리트나 귀족이 존재한다. 이 귀족들은 독자적 세력이 있기에 실제로 군주권을 심각하게 위협할 수 있다. 따라서 군주는 그들을 달래고 회유해야 한다. 귀족들은 군주가 그들에게 도움이 되는 자원을 계속 나누어줄 때만 군주의 명령에 순응할 것이다.

이러한 상황에서 춘추전국시대의 사상가들 대부분은 일반 피치자들보다는 군주와 엘리트를 주된 청중으로 삼았다. 그 사상가들 중에는 적극적으로 군주권력을 옹호하려는 이들도 있었고, 제약하려는 이들도 있었고, 아예 실제 정치와 거리를 두는 이들도 있었다. 공자가 적극적으로 군주권력을 옹호했다는 주장이 흔하지만, 실제로 『논어』를 읽어보면 그렇지 않다. 오히려 『논어』는 어떻게 하면 군주를 길들일 것인가 하는 문제의식으로 가득 차 있다. 즉, 공자는 단지 군주의 조언자나 보조인력에 머물렀던 것이 아니다.

이 점을 잘 보여주는 것이 주공周公에 대한 공자의 인식이다. 주공이란 누구인가? 주공은 주나라가 당시 패권국 상商나라를 무너뜨리는 데 결정적 공헌을 한 인물이다. 주나라 무왕武王은 목야牧野의 전투를 통해 상나라를 일시에 무너뜨린 것이 아니었다. 그 전투에서 주나라 무왕은 상나라 주왕紂王을 죽이는 데 성공했지만, 상나라를 없애지는 못했다. 목야의 전투 이후에도 주왕의 아들 무경武庚이 주나라의 속국이 된 상나라를 계속해서 다스렸다. 즉, 목야의 전투를 통해 바뀐 것은 상나라의 존재 여부가 아니라, 주나라와 상나라의 관계였다. 무왕이 어린 태자 성왕成王을 남겨두고 죽자, 무왕의 아우인 주공 단旦이 실질적인 정무를 맡았다. 이때를 틈타 무경은 반란을 일으켰으나 주공이 3년간 정벌 끝에 상나라를 폐하고, 유민들이 제사를 받들게만 했다. 즉, 상나라를 멸망시킨 것은 주나라 무왕이 아니라 주공이었던 것이다. 『사기』에 따르면 성왕은 주공을 끝내 신하로 간주하지 않았음을 밝혔다. "어린 내가 감히 주공을 신하로 간주하지 않았음을 명백히 하라."[1]

요컨대 주공은 군주가 아니면서도 현실의 군주보다 더 현능했던 사람이었다. 신하이지만 신하 이상의 인물이었다. 공자는 그러한 주공에게 각별한 애착을 보였다. 꿈에서 보지 못했다고 애통해할 정도였다. "심하구나, 나의 노쇠함이여! 오래되었구나, 내가 주공을 꿈에서 다시 보지 못한 것이!"[2] 왜였을까? 주공은 왕위 세습제하에서 정치권력이 마주하는 딜레마를 해결한 사람이었다. 왕위를 세습하다보면, 현능하지 못한 사람이 가장 큰 권력을 쥐게 될 가능성이 있다. 이 문제를 해결하는 방법 중 하나는 현능한 신하를 두고 그의 조언을 경청하거나 권한을 위임하는 것이다. 주공은 어린 성왕의 섭정으로서 뛰어난 역량을 발휘하여 그와 같은 해결책의 전범이 되었다. 어디 그뿐이랴. 주공은 왕위에 욕심을 내지

않았다고 전해진다.³

에드워드 쇼네시Edward L. Shaughnessy의 『상서尙書』 연구에 따르면, 고대 중국에서 소공召公은 군주권력의 우선성을 상징하는 존재였고, 주공은 현능한 신하의 중요성을 상징하는 존재였다. 그리고 이 두 상징은 경쟁 관계에 있었다.⁴ 예컨대 청동기 기록에서는 소공의 존재가 부각되는 데 비해, 동주 시기의 작품인 『상서』의 「낙고洛誥」, 「입정立政」, 「금등金縢」 등에서는 주공이 강조된다. 주공이 강조되는 경우는 당시 주나라 왕권의 쇠퇴에 따른 비왕권 세력의 권력 상승을 반영한다고 쇼네시는 해석한다. 주공은 왕이 될 수는 없으나 왕 이상의 역량을 가진 이들의 꿈인 셈이다. 주공이 이러한 상징성을 갖는 인물이라면, 공자가 주공을 존숭한 것도 이해할 만하다. 마치 주공이 그러했던 것처럼, 공자는 권력자들의 상징적 우위에 서서 조언하기 시작한다. 그 조언의 내용은 무엇이었을까?

바른말을 하라

제자 자로가 군주 섬기기에 대해서 묻자, 공자는 이렇게 대답했다. "속이지 말고, 얼굴을 마주하고 간언해야 한다."⁵ 이렇게 면전에서 바른말을 하라는 것은, 군주의 전횡에 동의하지 않는다는 의지를 천명하는 일인 동시에, 군주에 의해 좌우될 수 없는 원칙이 있음을 표방하는 일이다. 이런 점은 공자와 정공과의 대화에서 극명하게 드러난다. 정공이 한마디 말로 나라를 망하게 하는 경우가 있는지 묻자 공자가 말했다. "사람들 말에 '나는 군주가 되니 [다른] 즐거움이 없네. 말만 해도, 나를 어기는 사람이 아무도 없네'라고 합니다. 만일 [군주의] 말이 선하여 아무도 어기지 않는다면 참으로 좋지 않겠습니까? 하는 말이 좋지도 않은데 아무도 어기지 못하면, 대략 한마디 말로 나라를 망하게 하는 경우가 아닐까요?"[6]

『논어』에서 공자는 거듭 아첨의 폐해에 대해 경고했다. "아첨하는 말을 하는 사람을 멀리하라."[7] 진실이 말해지지 않으면 결국 모든 것이 진창이 될 것이다. 그러니 바른말을 해야 한다. 그러나 누가 바른말을 좋아하던가. 속으로 다 자신에 대한 압도적 칭찬만을 해주길 기대하지 않는가. 칭찬은 고래도 춤추게 한다지만, 칭찬한다고 그저 춤출 정도면 그 사람은 권력을 선용할 역량이 없다. 책임 있는 위치에 있는 사람이라면 바른말을 감내할 수 있어야 한다. 그러나 바른말은 아프기 마련이고, 아프면 그 말한 상대를 소원하게 여기게 된다. 오죽하면 고대 그리스에 메신저(노예)가 나쁜 소식을 전하면 죽여버리는 습속이 있었을까.[8]

강제하지 말라

『논어』는 명시적 강제는 좋은 통치 방법이 아니라는 권고로 가득 차 있다. 강제의 가장 극단적 형태는 살인이다. "대부께서는 정치를 하면서 어찌 살인을 그 도구로 쓰려고 하십니까? 대부께서 선하고자 하면, 피치자들도 선해질 것입니다. 군자의 덕은 바람이요, 소인의 덕은 풀입니다. 풀 위에 바람이 불면, 풀은 반드시 눕습니다."[9] 즉, 비강제적인 수단을 피하고 덕을 쌓기만 해도 피치자들은 순응할 것이다. 현실정치에서 형벌 같은 강제가 불가피하겠지만, 목표는 그와 같은 강제를 최소화하는 것이다. "'좋은 사람이 100년 동안 나라를 다스려야 겨우 잔악함을 이기고, 사형 집행이 없어도 될 정도로 만들 수 있다'고 하는데, 진실이로구나, 이 말은!"[10] 아직도 명시적 강제를 사용하고 있다? 그것은 아직 충분히 좋은 상태가 아니다. "예로써 피치자들을 움직이지 않으면 아직 충분히 좋지 않다."[11]

『논어』에서 말하는 비강제적 통치술의 대표는 예이다. "군주는 신하를 예로써 부리고, 신하는 군주를 충성으로써 섬기면 됩니다."[12] "예와 겸양으로 나라를 다스릴 수 있다면 무슨 어려움이 있으리오! 예와 겸양으로 나라를 다스릴 수 없다면 예를 어떻게 하랴!"[13] 권력자가 마지못해 예를 거행하는 것만으로는 충분하지 않다. 예를 단순히 거행하는 일을 넘어 예를 좋아하는 단계에 이르러야 한다. "윗사람이 예를 좋아하면, 피치자들 중에 감히 공경하지 않는 사람이 없고, 윗사람이 올바름을 좋아하면, 피치자들 중에 감히 복종하지 않는 사람이 없고, 윗사람이 믿음직스러움을 좋아하면, 피치자들이 감히 실상으로 응대하지 않는 사람이 없다."[14] 권력자가 예를 거행할 때, 그는 그것이 가져오는 정치적 효과를 염두에 두고 있다. "윗사람이 예를 좋아하면, 피치자를 부리기 쉽다."[15]

매력을 함양하라

강제로 타인을 움직일 수 없다면, 매력으로 움직여야 한다. 『논어』에서는 무력을 통한 영토 확장보다는 사람들이 매혹되어 자발적으로 찾아오는 현상을 정치적 성공의 지표로 간주한다. 섭공이 정치에 대해서 묻자 공자는 이렇게 대답했다. "가까이 있는 사람들은 기뻐하고, 먼 데 있는 사람들은 찾아오는 것입니다."[16] "먼 데 있는 사람이 복종하지 않으면 문덕을 닦아 그들이 오게끔 한다. 이미 오게 하였으면 그들을 평안케 해준다."[17] "무릇 이와 같이 한다면 사방의 피치자들이 자식을 강보에 싸서 업고서 몰려들 것이다."[18]

무엇이 이런 일을 가능하게 하는가? 공자가 살인의 대안으로 강조하는 것은 통치자의 덕이다. 통치자의 덕은 피치자에게 영향을 끼친다. "정치란 바르게 하는 것입니다. 대부께서 바른 것으로써 이끌면 누가 감히 바르지 않겠습니까?"[19] 이러한 발언은 군주의 우위를 인정하는 동시에 막대한 책임을 군주에게 돌리는 것이다. "만약 대부께서 탐욕을 부리지만 않으면, [그에 감화되어] 상을 준다 하더라도 도적질하지 않을 것입니다."[20] 이러한 논리대로라면, 나라 안에서 벌어지는 숱한 악행들의 책임이 군주에게 있게 된다. "자신이 바르면 명령을 내리지 않아도 행해질 것이고, 자신이 바르지 않으면 명령을 내려도 따르지 않을 것이다."[21] 부산하게 명령을 남발하는 것보다 훨씬 더 경제적인 통치술이 군주의 자기 연마인 셈이다. "만약 자신을 바르게 할 수만 있다면, 정사에 종사함에 무슨 어려움이 있겠는가? 자신을 바르게 할 수 없으면, 어떻게 남을 바르게 하겠는가?"[22]

바른 사람을 등용하라

통치자는 피치자들이 자신에게 순종하게끔 해야 한다. 『논어』에서 통치자들은 이 어려운 일을 어떻게 해내야 하는지 거듭 묻는다. 예컨대 애공은 묻는다. "무엇을 하면 피치자가 복종하겠소?" 애공의 이 질문은 당시 많은 통치자들이 공유했던 질문이었다. 통치자가 일반 피치자들을 직접 다스리는 경우는 드물고, 관리라는 매개자를 통해 다스린다. 그래서 용인술이 중요하다. 공자가 대답했다. "곧은 사람을 들어 굽은 사람 위에 놓으면 피치자가 복종하고, 굽은 사람을 들어 곧은 사람 위에 놓으면 피치자가 복종하지 않습니다."[23] 공자는 위계 없이 정치 질서가 가능하다고 믿지 않는다. 위계를 유지할 때 위아래의 영향 관계가 가능하다. 그렇다면, 누구를 위에 배치할 것인가가 관건이다. 위 대답에 따르면, 통치자는 누구보다도 "곧은 사람"을 등용해야 한다.

위계를 구축하라

공자가 보기에 이상적인 질서는 정당한 위계질서다. "천하에 도가 있으면, 예악과 정벌이 천자로부터 나온다. 천하에 도가 없으면, 예악과 정벌이 제후로부터 나온다. 제후로부터 그러한 것들이 나오면, 열 세대가 지나도록 나라를 잃지 않는 경우가 드물다. 대부로부터 나오면 다섯 세대가 지나도록 나라를 잃지 않는 경우가 드물다. 가신이 나라의 명령권을 쥐고서 삼 세대가 지나도록 나라를 잃지 않는 경우가 드물다. 천하에 도가 있으면 정치가 대부에게 있지 않다. 천하에 도가 있으면 일반인들이 이러쿵저러쿵하지 않는다."[24] 즉, 중요한 문화적, 정치적 결정은 상부에서 내려오는 것이지 하부에서 올라가는 것이 아니다. 이러한 질서는 정치적 평등을 내세우지 않는다.

위계질서가 무너지는 것에 대한 공자의 한탄은 『논어』 여러 곳에서 보인다. 노나라 대부인 계손씨가 태산에서 제후라야 지낼 수 있는 여旅 제사를 지내려 하자 한탄했으며,[25] 계손씨가 자기네 제사 마당에서 [천자의 예식인] 팔일무八佾舞를 추게 하자, "이 꼴을 용인한다면 무엇을 용인 못하겠는가?"[26]라고 말했다. 또 비슷한 취지에서 다음과 같이 말하기도 했다. "제사 지낼 귀신이 아닌데도 제사 지내면 아부하는 것이다."[27] "'제후들이 모시니, 천자께서 위엄 있으시네'라는 옹雍 노래 가사가 어찌 그 세 집안의 사당에서 울려 퍼질 수 있겠는가."[28] 춘추시대 후기에 만연했던 위계질서의 해이는 공자가 보기에 부정적인 것이었다.

민주주의자가 아니었던 공자에게 위계는 불가피한 사회현상으로 보였을 가능성이 높다. 그렇다면 중요한 것은 위계 그 자체에 도전하는 일이 아니라 그 위계를 타당한 위계로 만드는 것이다. 그러기 위해서는 자신에게 주어진 자리를 넘어서지 않고 그 자리에 합당한 책임을 완수해야 한다. "그 자리에 있지 않으면, 그 정사를 도모하지 않는다."[29] 동시에 누구에게든 해당 자리에 걸맞은 역량을 갖추기를 끊임없이 요구해야 한다. "고觚(제사용 뿔술잔)가 고觚답지 않으면 그것이 고觚이겠는가? 고觚이겠는가?"[30] "군주는 군주답고, 신하는 신하답고, 아비는 아비답고, 자식은 자식다워야 합니다." 경공이 말하였다. "좋은 말씀입니다! 정녕 임금이 임금답지 않고, 신하가 신하답지 않고, 아비가 아비답지 않고, 자식이 자식답지 않으면, 비록 곡식이 있어도 내가 그것을 먹을 수 있으리오?"[31] 공자가 보기에 바로 이것이 정치다.

위계가 이토록 중요하다고 해도, 그것이 일방적인 독재를 뜻하는 것은 아니었다.『논어』는 실로 질문의 연쇄로 이루어져 있다고 해도 과언이 아니며, 묻는 일은 아랫사람에게 묻는 일까지 포함한다. "애써 배움을 좋아하였고, 아랫사람에게 묻는 것을 부끄러워하지 않았다. 그래서 문文이라고 평가한 것이다."[32] 위계를 인정하되, 배움의 영역에서는 위계를 넘어설 수 있다.

평등이 아니라 균형을 찾아라

자신이 맡은 역할에 충실한 위계질서는 평등과는 거리가 멀다. 현능한 사람이 제 위치에서 정치적 권위를 행사해야 한다고 보았다는 점에서『논어』의 세계는 엘리트주의의 혐의가 있다. 동시에 누구나 탁월함을 성취하라고 권면했다는 점에서는 평등주의의 요소도 있다. 공자는 제자를 받을 때 출신성분을 문제 삼지는 않았다. "말린 고기를 준비해 오는 것 이상의 예를 차리는 사람이라면, 내가 일찍이 가르치지 않은 적이 없다."[33] 여기서 말린 고기란 최소한의 예를 뜻한다. 그러나 대체로 말하여, 공자의 관심은 평등이라기보다는 균형에 있었다. "내가 듣건대, 나라와 귀족 영지를 다스리는 사람은 [피치자가] 적은 것을 걱정하지 않고 불균형함을 걱정하며, 가난을 걱정하지 않고 평안치 않음을 걱정한다고 한다. 균형이 유지되면 가난함이 없으며, 화목하면 [피치자가] 적지 않으며, 평안하면 [나라가] 기울지 않는다."[34]

공자보다 평등을 좀 더 명시적으로 내세운 이는 예수였다. 예수가 레위라는 세관원을 제자로 받아들인 것은 사회적·종교적·계급적 장벽을 허문다는 의미가 있었다.[35] 『신약성서』에 나온바, 예수는 죄인에게도 창녀에게도 유대인이 아닌 군인에게도 설교한 사람이었다. 그리고 유독 가난하고 아픈 이들을 치유하는 기적을 보인다. 예수는 유대인이었으나, 유대인을 배타적인 계약의 백성으로 보는 유대교와는 여러 면에서 대조된다. 그러니 그리스도교에 비견할 만한 평등주의적 혹은 민주주의적 요소를 『논어』에서 발견하는 것은 불가능하다. 그리고 그것은 그 시대로서는 이상한 일이 아니었다. 민주정을 실현했다고 알려진 고대 아테네라고 다르랴. 기원전 5세기 아테네 인구 30만 명 중 정치적 자유를 누린 이들은 2만 명 정도에 불과했다. 플라톤이나 아리스토텔레스 같은 고대 그리스 철학자들이 민주주의에 대해 우려했듯이, 『논어』에도 다수 의견이 가질 수 있는 한계를 지적하는 발언들이 제법 수록되어 있다. "많은 사람들이 어떤 것을 미워해도 반드시 잘 살펴라. 많은 사람들이 어떤 것을 좋아해도 반드시 잘 살펴라."[36]

　결국 공자와 그 제자들은 민주정이 아니라 군주정을 옹호한 사람들이었다. 그렇다고 군주의 전제적 권력 행사에 동의한 것은 아니었다. 『논어』에 나오는 공자는 통상적인 의미에서 군주권 강화에 동의했던 것 같지는 않다. 그렇다면 군주권의 약화를 도모했을까? 그럴 리가 있나. 군주를 찾아다니며 자신의 비전을 설득해야 하는 처지에 있는 사람이 "당신의 권한을 약화시키고자 하오!" 이렇게 면전에서 말할 수 있겠나. 군주의 힘이 약하면 피치자들은 군주를 거부하거나 경멸할 수 있다. 궁지에 몰린 군주는 피치자들에게 강권을 휘둘러 섣불리 제압하려 들 수 있다. "군주 자신도 분노와 두려움으로 가득 찬다. 군주는 자기 왕국 안에서 자신이 이방인이라고 느끼며, 신민들을 마치 정복당한 무리들처럼 취급한다."[37] 그러한 제압에 실패했을 경우 그 군주는 실권하고, 다른 군주가 그 자리를 차지하게 된다. 강권을 통한 통치는 비용이 많이 든다. 그것은 장기적으로 지속될 수 없다.

　그렇다면 어떤 상태가 바람직한가? "군주들은 인민의 마음이 자신들을 향해 있다는 것을 알 때에는 아주 관대해진다. 자신들이 강하다고 느끼기 때문이다. 신민의 충성심이 왕권의 버팀목이라는 것을 아는 까닭에 군주들은 신민의 충성심에 항상 유념한다. 그렇게 되면 군주와 인민 사이에는, 가정에서 부모와 자식 사이에나 느낄 수 있는 그러한 부드러운 감정의 교환 같은 것이 일어나게 된다. 신민들은 군주의 처사에 여전히 불평을 늘어놓기는 하지만 군주의 심기를 거스르는 일은 삼간다. 군주도 마치 부모가 아이들을 가볍게 야단치듯이 가벼운 손길로 신민들을 나무란다."[38] 바로 그래서 『논어』에는 군주와 부모를 병치시키는 언명이 종종 나오는 것이다. 군주가 자신의 덕을 통해 신민과 신뢰 관계를 수립했을 경우에는 그 군주권의 강약을 쉽게 정의할 수 없다. 권력이 1인에게 집중되어 있지 않다는 점에서는 약하다고 할 수 있으나, 신뢰를 통해 피치자에게 연결되어 있다는 점에서는 강하다고 할 수 있다.

피치자의 덕이 중요하다

바람직한 균형 상태를 이루기 위해서 통치자의 덕성만 중요한 것이 아니다. 피치자에게도 덕성이 있을 때 비로소 균형을 이룰 수 있다. 고대 그리스어 '아레테arete'의 번역어로 주로 사용되는 덕성이라는 말은 "본래 어떤 개체가 자신의 본성을 잘 발휘하는 뛰어난 상태", 즉 "역량과 효율성"을 뜻하는 말이었다. "칼의 덕성은 잘 드는 것이고, 음식의 덕성은 영양 있고 맛있는 것이며, 침대의 덕성은 누웠을 때 편안한 것이라고 할 수 있다. 마찬가지로 군인의 덕성은 죽음을 불사하고 용맹하게 싸우는 것이고, 작가의 덕성은 좋은 글을 쓰는 것이며, 통치자의 덕성은 현명하게 판단하면서 정확하고 일관되게 다스리는 것이다."[39]

그렇다면 피치자의 덕성은? 피치자의 덕성은 복종하는 것이다. 고대 그리스에서 이러한 정치적 복종은 민주공화정과 양립할 수 있었다. 통치자와 피치자의 역할을 번갈아 하는 것이 이른바 고대 그리스 정치제도였으니까. 기원전 5세기 아테네 인구 30만 명 중 외국인, 여성, 아이, 노예 등을 뺀, 남성 시민은 2만 명 정도였다. 멀리 살고 있던 시민이나 생업에 바쁜 시민들을 제외한 이들, 즉 시민의 7분의 1 정도가 평균 열흘마다 한 번씩 열리는 민회에 참여했다. 게다가 중요한 정치적 결정을 해야 하는 자리는 선거가 아니라 추첨에 의한 경우가 많았다는 것을 기억해야 한다. 임기를 1년 정도로 짧게 하고, 동일한 직책을 한 번 이상 맡을 수 없게 하고, 대상자가 그렇게 많지 않으면, 선거보다 훨씬 직접 민주주의에 가까운 효과를 얻게 된다. "매년 행정관직과 평의회 위원의 자리를 충원하기 위해 수백 명의 새로운 인물들을 찾아내야 했다. 30세 이상의 시민 가운데 두 명 중 한 명은 평생에 적어도 한 번은 평의회의 위원이 되어야 했다는 계산이 나온다"[40]

이러니 번갈아 다스리는 것이야말로 아테네 민주정치의 특징이었던 것이다.[41] 자기도 언젠가 통치자가 될 터이니, 오늘 누군가의 통치에 따라야 하는 것이다. 잘 복종하지 않는 사람은 잘 통치하지도 못하는 법,[42] 통치할 권리는 한때 피치자의 위치에 있었다는 사실에 의해 뒷받침되었다.[43] 잘 복종해야 한다는 피치자의 덕목은 잘 다스려야 한다는 통치자의 덕목과 불가분의 관계에 있었다. 그러나 민주정치를 시도하지 않았던 고대 중국의 경우는 조금 다르다. "정치로써 이끌고 형벌로써 가지런히 하면, 피치자들은 제재를 면하려 들 뿐 부끄러움을 모른다. 덕으로써 이끌고 예로써 가지런히 하면, 부끄러움을 알고 선한 곳에 이른다."[44] 부끄러움을 아는 한 피치자는 수동적 처리 대상이 아니라, 자율적으로 자신을 통제하려 드는 주체들이다. 무엇인가 잘못했을 때 스스로 부끄러움을 느껴 자신을 교정하려 든다면, 통치자가 형벌을 통해 개입할 필요는 없을 것이다. 피치자의 덕이 향상될수록, 통치자의 역할은 줄어들고, 그만큼 국가는 작아진다. 이것이 공자가 생각한 정치의 이상이었다.

그런데 피치자의 덕이 애초부터 바람직한 상태에 있는 것은 아니다. 따라서 일단 피치자에 대한 평가가 필요하다. "이 피치자들은 하나라, 은나라, 주나라에서 곧은 도道로써 통치한 바다."[45] "옛날에는 피치자들에게 세 가지 병통이 있었는데, 이제는 그나마도 없는 것 같다. 옛날의 의욕이 넘치는 사람은 시원시원했으나 오늘날의 의욕이 넘치는 사람은 제멋대로 행동하며, 옛날의 자긍심 높은 사람은 딱 부러졌으나 오늘날의 자긍심 높은 사람은 성내며 다투려 들며, 옛날의 어리석은 사람은 솔직했으나 오늘날의 어리석은 사람은

거짓말을 할 뿐이다."⁴⁶

왜 평가가 필요한가? 평가를 해야 개선을 도모할 수 있기 때문이다. 그러면 평가는 어떤 과정을 거쳐서 해야 하나? 일단 먹고사는 일을 해결해준 뒤, 가르쳐야 한다고 했다. "좋은 사람이 피치자들을 7년 동안 가르치면 정녕 [그들을] 전쟁터에 내보낼 수 있다."⁴⁷ "가르치지 않은 피치자를 데리고 전쟁을 하면, 그것은 곧 피치자를 내다 버리는 일이다."⁴⁸ "[미리] 교화하지 않고 [죄를 지으면] 죽이는 것을 잔학하다고 하고, [미리] 경계하지 않고 결과만 책하는 것을 포악하다고 하고, 명령 내리기를 게을리하였으면서 기한을 재촉하는 것을 못살게 군다고 하고, 사람들에게 고르게 나누어주어야 하는데도 출납을 인색하게 하는 것을 [옹졸한] 벼슬아치라고 한다."⁴⁹ 이처럼 공자는 형벌이나 징발의 대상으로 삼기 전에 피치자를 가르쳐야 한다고 반복해서 말했다.

요컨대 피치자 역시 덕을 함양하게끔 해야 한다. 과연 어떻게? 증자가 말하였다. "죽음을 맞아 장례를 신중하게 치르고, 먼 조상에게 정성스레 제사 지내라. 피치자의 덕이 도타워질 것이다."⁵⁰ 제사를 이렇게 지낼 수 있는 이는 통치층이다. 통치층이 예를 완숙하게 구현하면 피치자들이 그로부터 영향을 받아 피치자의 덕목을 함양하게 될 것이다. 계강자가 물었다. "피치자가 공경하고, 충성하고, 스스로 동기부여 하게끔 만들려면 어떻게 하면 될까요?" 공자가 대답하였다.

"[당신 스스로] 위엄을 가지고 대하면 그들이 공경할 것이요, 효와 자애로움을 실천하면 그들이 충성할 것이요, 좋은 사람을 들어 쓰고 잘 못하는 사람을 가르치면 그들이 스스로 동기부여할 것입니다."[51] 이것은 통치자들이 피치자들에게 특정한 이념을 직접 주입하는 모델과는 다르다. 통치자 자신이 통치자의 덕을 제대로 구현해내면, 그에 대한 부수효과로서 피치자들의 덕이 자라날 것이다. 공자가 보기에 리더십의 핵심은 추종자들을 동원하고 조작하는 데 있는 것이 아니라 자기 자신을 치열하게 연마하는 데 있다. 오직 스스로의 모범을 통해서만 상대에게 영향을 끼칠 수 있다.

10

배움을 찾아서

당신은 현 상태에 안주할 생각인가? 아니면 좀 더 나아질 생각인가? 이것은 배움의 도정에 나서는 모든 사람에게 주어지는 첫 번째 질문이다. 그래서 소크라테스는 알키비아데스에게 물었다. "그런데 자네는 자기 자신에 관해서는 어떤 생각을 품고 있는가? 지금의 상태로 남아 있을 생각인가, 아니면 뭔가 돌볼 생각인가?"[1] 자신의 생을 방치하려는 이에게 배움은 불가능하다. "'어찌할까, 어찌할까'라고 말하지 않는 사람에 대해 나도 어찌해야 할지 모르겠다."[2] 자신의 생을 특정한 방식으로 흐르게 하겠다는, 그리하여 더 나은 상태로 나아가겠다는, 어떤 종류의 완성을 기대하는 열망이 있어야, 즉 자기 향상의 의지가 있어야 배움이 가능하다.

그러한 의지와 열망이 있으면 배움은 거의 이루어진 것이나 마찬가지다. "만약 인仁에 뜻을 두기만 하면, 악惡이 없을 것이다."[3] "내가 인을 원하면, 인은 곧 이를 것이다."[4] 이 세상을 움직이는 사람들은 따로 있을지 몰라도, 자신을 움직이는 이 뜻만큼은 철저히 자신의 소관이다. "삼군三軍의 경우라도 그 장수를 빼앗을 수는 있다. 그러나 필부匹夫의 경우라도 그 뜻을 빼앗을 수는 없다."[5] 『논어』에는 생을 추동하는 이 뜨거운 열정에 대해서 이야기한 대목이 많다. "아끼면서, [상대를] 수고롭게 하지 않을 수 있겠는가? 충심을 다하면서 [상대를] 깨우쳐주지 않을 수 있겠는가?"[6] 누군가 환경 탓을 하면 그는 열정이 없는 것이다. "산앵두나무 꽃이 팔랑팔랑 나부끼니 어찌 그대를 생각하지 않겠는가. 그대의 집이 멀구나." 이에 공자는 이렇게 대답하였다. "그리워하지 않는 것이다. [그리워한다면] 멀다고 한들?"[7]

의무감에서 억지로 하는 배움은 오래 지속될 수 없다. 평생 배우기 위해서는 배움의 과정을 즐길 수 있어야 한다. 공자는 좋아서 배워야 함을 누구보다 강조한 사람이었다. 좋아한 끝에 결국 즐기는 경지까지 가야 함을 강조한 사람이었다. "아는 것은 좋아하는 것만 못하고, 좋아하는 것은 즐기는 것만 못하다."[8] 좋아서 하다보면 그것을 즐기게 되고, 즐기고 있으면 편하다(安). 편안하다는 것은 무엇인가 흔쾌히 받아들여지는 상태다. 사람들은 다 편안함을 추구하지 않던가.

편안하려면 즐길 수 있어야 하고, 즐길 수 있으려면 좋아해야 한다.

좋아하고 즐기다니, 도대체 무엇을? 바로 배움을! 『논어』는 다음과 같은 문장으로 시작한다. "배우고 때로 익히면, 참으로 기쁘지 아니한가?"[9] 『논어』에서 반복적으로 강조하는 것은 배움이 즐거운 일이라는 것, 따라서 좋아할 수 있는 일이라는 점이다. 공부가 괴로운 일이라고 생각하는 사람에게 배움을 좋아한다는 것은 변태적으로 느껴질지 모른다. 그러나 진정 변태적인 것은 따로 있지 않을까? 배움이 즐겁지 않은데도 좋아하는 것, 혹은 배움이 즐거운데도 좋아하지 않는 것, 이런 것들이야말로 변태적이다. 일단 배움이 즐거울 수 있다는 사실을 받아들이면, 배움을 좋아하는 일은 자연스럽다.

배우는 일을 좋아하고 즐길 수 있게 되면 사람이 빠질 수 있는 여러 폐단으로부터 자유롭게 된다. "앉거라, 내가 너에게 말해주마. 인仁을 좋아하되 배움을 좋아하지 않으면, 그 폐단은 어리석게 되는 것이다. 지혜를 좋아하되 배움을 좋아하지 않으면, 그 폐단은 방자하게 되는 것이다. 믿음직함을 좋아하되 배움을 좋아하지 않으면, 그 폐단은 해를 끼치게 되는 것이다. 곧음을 좋아하되 배움을 좋아하지 않으면 그 폐단은 가차 없게 되는 것이다. 용기를 좋아하되 배움을 좋아하지 않으면, 그 폐단은 어지럽게 되는 것이다. 굳셈을 좋아하되 배움을 좋아하지 않으면, 그 폐단은 의욕이 과도하게 되는 것이다."[10]

배움을 좋아하면 이 많은 폐단으로부터 자유로울 수 있다니, 공자의 자화자찬도 이제 이해할 수 있다. 공자의 대표적 자부심은 배움을 누구 못지않게 좋아한다는 것이었다. "조용히 기억하고, 배우되 염증 내지 않고, 다른 사람을 가르치는 데 게을리하지 않는 것, [이를 행하는 데] 나에게 무슨 어려움이 있겠는가?"[11] "성인됨과 인仁, 그것들을 내가 어찌 감당하랴? 그러나 [성인됨과 인을] 실천하는 것에 염증을 내지 않고, 남을 가르치는 데 게으름을 부리지 않는 것 정도라고는 할 만하다." 공서화公西華가 말하였다. "바로 [그것이] 제자들이 배울 수 없는 경지입니다."[12] 공자의 자부심은 이어진다. "작은 마을에 반드시 나만큼 충성스럽고 믿음직스러운 사람이 있을 것이다. 그러나 나만큼 배움을 좋아하지는 않을 것이다."[13]

이처럼 배우고 가르치는 일을 좋아한다는 것은 공자에게 소박한 자부심이었다. 그러나 이 소박한 자부심은 한편 거대한 자부심이기도 하다. 끝없이 향상될 수 있는 자신을 믿는다는 거니까. 이런 사람에게는 현재 자신이 완벽하지 못하다는 것은 큰 근심이 아니다. 배우지 못해서 향상되지 못한다는 것이 근심일 뿐이다. "덕을 닦지 않고, 배움을 익히지 않고, 올바름을 들어도 그리로 옮겨갈 수 없고, 좋지 않은 점을 고칠 수 없는 것, 이러한 것들이 나의 걱정이다."[14] "미치지 못하는 것처럼 [안달하여] 배우고, [얻은 것도] 오히려 잃어버릴까 두려워하라."[15] 그리하여 공자가 선호한 자기 소개는 이런 것이었다. "그의 사람됨은 [새로운 것을 배울 때는] 발분하여 먹는 것도 잊고, [얻었을 때는] 그 즐거움으로 근심을 잊으며, 늙음이 다가오는 것도 알지 못한다."[16]

그러면 대체 어느 정도가 되어야 배움을 좋아한다고 할 수 있는가? "군자는 먹는 일에서 배부름을 추구하지 않고, 거처에 있어 편안함을 추구하지 않고, 일처리에 애쓰고 말을 신중히 하고, 도가 있는 곳에 나아가 시비를 바르게 가린다. 그러하면 정녕 배움을 좋아한다고 할 만하다."[17] 자신이 맛있는 음식을 먹을 때를 기억해보라. 기어이 배가 불러올 때까지 탐식하지 않던가. 자신이 편안하게 늘어질 때를 기억해보라. 침대를 애인보다 더 사랑하지 않던가. 음식과 침대를 깊이 사랑해본 사람은 공자의 말을 이해할 것이다. 배불리 늘어지는 것보다 더 배움을 좋아할 때 비로소 배움을 좋아한다고 평가할 수 있다. 제자 자하는 이렇게 말했다. "나날이 자신이 결여하고 있는 바를 알고, 다달이 자신이 할 수 있는 바를 잊지 않으면, 배움을 좋아한다고 할 만하다."[18] 잠깐 한순간 배움에 몰두하는 일쯤이야 누구나 할 수 있다. 그러나 매일매일 지속적으로 배움에 몰두하는 일은 배움을 즐기는 사람이나 그렇게 할 수 있다. 즐거움은 내재화의 지표다. 아리스토텔레스는 "미덕 행함을 즐거워한다는 것은 도덕적 성품을 습득

했다는 증표다"[19]라고 말했다. 마찬가지로 배움을 즐긴다는 것은 배우는 사람이 되어버렸다는 증표다.

이쯤 되면 배움을 좋아하는 것도 일종의 능력이라고 할 만하다. "제자 중에서 누가 배움을 좋아한다고 하시겠소?"라고 애공이 공자에게 묻자, 공자는 이렇게 대답했다. "안회라는 사람이 있었습니다. 그가 배우기를 좋아하고, 화를 옮기지 않고 같은 잘못을 거듭 저지르지 않았습니다. 불행히도 명이 짧아 죽었습니다. 지금은 [그런 사람이] 없습니다. 배우기를 좋아하는 사람을 아직 들어본 적 없습니다."[20] 안회 말고도 제자들이 그토록 많았는데, 이렇게 대답하다니. 안회를 뺀 나머지 제자들은 순식간에 배움을 (아직) 좋아하지 않는 사람들로 치부되었다. 이런 이야기를 전해 들은 제자들은 자괴감에 빠지지 않았을까.

배움과 자기 향상

왜 배움을 즐길 수 있다고 보았을까? 배움에는 자기를 향상시키는 재미가 있다. 공자는 이렇게 말했다. "나는 인을 좋아하는 사람과 인하지 않음을 미워하는 사람을 아직 보지 못하였다. 인을 좋아하는 사람이야 더할 나위 없다. 인하지 않음을 미워하는 사람은, 인을 실천하면서 인하지 않음이 자신에게 더해지지 못하게 한다. 하루라도 자기 힘을 인에다 쏟

아부을 수 있는 사람이 있는가? 나는 힘이 부족한 사람은 아직 보지 못하였다. 있기는 하겠지만 나는 아직 보지 못하였다."[21] 공자는 자기 향상의 재미를 못 느끼는 타인들을 이해하지 못했다. 사람들은 남으로부터 인정받는 재미에 빠져 살지만, 공자가 보기에 자기 향상의 재미는 남으로부터 인정받는 재미보다 낫다. 선생님께서 말씀하셨다. "옛날의 배우는 사람들은 자기 자신의 향상을 위해서 하였으나, 요즘의 배우는 사람들은 남에게 보이기 위해서 한다."[22]

공자 말대로라면, 배움이란 결국 자기 좋자고 하는 일이다. 자기가 향상되는 맛에 하는 것이다. 그러니 이것은 세상을 의식해서 의무적으로 하는 배움과는 다르다. 예컨대 기원후 2세기에서 5세기에 걸친 신플라톤주의에서 학생들이 읽어야 할 최초의 대화편으로 간주된[23] 『알키비아데스』 속의 배움을 살펴보자. 여기서 배움은 자기 향상의 기쁨을 위한 것이라기보다는 나라를 다스리는 목적에 봉사하는 수단적인 배움이다. 주인공 알키비아데스는 도시국가에서 정치적 야망을 가진 귀족 젊은이이고, 그러한 정치적 야망을 제대로 실현하려면 자기 연마가 필요하다고 소크라테스는 말한다. 남을 제대로 다스리려면 자신을 먼저 다스려야 하고, 자신을 다스린다는 일은 곧 영혼을 명상해야 한다는 주장이었다. 그러한 명상을 통해 저 높은 신성한 요소에 다가가며, 그러한 과정을 통해 바람직한 통치의 원리와 정의에 대해 알게 된다.

『논어』에서도 수기치인修己治人을 말하지만, 배움은 치인을 위한 도구에 불과한 것은 아니었다. 그것은 그 자체로 목적이 될 만한 활동이었다. 그런 점에서 『논어』의 배움은 알키비아데스의 배움보다는 차라리 스토아 철학자들의 배움에 가깝다. 푸코에 따르면,[24] 알키비아데스식 자기 연마는 로마 제국 제정 초기 두 세기 동안 스토아 철학자들(세네카, 푸르사의 디온, 에픽테토스, 플루타르코스, 마르쿠스 아우렐리우스, 갈리아노스 등)이 실천한 자기 수양과 크게 다르다. 스토아적 자기 연마란 정치적 야망을 가진 젊은이가 청년기에 국한해서 할 활동이 아니라, 인생 전체를 통해 꾸준히 해야 할 일이다. 따라서 그 자기 연마의 결과는 노년기에 절정에 이르게 된다. 즉, 정치의 수단으로서 자기 연마가 아니라 삶의 양식으로서 자기 연마다. 그러한 자기 연마가 정치와 무관할 필요는 없지만, 궁극적인 관심은 자기 자신에 있다. 자기 자신과 관계를 잘 맺고, 그 관계 속에서 완성되는 것이 자기 연마의 목표다.

스토아 철학자들은 이처럼 완벽한 자기 제어와 자기 향유를 꿈꾸었다. 중요한 것은 실수를 되풀이하지 않는 자신을 닦아나가는 것이지 피안의 구원이 아니다. 그들은 실수를 되풀이하지 않기 위해서 격언이나 계율들을 늘 상기하고자 했고, 그 가르침들이 자신의 일상에 살아 숨쉬게 된 끝에 결국 어떤 평화로운 상태에 도달하고 싶어 했다. 즉, 로마 스토아 철학자들에게 자기 연마는 치인을 위한 방법에 불과한 것이 아니었다. 남을 제어하기보다는 먼저 자신을 제어하는 것, 남의 왕이 되기보다는 자기 자신의 왕이 되는 일이 중요했다. 이러한 자기 연마는 자기 자신을 예술품처럼 아름답게 가꾸어나가는 일이라서, 그 자체로 의미 있는 일이었다.[25] 『논어』에서 말하는 배움 역시 정치를 위한 수단에 불과한 것이 아니라 자신을 완성시켜나가는 과정 그 자체였다. 만약 『논어』의 배움을 정치적 수단 정도로 간주한다면, 공자가 정치에 무관심해 보이는 안회를 그토록 칭찬한 사실을 설명할 수 없다.

자기 향상과 타인 향상

자기 연마, 자기 수양, 자기 돌봄이란 결국 덕을 갖추는 일이고, 덕을 갖춘다는 것은 자신을 현 상태보다 나은 상태로 고양하는 일이다. 그렇게 고양된 '자기'는 결국 현재의 자기나 타인보다 나아지는 게 아닌가? 나아진 만큼 타인으로부터 멀어지는 일이 아닌가? 자기 연마란 결국 갈매기 조나단처럼 무리로부터 이탈하고 초월하기 위한 것인가?[26] 이 지점에서 『논어』 속 공자가 거듭 "충서忠恕"(충성스러움과 타인에 대한 배려)를 말하는 데 주목할 필요가 있다. 제자 자공이 "한마디 말인데도 평생토록 실천할 만한 것"에 대해 묻자 공자는 이렇게 대답했다. "서恕이다! 자기가 원하지 않는 것은 남에게도 하지 않는 것이다."[27] 공자가 "나의 도道는 하나로 꿰뚫는다"고 선언하자, 제자들은 그것이 과연 무엇인지 궁금해했다. 증자가 말하였다. "선생님의 도는 충성스러움, 그리고 자기 마음을 비추어 남을 배려하는 것일 뿐이다."[28] 자신을 돌보는 일은 역설적이게도 자신만을 돌보아서는 가능하지 않다. 남들과 다를 바 없는 자신을 발견하는 과정, 자신과 다를 바 없는 남을 발견하는 과정에서, 덕을 가지게 될 수 있다. 이러한 점에서 『논어』가 제시하는 인간형은 타인을 초월하는 인간이 아니라, 타인을 공감하는 인간이다.

이러한 자아와 타자의 통합은 배움의 방법에서도 확인할 수 있다. 공자에게 배움의 구체적인 방법은 무엇이었나? "나는 일찍이 종일토록 밥도 먹지 않고 밤새 자지도 않고 생각에 몰두해본 적이 있는데 무익하였다. 배움만 못하다."[29] 그렇다. 『논어』의 배움은 고립된 사변과는 거리가 멀다. 배우기 위해서는 자신의 껍질 밖으로 나와 외부를 경험해야 한다. 그 경험의 대상은 주로 예와 텍스트였다. 여러 텍스트 중에서 『주역周易』과 『시詩(시경)』에 대한 언급이 도드라진다. "나에게 몇 년 더 [나이를] 보태주어 5년이나 10년 『주역』을 배운다면, 큰 잘못은 없을 텐데."[30] "제자들아, 어째서 시를 공부하는 사람이 아무도 없느냐? 시를 통해 감흥을 일으킬 수 있고, 살펴볼 수 있고, 무리 지을 수 있고, 원망할 수 있다. 가까이로는 아버지를 섬기고, 멀리로는 군주를 섬기며, 새, 짐승, 풀, 나무의 이름을 많이 알게 된다."[31] "사람으로서 시「주남周南」과 「소남召南」을 공부하지 않으면 담벼락을 정면으로 마주 보고 서 있는 것과 같다!"[32]

외부의 경험이 중요하다고 해서, 『논어』가 단순히 경험적 지식 축적만 강조한 것은 아니다. 자공이 공자를 많이 배워서 기억하고 있는 사람이라고 간주하자 공자는 이렇게 말했다. "나는 하나로 꿰뚫는다."[33] 분절된 경험적 지식의 누적만으로는 하나로 꿸 수 없다. 오직 생각이 동반될 때 그 지식은 하나로 꿰어진다. 즉, 경험과 생각은 상보적이다. "배우되 생각하지 않으면 무턱대고 속임을 당하고, 생각하되 배우지 않으면 제대로 영글지 못한다."[34] 그래서 군자는 거의 매사에 생각해야 한다. "군자는 아홉 가지 생각할 것이 있다. 볼 때는 밝게 볼 것을 생각해야 하고, 들을 때는 분명히 들을 것을 생각해야 하고, 안색을 지을 때는 온화하게 할 것을 생각해야 하고, 몸가짐에는 공손히 할 것을 생각해야 하고, 말할 때는 충성을 생각해야 하고, 일할 때는 공경스러움을 생각해야 하고, 의심스러운 일은 물어볼 것을 생각해야 하고, 분노가 일 때는 그로 인해 초래될 어려움을 생각해야 하고, 이득을 마주할 때는 합당함을 생각해야 한다."[35] 이러한 말에서 흥미로운 점은, 생각이 고립된 환경에서 베풀어지는 것이 아니라 외부 세계와의 경험 속에서 전개된다는 사실이다. 인간이 늘 외부 세계를 경험하고 있다면, 그 인간의 삶은 동시에 생각하는 삶이어야 한다.

11

타자를 찾아서

　『논어』에서 배움이란 결국 자기 향상을 위한 활동이다. 그러나 배움이 꼭 자기 좋자고만 하는 활동은 아니다. 배움의 결과를 통해 타자에게 기여하게 될 뿐 아니라, 제대로 배우기 위해서도 타자의 존재가 필수적이다. 배움이 진공 속에서 이루어지는 일이 아니라 일정한 환경 속에서 이루어지는 일이기 때문이다. 어떤 열악한 환경하에서도 배움의 의지를 불태울 수는 있다. 그러나 제대로 배우기 위해서는 자신과 환경 간의 상호작용을 무시할 수 없다. 어떤 배움의 결과도 그 배움이 이루어진 환경과 무관하지 않다. 공자가 제자 복자천宓子賤을 평가하며 이렇게 말했다. "군자로구나, 이와 같은 사람은! 노나라에 군자가 없었다면, 이 사람이 어디서 이런 덕을 얻었겠는가?"[1]

 환경이 그토록 중요하다면, 인간은 그저 환경이 낳은 수동적 결과물에 불과한 것일까? 그렇지는 않다. 그 누구도 환경으로부터 자유로울 수는 없지만, 사람마다 주어진 환경에 달리 대응할 수 있다. 『논어』에 나오는 소나무와 잣나무의 비유를 보라. "날씨가 추워진 뒤에야 소나무와 잣나무가 늦게 시드는 것을 알게 된다."[2] 매서운 추위에도 늦게 시든다는 말은, 추위라는 환경을 이길 수 있다는 뜻이다. 동시에 완전히 이길 수는 없다는 뜻이기도 하다. 늦게 시든다는 말은 전혀 시들지 않는다는 말과는 다르므로.

 인간이 환경으로부터 완전히 자유로울 수 없다면, 인간의 자율성은 어디에서 확보되는가? 인간이 환경을 이기기는 어렵지만, 자신이 영향받을 환경을 선택할 수는 있다. 인간은 의지만으로 매일 일정한 시간에 기상하기는 어렵지만, 알람시계라는 환경을 선택함으로써 매일 일정한 시간에 일어날 수 있다. "마을이 인仁하면 아름답다. 인한 곳을 택해 살지 않는데, 지혜롭다고 할 수 있겠는가."[3] 인간이 적절한 환경을 선택할 수 있을 때, 비로소 지혜롭다.

선생과 동료를 찾아서

 "자기만 못한 사람은 벗삼지 마라."[4] 다소 과격하게 들리는 이 말은 적절한 환경 선택의 중요성을 강조한 것이다.『논어』의 배움은 모범을 중시한다. "[옛 성인의] 자취를 밟지 않으면, 그 역시 높은 경지에 들어갈 수 없다."[5] 그래서 "가까운 데서 모범을 찾는 것이야말로 인仁의 방법이라고 할 만하다."[6] 모범이란 자신이 기꺼이 영향받고 싶은 대상이다. "[배움의 과정에서] 현능한 사람을 존중하면 용모마저 바뀌게 된다."[7] 딱히 영향받고 싶은 사람이 없다고? 그렇지 않다. "세 사람이 같이 갈 경우 반드시 내가 본받을 모범이 있다. 그중 좋은 것을 택하여 따르고, 그중 좋지 않은 것은 고친다."[8] 모범을 찾는다는 것은 외부 환경에 자신을 수동적으로 노출시킨다는 뜻이 아니다. 주변에서 발산하는 자극을 무비판적으로 받아들이겠다는 것도 아니다. 잘 조율된 환경 속에 자신을 둔다는 것이고, 그 환경에서 오는 자극을 선별하여 수용한다는 뜻이다.

배움의 과정에서 모범이란 선생과 동료다. 잘 선별된 선생 및 동료와 영향을 주고받는 과정에서 자기 연마는 진행된다. "자기에 대한 배려는 본질적으로 타인과의 교환작용 및 상호적 의무체계의 가능성을 포함한 '정신적 도움'에 연관되어 있는 것처럼 보인다."[9] 따라서 자기 연마에 종사하는 이들은 홀로 있지 않고, 동료와 팀을 꾸리는 경우가 많았다. 플라톤이나 아리스토텔레스의 가르침을 배우고자 귀족들이 팀을 만든 경우도 있었고, 에피쿠로스의 가르침을 배우고자 장인, 소상인, 빈농 같은 대중들이 단체를 형성한 경우도 있었다.[10] 그들은 모두 자기 연마에 타자의 존재가 필수적임을 알고 있었다.

모범을 위해 필요한 타자

모범을 찾는다는 것은 탁월한 이를 시기하느라 세월을 보내는 대신, 그 탁월성을 기꺼이 인정하고 배우겠다는 것이다. 다수에 대해 관심을 갖되, 그중 탁월한 이를 인정하고 배워라. 그 과정에서 자신이 좋은 사람으로 변모할 것이다. "대부와 사士 중에서 현능하고 인한 사람들을 섬기고 벗하라."[11] 현자와 인한 자만 벗하라니, 못난 사람은 상종하지 말란 말인가? 자하의 문인에 따르면, "자하께서는, 사귈 만한 사람은 사귀고 사귈 만하지 않은 사람은 거절하라고 말씀하셨습니다".[12] "자기만 못한 사람은 벗삼지 마라"[13]는 『논어』의 문장을 보면, 자하의 우정론이야말로 공자의 우정론을 대변하는 듯이 보인다.

그러나 또 다른 공자 제자 자장은 이렇게 반박한다. "내가 들은 바하고는 다르구나. 군자는 현능한 사람을 존경하고 많은 사람을 용납하고 잘하는 사람을 칭찬하고 무능한 사람을 불쌍히 여긴다. 내가 크게 현능하다면 남에 대해 무엇을 용납하지 않으리요? 내가 현능하지 못하다면 남이 장차 나를 거절할 테니, 어떻게 정녕 남을 거절할 수 있겠는가?"[14] 이러한 자장의 말을 들어보면, 『논어』의 취지는 못난 사람을 아예 상종하지 말라는 것이 아니었다. 못난이면 어떠랴. "현능한 사람을 보면 그와 같아지기를 생각하고, 현능하지 못한 사람을 보면 속으로 스스로를 반성"하면 된다.[15]

자하와 자장의 말 중 어느 것이 옳을까? 『논어』의 기본 입장은, 두루 많은 사람과 접촉하되, 상종할 대상과 우정을 나눌 대상을 구별할 필요가 있다는 것이었다. "많은 사람들을 널리 아끼되 인仁한 사람을 가까이하라."[16] 우정의 대상과 아낌의 대상은 다르다. 많은 사람들 중에서 우정의 대상은 일부에 불과하다고 생각한 사람은 공자만이 아니다. 프랑스의 사상가 시몬 베유Simone Weil는 『중력과 은총』에서 이렇게 말했다. "우정을, 아니 우정에 대한 몽상을 단호하게 물리치는 법을 배우자. 우정을 바라다니 심각한 잘못이다. 우정이란 예술이나 인생에서 얻는 환희처럼 대가 없이 받는 기쁨이어야 한다. 그런 우정을 받을 가치가 있는 사람이 되려면 그것을 거부해야 한다. 우정은 은총의 차원에 속하는 것이다."[17] 공자에게 사람들은 풍경 이상의 것이었지만, 우애를 나눌 대상을 한정하려고 했다는 점에서 공자와 시몬 베유는 같다.

자기 반성을 위해 필요한 타자

일상 속 자기 연마는 『논어』에서 반복되는 주제다. 증자는 말했다. "나는 하루에 세 번 나 자신을 살핀다. 남을 위해 도모하는 일에 남김없이 정성을 쏟지 않았나? 붕우와 교제할 때 믿음직스럽게 대하지 않았나? 익히지 않은 것을 전해주지 않았나?"[18] 매일매일 이렇게 노력해도 자기 연마는 어려운 법이다. "올바름을 들어도 그리로 옮겨갈 수 없고, 좋지 않은 점을 고칠 수 없는 것, 이러한 것들이 나의 걱정이다."[19] 이토록 어려운 자기 연마를 제대로 해내기 위해서는 무엇이 필요할까?

자기 연마를 위해서는 연마가 필요한 곳을 알아야 하고, 그 연마가 필요한 곳은 다름 아닌 자기 허물이 알려준다. 따라서 자기 허물이야말로 자기 연마를 위한 지름길이다. "잘못을 저지르면 고치기를 꺼리지 마라."[20] 인이라는 덕목은 그처럼 허물을 고쳐가며 얻어지는 법, 허물을 통해 지향해야 할 목표, 즉 인을 알 수 있다. "사람의 허물은 각기 그 부류에 따라 다르다. 허물을 보면 곧 인에 대해 알 수 있다."[21] 허물을 자기 연마의 계기로 삼는다는 점에서 군자와 소인은 다르다. "소인은 잘못하면 꼭 꾸며댄다."[22] 잘못보다 잘못한 다음의 태도가 더 중요한 법이다. "잘못이 있는데도 고치지 않는 것, 그것이야말로 잘못이라고 한다."[23]

자기 연마를 위해서는 이토록 허물이 중요하건만, 자기가 자기 허물을 보아내기는 어렵다. "끝났구나! 나는 자신의 허물을 발견하고, 속으로 스스로를 나무라는 사람을 아직 보지 못하였다."[24] 자신의 허물을 보아내고 자기 반성에 이르기 위해서는 타자의 시선이 필요하다. 자신의 허물을 지적당하자 공자는 말했다. "나는 다행이다. 만약 허물이 있기만 하면, 남이 반드시 알아차리니."[25] 나아지고자 하는 사람에게는 타자의 비판적인 시선이 귀한 법, 공자는 안회에 대해 이렇게까지 말한 적이 있다. "회(안회)는 나를 도와주는 사람이 아니구나. 나의 말에 기뻐하지 않는 것이 없다."[26] 물론 비판 자체가 궁극적인 목적은 아니다. 비판적 과정을 거쳐 결국에는 어떤 편안함에 도달하는 것이 목표다. 군자는 늘 근심하지만, 결국에는 근심하지 않게 된다. "안으로 반성하여 꺼림하지 않으면, 무엇을 근심하고 무엇을 두려워하랴?"[27] 그렇게 편한 상태에 이르렀다는 것은 어떤 덕을 갖추는 데 성공했다는 뜻이다.

자기 인식을 위해 필요한 타자

타인의 시선이 필요한 부분은 자신의 허물에 그치지 않는다. 자신의 진정 좋은 부분조차 타인의 시선을 거치지 않고는 보기 어렵다. 맹자에 따르면, 자신의 가장 좋은 부분은 바로 눈동자다. "사람 속에 있는 것 중에 눈동자보다 더 좋은 것은 없다. 눈동자는 악을 덮어두지 못한다. 가슴 속이 바르면 눈동자가 맑고, 가슴 속이 바르지 않으면 눈동자가 흐리다."[28] 자신의 가장 좋은 부분조차 자기 눈으로는 볼 수 없는 것이 인간의 신체 조건이다. 자신을 보기 위해서는 거울을 사용하거나 촬영하거나 혹은 타인의 눈을 빌려야 한다. 특히 자신을 보지 않는 순간의 자신을 보기는 불가능하다. 자신이 볼 수 있는 자신의 현재 모습은 자신을 보려고 하는 자기 모습일 뿐이다. 결국 인간의 자기 인식은 타자를 요청한다. 자기 인식이 없으면 자기를 돌보거나 연마할 수 없는데, 타자가 없으면 자기를 볼 수 없으므로, 자기 연마에서 타자의 존재는 필수적이다.

플라톤의 대화편 『알키비아데스』에는 자기 영혼을 보기 위해서는 타자의 눈을 보아야 한다는 대목이 나온다. "눈이 자신을 보려고 한다면, 눈을 들여다봐야 하고, 눈의 훌륭함이 나타나는 그 영역을 들여다봐야 하네. 이것이 눈동자겠지? … 그러니 영혼도 자신을 알려면, 영혼을 들여다봐야 하고, 무엇보다도 영혼의 훌륭함, 즉 지혜가 나타나는 영혼의 이 영역을 들여다봐야 하며, 또 이와 닮은 다른 것을 들여다봐야 하네."[29] 이게 대체 무슨 말인가? 미셸 푸코는 이 대목을 이렇게 해석한다.

눈이 자기 자신을 보기 위해서는 다른 눈 속에서 자신을 바라봐야 한다는 것입니다. 다시 말해서 자기 자신 안에서 하지만 타자의 눈의 형태하에서 그런데 거기서 타자의 눈동자 내에서 그는 자기 자신을 볼 수 있다는 것입니다. 왜냐하면 눈동자가 거울 역할을 하기 때문이라는 것입니다. 이와 마찬가지 방식으로 다른 영혼 혹은 그의 눈동자에 해당하는 다른 영혼의 신성한 요소 내에서 자기 자신을 보게 될 것이고 신성한 요소로서 자기 자신을 인식하게 된다는 것입니다.[30]

인간은 타자나 도구를 경유하지 않고는 자신을 볼 수 없으므로, 자신을 보기 위해서는 타자가 필요하다. 이것은 단순히 자기 주관을 넘어선 객관적 시선이 필요하다는 말이 아니다. 타자를 통해 결국 보아야 할 것은 자신의 영혼, 즉 자신의 신성한 부분이다. 영혼을 잃어버린 타자의 눈에서 자기 영혼을 볼 수는 없을 것이다. 선을 지향하는 영혼을 가진 이의 눈동자에서만 자신의 영혼을 볼 수 있을 것이다. 그러니 아무하고 우정을 나눌 수 있겠는가. 선을 구현하고자 하는 사람, 그와 같은 덕을 갈고 닦고자 하는 사람과만 진정한 우정이 가능하다.

덕의 함양을 위해 필요한 타자

『논어』에서 타자는 덕을 함양하기 위해 필요하다. 증자가 말했다. "군자는 세련된 표현을 통해 친구를 모으고, 친구를 통해 인仁을 북돋는다."[31] 공자가 그저 친구와 무던히 잘 지내는 것을 중시하는 사람이었다면, 다음과 같은 일화는 『논어』에 수록되지 않았을 것이다. 공자의 옛 친구 원양原壤이 다리를 벌리고 앉은 채로 기다리고 있자 공자는 이렇게 말했다. "어려서는 공손하지도 않더니, 커서는 칭찬해줄 거리도 없고, 늙어서는 죽지도 않으니, 해만 끼치는 놈이로다." 그러고서 지팡이로 정강이를 쳤다.[32] 그러므로 사람들이 할 일 없이 모여 빈둥거리는 것은 바람직하지 않다. "여럿이 함께 하루 종일 시간을 보내면서, 논의가 올바름에 미치지 못하고 잔꾀 부리기나 좋아하면, 곤란하다!"[33] 즉, 진정한 우정에서는 친소가 관건이 아니라 올바름이 관건이다. "군자가 천하에서 처신하는 경우, 친할 것도 없고 소원해질 것도 없다. 올바름과 더불어 짝한다."[34] 이처럼 논의가 올바름에 미치게 되면 친구끼리 자연스레 선을 서로 권하게 된다. 선을 권하는 일에도 기예가 필요하다.

자공이 친구에 대해 묻자 공자는 이렇게 말했다. "충심을 다해 일러주고, 잘 인도해주되, 불가능하면 그만두어 스스로를 욕되게 하지 마라."[35] 왜 적절한 순간에 멈추어야 하는가? "필요할 경우 친구를 바로잡아주는 것은 좋은 일이지만, 적절하지 못한 질책은 친구를 개선시키기는커녕 상처만 주기 때문이다. 마찬가지로 무지한 사람들을 설득하는 것도 좋은 일이지만 이 또한 교화될 가능성이 있는 사람들을 선택하여야 한다."[36] 가장 좋은 책선責善의 방법은 타자보다 자신에게 더 엄격한 잣대를 들이대는 것이다. "자신에게는 후하게, 남에게는 박하게 책망하면, 원망을 멀리할 수 있다."[37] "자신의 악惡은 공박하되 남의 악은 공박하지 않는 것이 사특함을 고치는 일이 아니겠는가?"[38] 이처럼 타인을 사귀는 일은 그 나름의 역량을 필요로 하는 일이다. 대상에 따라 각기 필요한 역량은 다음과 같다. "늙은이의 경우는 편케 해주고, 붕우의 경우는 신뢰로 대하고, 젊은이의 경우는 은혜로 품어주련다."[39]

인정욕을 위해 필요한 타자

누군가 자신은 독야청청할 뿐 타인의 인정 따위는 필요하지 않다고 말하지 않던가? 과연 그럴까? 인간의 사회적 행동은 그에 대한 화답을 바라지 않던가? 공자는 타인의 인정이 필요하다고 분명히 수긍하되, 인정 욕구 때문에 사람이 망가지면 안 된다고 보았다. 『논어』에서 반복되는 테마 중 하나가 바로 인정받지 못하는 상황에서도 어떻게 자신을 지킬 것인가이다. "남이 알아주지 않아도 열받지 않으면, 참으로 군자가 아닌가?"⁴⁰ "남이 나를 알아주지 않는 것을 걱정하지 말고, 자신의 능하지 못함을 걱정하라."⁴¹ "자리 없음을 걱정하지 말고, 과연 그 자리를 맡을 수 있는 역량이 있는지를 걱정하라. 자신을 알아주는 사람이 아무도 없다고 걱정하지 말고, 알아줄 만하게 되기를 구하라."⁴²

남들이 시기심에 사로잡힌 나머지 자신을 인정해주지 않을 수 있다. 사실, 그 상황에서 할 수 있는 일은 거의 없다. 자신에게 인정을 부여하는 것은 결국 남의 소관이기 때문이다. 반면, 남을 인정해주는 것은 자기 소관이다. "남이 나를 알아주지 않는 것을 걱정하지 말고, 내가 남을 알아주지 않는 것을 걱정하라."⁴³ 특히 높은 직위에 있는 사람이 타자를 제대로 인정해주는 것은 거의 의무에 가깝다. 그런 의무를 이행하지 않는 이는 "지위를 훔친 자"⁴⁴에 불과하다. 그래서 그 사람이 쓸 만한지 아닌지 고심해야 한다.⁴⁵

성왕의 성취도 결국 그가 사람을 제대로 인정하고 기용했는가에 달려 있었다. "순舜임금에게 신하 다섯 명이 있어, 천하가 다스려졌다. 무왕武王이 말씀하셨다. '내게는 다스림에 능한 신하 열 명이 있다.' 선생님께서 말씀하셨다. '인재를 [얻기] 어렵다더니, 그렇지 않은가? 요堯임금에서 순임금으로 넘어가던 시절이 주나라 때보다 인재가 풍성하였는데도 부인이 한 명 끼어 있었으니, 아홉 명뿐이었다. [주나라 무왕이] 천하의 3분의 2를 가지고서도 은나라를 섬겼으니, 주나라의 덕은 정녕 지극한 덕이라고 할 만하다.'"[46]

타자의 인정을 이토록 강조한 것은, 인간이 타자를 파악할 수 있다는 믿음에 기초한 것이다. "그 사람이 하는 것을 보고, 그 사람이 그렇게 하는 연유를 살피고, 그 사람이 편히 여기는 바를 따져보라. 그 사람이 어떻게 숨길 수 있겠는가? 그 사람이 어떻게 숨길 수 있겠는가?"[47] 그러나 세상일이 어떻게 꼭 그리 돌아가겠는가. 인정이라는 사회적 자원은 고르게 배분되지 않는다. 인정을 받아 마땅한 사람인데도 끝내 인정을 못 받을 수 있다. 그럴 경우에 남는 최후의 인정은 하늘의 몫이다. "'나를 알아주는 사람이 아무도 없구나!' 자공이 말하였다. '어째서 선생님을 알아주는 사람이 아무도 없겠습니까?' 선생님께서 말씀하셨다. '하늘을 원망하지 않고, 남을 탓하지 않고, 범속한 공부에서 출발하여 고매한 곳에 이르니, 나를 알아줄 이는 아마 하늘이런가!'"[48]

제자들의 입장에서 가장 애타게 바란 인정은 스승과 동료로부터의 인정이 아니었을까? 제자 염구가 세금을 거두어 계씨의 재산을 늘려주자, 공자는 이렇게 말했다. "나의 무리가 아니다. 제자들아, 북을 울려 공박해도 좋다!"[49] 이 얼마나 무시무시한 말인가. 공자는 제자들의 수준 평가에 거침이 없었으니, 제자들은 끊임없이 누가 누구보다 나은지, 못한지를 궁금해하고 물었던 것도 이상하지 않다. 이것이 공자집단

특유의 현상이었다고 할 수는 없다.

스승-제자 관계로 모인 집단에서는 흔히 발견되는 현상이고, 예수의 제자들 경우에도 마찬가지였다. 기존『신약성서』에는 제자들이 서로 우위에 서기 위해 다투는 장면이 들어 있고, 예루살렘에 입성할 때 제자 요한과 야고보는 예수의 옆에 앉게 해달라고 요청할 정도였다. 즉, 제자들의 경쟁은 엄연히 존재했던 것이다.[50]

나그함마디 문서 중「필립보 복음서」는 마리아 막달레나가 남성 제자들보다 더 중요한 인물이었음을 암시한다. 나머지 제자들이 왜 마리아 막달레나를 자신들보다 더 사랑하냐고 물었을 정도였다. 그 밖에 1896년 이집트에서 발견된「마리아 막달레나 복음서」는 마리아 막달레나가 남성 제자들을 지도하였다는 내용을 담고 있다.[51] 1970년대 이집트의 엘 미냐El Minya에서 발견된「유다 복음서」는 예수를 배반한 유다에 대해 새로운 주장을 담고 있다. 그에 따르면, 유다는 예수의 요청에 의해 일부러 배신 행위를 한 것이었다. 유다가 자신의 가르침을 가장 잘 이해하고 있으므로 예수는 제자 중에서도 유다에게 그런 막중한 요청을 했다는 것이다.[52] 이 전승에 따르면 유다야말로 예수 제자 중에서 뛰어난 사람 그리고 신뢰받는 사람이었던 것이다.

이러한 역사에 비추어볼 때,『논어』에서 공자가 특정 제자들을 편애했다고 해서, 그것이 객관적 사실이라고 간주하기는 어렵다. 다양한 경로의 인정 투쟁이 진행 중이다가 특정 제자집단이 득세하면서 그 입장이 『논어』에 반영되었을 가능성을 배제할 수 없다.

고대 중국에서 사제 네트워크의 형성

노나라 사구가 된 지 얼마 되지 않아 공자는 노나라 대부 소정묘를 잡아 죽였다.[53] 공자가 처형했다는 소정묘는 어떤 사람이었을까? 공자가 보기에, 소정묘는 도둑질 같은 죄를 저지르지는 않았지만 다음과 같은 문제를 가졌기에 죽여 마땅한 사람이었다.

첫째는 마음이 통달했지만 험악한 것, 둘째는 행동이 편벽되고도 완고한 것, 셋째는 거짓을 말하면서도 잘 꾸며대는 것, 넷째는 괴이한 것을 기록하되 과장하고, 다섯째는 그릇된 것을 따르되 윤색하는 것이다. 이렇게 문제가 많은 사람이었음에도 불구하고 혹은 문제가 많은 사람이었기에, 소정묘는 자기 집에 제자들을 끌어모아 무리를 이루었다.[54]

강도 살인을 저지른 것도 아닌데, 이런 문제들만으로 소정묘는 죽어 마땅한 사람이었을까? 만약 소정묘가 잘못을 했어도 그의 영향력이 미미했다면 굳이 처벌하지 않아도 되었을 것이다. 그런 면에서 주목을 끄는 부분은 소정묘가 사람들을 끌어들여 집단을 형성했다는 점이다. 즉, 제자를 모아서 정부나 친족과 구별되는 별도의 집단을 이루었다는 점에서 공자와 소정묘는 유사하다. 혹시 공자와 소정묘는 경쟁 관계에 있었던 것은 아닐까? 한나라 때 사상가 왕충의 『논형』에는 다음과 같은 내용이 실려 있다. "소정묘가 노나라에 있을 때 공자와 어깨를 나란히 했다. 공자의 문하는 세 번 사람들로 가득했다가 세 번 텅 비었다. 안회만이 문하를 떠나지 않았다. 안회 혼자만이 공자가 지혜로운 성인임을 알았기 때문이다. 문인들은 공자의 문하를 떠나 소정묘에게 귀의했다. 그들은 공자의 성인됨을 몰랐을 뿐 아니라 소정묘에 대해서도 몰랐다. 그들은 모두 미혹당했다."[55]

또 다른 사례를 보자. 노나라에는 소정묘 말고 왕태王駘라는 인물이 이끄는 집단도 있었던 것으로 보인다. "노나라에 왕태라는 이가 있는데 그를 따르는 이가 공자와 맞먹었다. 상계常季가 공자에게 여쭈었다. '왕태는 [형벌을 받아] 발이 하나 없는 인물입니다. 그런데도 그의 추종자는 선생님과 노나라를 반으로 나눌 정도로 많습니다. 서 있을 때도 가르치지 않고 앉아 있을 때도 이야기하지 않는데도요. 사람들은 텅 빈 채로 그에게 가지만 가득 차서 돌아옵니다. 말 없는 가르침이라는 게 있나보죠. 형태는 없어도 마음은 완성된 사람인가요? 이 사람은 누구입니까?' 공자가 대답했다. '그는 성인이다. 나는 아직 그를 찾아뵙지 못했는데, 장차 찾아가 스승으로 삼을 것이다. 하물며 나보다 못한 사람들이야? 어째서 노나라만 그러겠는가. 내가 장차 천하를 이끌고 그분을 따를 것이다.'"[56] 물론 왕태가 가공의 인물일 수도 있다. 그럼에도 흥미로운 것은 복수의 집단이 경쟁하는 상황 그 자체이다.

고대 중국의 대표적 인적 네트워크는 친족집단과 관료집단이다. 그런데 이상의 일화들로부터 우리는 친족집단도 아니고 관료집단도 아닌 제삼의 네트워크가 존재했음을 확인할 수 있다. 제삼의 네트워크 중에는 유협遊俠 같은 무장단체도 존재했으나, 공자의 경우에서 보듯 선생을 중심으로 한 사제 네트워크도 엄연히 존재했다. 우리는 공자와 그 제자들의 관계에 대해 비교적 잘 알고 있지만, 그들만이 유일한 사제 네트워크라고 단정할 수는 없다. 소정묘나 왕태의 경우처럼, 복수의 사제 네트워크가 경쟁 중이었을 가능성이 크다.

『논어』에 여러 인간관계가 거론되고 묘사되지만, 가장 두드러지는 것은 모자 관계도, 부자 관계도, 부부 관계도, 형제 관계도, 왕과 신하 관계도, 이웃 관계도 아닌 바로 이 사제 네트워크다. 공자가 이웃 사람들과 맺은 관계나, 부모와 맺은 관계나, 자식과 맺은 관계 등은 『논어』에서 삭제되어 있거나 있더라도 매우 소략한 언급뿐이다. 완연히 두드러지는 것은 공자의 군신 관계나 가족 관계보다 사제 관계다. 이는 물론 공자에 관련된 기억을 맨 처음 생산한 이들이 바로 제자들이었다는 상황과 무관하지 않을 것이다.

『논어』 속 사제 관계 특징

공자는 제자들에 대한 평가 권력을 마음껏 휘둘렀다. 공야장公冶長을 평하고,[57] 남용南容을 평하고,[58] 자로와 염구와 공서적公西赤을 평하고,[59] 재여宰予를 가혹하게 평하고,[60] 신정申棖을 평하고,[61] 자공을 평하고,[62] 중궁을 평하고,[63] 안회를 평했다.[64] 또한 중유仲由(자로)와 자공과 염구를,[65] 중유와 염구를,[66] 자공과 안회를 비교하여 평했다.[67] 이렇게 평가를 받았으니 제자들이 불안에 시달렸던 것도 이해가 간다.

동시에, 제자들은 스승에게 과감히 도전하기도 한다. 공자가 음란하다고 알려진 위나라 영공靈公의 부인 남자南子를 만나자, 자로가 불쾌한 기색을 드러냈다. 그러자 공자는 부랴부랴 이렇게 말했다. "내가 불미스러운 일을 하였으면, 하늘이 나를 벌할 것이다! 하늘이 나를 벌할 것이다!"[68] 거듭 하늘을 거론하는 공자의 모습은 어쩐지 궁지에 몰려 변명을 일삼는 사람처럼 보일 정도다. 자로는 『논어』에서 원래 그런 악역을 맡는 인물이라고? 그렇다면 자유는 어떤가? 제자 자유가 읍재邑宰를 맡고 있던 무성武城을 공자가 방문했다. 마침 현악기를 타면서 부르는 노랫소리가 들리자, 너무 거창한 예악을 작은 마을 통치에 사용한다고 느낀 나머지 공자는 비웃듯이 이렇게 말했다. "닭을 잡는 데 어찌 소 잡는 칼을 쓰는가?" 그러자 자유가 이렇게 대답했다. "옛날에 제가 선생님께 '군자는 도를 배우면 남을 아끼고, 소인은 도를 배우면 부리기 쉽다'고 들었습니다." 이렇게 자유가 공자의 말 사이의 모순을 지적하자, 공자는 흔쾌히 자신의 잘못을 인정한다. "제자들아, 언偃(자유의 이름)의 말이 맞다. 아까 한 말은 농담이었다."[69] 단지 자유에게만 잘못을 인정하는 것이 아니라, 제자들 다수에게 공개적으로 말한 것이다.

의사혈연적 관계 혹은 확대된 가족 관계

이처럼 과감한 평가와 도전을 일삼던 이 사제집단을 학파라고 부르는 것에는 어폐가 있다. 학파라는 말이 전제하는 제도화된 학문이나 학계가 존재하지 않던 시절이었기 때문이다. 그렇다면 이들은 어떤 조직이었나? 서양 고대에서 견유주의자들처럼 길거리 청중을 대상으로 연설을 하는 자들이었나? 로마의 현자들처럼 귀족의 초청을 받아 개인 차원의 정신적 스승 역할을 해주는 이들이었나?[70] 유대인 고행자 집단처럼 함께 소규모 공동생활을 하는 이들이었나?[71] 피타고라스 및 그의 추종자들처럼 상당히 체계를 갖춘 조직을 유지하면서 공동생활을 하는 집단이었나? 공자와 그 제자들의 관계는, 거리에서 지나가는 사람들에게 웅변하는 사람들과도 다르고, 귀족을 위해 함께 거주하며 조언하는 로마시대의 현자 모델[72]과도 다르고, 사람들이 정기적으로 수강하러 오는 제도화된 학원과도 달랐다.

철저한 복종을 요구하는 일종의 군사조직과 같은 사제 관계를 유지했다고 알려진 묵가의 경우와도 달랐다.[73] 묵가의 사제 관계는 공자의 사제 관계보다는 중세 유럽의 수도원 문화를 연상시킨다. 수도원 문헌에는 다음과 같은 격언이 실려 있었다. "자신의 지도자의 명령에 따라 행하지 않는 모든 것, 혹은 지도자의 허가 없이 행하는 모든 것은 도둑질이다."[74] 즉, 사목은 자신이 인도하는 이의 품행과 내면을 철저히 통제하고, 피인도자는 사목에게 철저히 복종하는 관계였던 것이다.

공자와 제자들의 관계는 군사조직이라기보다는 의사擬似혈연적 관계 혹은 확대된 가족 관계에 가까웠다. "회(안연)는 나를 아버지처럼 여겼다"[75]라는 표현을 보라. 공자가 제자 안회를 두고 한 말과 안회가 스승 공자를 두고 한 말은 눈물겨울 정도다. 공자가 광匡 땅에서 핍박받을 때 안회가 무리로부터 떨어져 있었다. 그러자 공자는 이렇게 말했다. "나는 네가 죽은 줄 알았다." 안회가 말했다. "선생님이 살아 계시는데, 제가 어찌 감히 죽겠습니까?"[76] 이처럼 사랑했던 제자 안회는 결국 일찍 죽었다. 그러자 공자는 이렇게 한탄했다. "아, 하늘이 나를 버리시는구나, 하늘이 나를 버리시는구나."[77] 안회가 죽었을 때 공자의 곡이 지나치게 애통했다. 따르는 사람이 "선생님, 지나치게 애통해하십니다"라고 말하자, 공자는 이렇게 대꾸했다. "지나치게 애통해한다고? 저 사람을 위해 지나치게 애통해하지 않고, 누구를 위해 지나치게 애통해한단 말인가!"[78]

공자와 그 제자들은 지연이나 혈연과 무관하게 인격적 유대를 맺었던 관계로 보인다. 그 인격적 유대는 친밀함 이상의 것이었다. 공자와 그 제자들은 가치를 공유함으로써 유대를 발전시켰다. 사마우司馬牛가 "사람들은 모두 형제가 있는데 나 혼자만 없다"고 근심하자, 자하는 이렇게 말했다. "나는 '생사에는 운명이 있고, 부귀는 하늘에 달린 것이다'라고 들었다. 군자가 공경하며 해이함이 없고, 남과의 관계에서 공손하며 예가 있으면, 온 세상 사람이 모두 형제다. 군자가 어찌 형제가 없다고 근심하리오?"[79] 즉, 이들의 관계는 혈연을 대체할 수 있는 그런 관계였다. "붕우가 죽어서 돌아갈 곳이 없는 경우, '내 집에 빈소를 차리라'라고 하셨다."[80] 이처럼 가족 대신 빈소를 차릴 수 있는 관계였다. 아니 어쩌면 그 이상의 관계였는지도 모른다. 혈연은 별다른 가치 지향 없이도 맺어지는 관계인 데 비해 사제와 붕우 관계는 가치를 통한 연대였으므로.

"선생님께서 병이 위중하자, [장례를 위해] 자로가 문인으로 하여금 가신 행세를 하게 하였다. 병세에 차도가 보이자 선생님께서 말씀하셨다. '오래되었구나, 유(자로)가 사람을 속인 것이! 가신이 없는데, 가신이 있는 것처럼 하다니, 내가 누구를 속이는 것인가? 하늘을 속이겠는가? 또 내가 가신 손에서 죽느니 차라리 그대들 손에서 죽겠다! 또 내가 설사 장례를 성대하게 치를 수 없더라도 길에서 죽기야 하겠는가?'"[81] 이 에피소드에서 공자는 가신을 거느릴 수 있는 대부의 일원이나 가족의 일원으로서 죽기보다는 차라리 제자들 속에서 죽기를 원한다.

교육철학

"말린 고기를 준비해 오는 것 이상의 예를 차리는 사람이라면, 내가 일찍이 가르치지 않은 적이 없다"[82]라고 공자는 말했다. 여기서 말린 고기는 최소한의 예를 지칭한다. 이 문장은 두 가지를 알려준다. 자신의 가르침은 누구에게나 열려 있다는 것, 즉 신분 고하를 막론하고 가르침을 베풀 수 있다는 것을 알려준다. 동시에 아무에게나 가르침을 베풀지는 않는다는 것, 최소한의 예를 갖춘 이들에게만 가르친다는 것을 알려준다. 여기서 말하는 최소한의 예란 무엇일까? 배우겠다는 의지를 나타내는 표현이다. 배우려 들지 않는 이들에게 굳이 가르침을 베풀 필요는 없다. 가르침을 베풀어보아야 효과가 없을 테니까.

이러한 교육철학은 다음 에피소드에도 담겨 있다. "호향 互鄉 지역에 더불어 말하기 어려운 아이가 있었다. 그 아이가 찾아와 선생님을 뵙자 문인들이 의아해하였다. 선생님께서 말씀하셨다. '그가 다가오면 함께하고, 그가 물러나면 함께 하지 않는다. 왜 심하게 하겠는가? 사람이 자신을 깨끗이 하여 다가오면, 그 깨끗함을 함께할 뿐, 지난 일에 매이지 않는다.'"[83] 비록 불순한 과거가 있는 상대일지라도 "다가오면, 함께한다". 그러나 다가오지 않으면 그뿐이다. "물러나면 함께 하지 않는다." 즉, 배우는 과정에서는 반드시 배우려는 의지가 선행되어야 한다. 따라서 배우고자 하는 이가 다가와야 한다. 그냥 다가와서는 안 된다. "자신을 깨끗이 하여" 다가와야 한다. 배우려는 마음의 준비가 되어 있어야 한다. 누구든 가르칠 수 있다는 것은 공자집단의 개방성을 보여주는 한편, 배우려는 의지 혹은 '자신을 깨끗이 해야 한다'는 조건은 공자집단의 폐쇄성을 보여준다. 무원칙한 개방성이 아니기에 "북을 울려 공박해도 좋다!"라는 선언이 가능하다.[84]

배우려는 이들 모두에게 가르침은 열려 있지만 그 가르침의 내용은 대상에 따라 달라진다. "중간 이상의 사람은 높은 차원에 대해 가르쳐줄 수 있고, 중간 이하의 사람은 높은 차원에 대해 가르쳐줄 수 없다."[85] 가르침의 목적이 자기 속에 있는 것을 배설하는 것이 아니라 상대의 향상을 도모하는 것이라면, 내용이 상대에 따라 달라지는 것도 당연하지 않은가. 다음의 대화를 보라.

자로가 "들은 것은 정녕 곧바로 행하여야 합니까?"라고 묻자, 공자는 "부형父兄이 계시는데, 어떻게 그저 듣는다고 정녕 곧바로 행하겠는가?"라고 대답했다. 그런데 염유(염구)가 "들은 것은 곧바로 행하여야 합니까?"라고 묻자, 공자는 "들은 것은 곧바로 행하여라!"라고 대답했다. 이렇게 상대에 따라 대답이 달라지다니. 혼란에 빠진 공서화(공서적)가 물었다. "유(자로)가 들은 것은 곧바로 행하여야 하냐고 물었을 때는 부형이 계신다고 말씀하시고, 구(염유)가 들은 것은 곧바로 행하여야 하냐고 물었을 때는 들은 것은 곧바로 행하라고 말씀하셨습니다. 저는 혼란스러워 감히 [그 까닭을] 여쭙습니다." 그러자 공자는 비로소 자신의 교육철학을 들려준다. "구는 물러서는 경향이 있으므로 나아가게 한 것이고, 유는 지나치게 앞서가니 뒤로 물러서게 한 것이다."[86]

가르치는 내용이 상대에 따라 달라진다는 것은 곧 주입식 교육을 배격한다는 뜻이기도 하다. 공자는 절대 일방적으로 정해진 내용을 일괄적으로 주입하지 않는다. 제자들이 배우고자 분발할 때 반응할 뿐이다. "분발하지 않으면 열어주지 않고, 말로 애써 표현하지 않으면 틔워주지 않는다. 한 측면을 보여주었는데 나머지 세 측면으로 반응하지 않으면 반복하지 않는다."[87] 즉, 제자들은 늘 분발해야 하고, 애써 말로 표현해야 하고, 적극적으로 선생에게 접근해야 한다.

선생의 역할은 먼저 표현하고 먼저 분발하고 먼저 반응하는 것이 아니라, 그러한 제자들의 표현과 분발과 접근에

응하는 것이다. "나라는 사람은, 아는 것이 있는가? 아는 것이 없다. 무지렁이가 내게 무엇인가 물으면, [나는 아는 것 없이] 텅 비어 있을지라도 나는 그 [질문의] 양끝을 두드려가며 최선을 다한다."[88]

이러다보니 제자들이 의아해할 수도 있다. 선생이 뭔가 다 가르쳐주지 않는다고. 뭔가 숨기고 있다고. 그러나 공자는 이렇게 말한다. "그대들은 내가 무엇을 숨긴다고 생각하느냐? 나는 그대들에게 숨기는 바가 없다! 행하되 그대들과 함께하지 않는 것이 없다. 이것이 바로 나다."[89] 그러니 제자들은 선생이 주는 실마리를 붙잡고 분투해야 한다. "법어法語에 해당하는 말에 동의하지 않을 수 있겠는가? [그 말을 듣고] 고치는 것이야말로 중요하다! 부드럽고 공손한 말에 기쁘지 않을 수 있겠는가? 그 말의 실마리를 풀어내는 것이야말로 중요하다! 기분 좋아하기만 하고 실마리를 풀어내지 않으며, 동의하기만 하고 고치지 않으면, 나는 어찌할 도리가 없다."[90] 분투하는 것까지 선생이 대신해줄 수는 없다.

실로 젊은 세대는 두려울 정도로 큰 가능성을 갖고 있다. "후생後生을 두려워할 만하니, [후생의] 미래가 지금만 못하리라는 것을 어찌 알겠는가?" 그러나 그것은 어디까지나 가능성일 뿐이다. 가능성이 만개하지 않는 경우 또한 많다. "마흔이나 쉰이 되어서 좋은 평이 들리지 않으면, 정녕 두려워할 만하지 않다."[91] 그런 경우는 그저 안타까울 뿐이다. "싹을 틔우고도 꽃을 피우지 못하는 이가 있다! 꽃을 피우고도 열매를 맺지 못하는 이가 있다!"[92]

푸코는 스토아 철학자 세네카와 세레누스의 교학 관계에 대해 논한 적이 있다. 『평상심에 관하여』에서 세레누스는 세네카에게 가르침을 청하는데, 놀랍게도 그는 철학적 삶에 필수적인 주요 도덕 원칙들을 이미 잘 알고 있다고 말한다. 이미 다 알고 있으면서 새삼 가르침을 청하다니, 이 모순을 어떻게 이해해야 하나? 푸코에 따르면, "세레누스가 필요로 하는 진실은 보충적 인식이 아닙니다. 그가 필요로 하는 것은 자기가 소유한 인식에 덧붙여지는 어떤 것, 자기 자신의 상태에 대한 인식과 도덕적 격언들에 대한 인식에 덧붙여질 수 있는 어떤 것입니다. 이미 인식된 것에 추가되는 것은 인식이 아니라 어떤 힘, 순수 인식과 단순한 의식을 진정한 삶의 양식으로 변화시킬 수 있는 힘입니다."[93]

즉, 관건은 모르는 것을 알게 되는 것이 아니다. 이미 알고 있는 것을 "승리한 힘, 억제할 수 없는 힘으로 변화시키는 것", 즉 "진실에 힘으로서의 지위를 부여하는" 일이다. 이러한 배움은 모르던 실재를 발견하려는 과학적 탐구와도 다르고, 내면에 도사리고 있는 무의식을 발견하는 일과도 다르다. 이미 알고 있는 것, 혹은 알 수 있는 것을 단지 피상적인 앎에 머무르게 하지 않고, 진정한 앎으로 변화시키는 것, 자신의 삶을 이끌어갈 힘으로 만드는 일이다. 이때 필요한 것은 과학적 실험이나 논증이 아니라 일종의 수사학이다. 적절한 예시, 선언적 언명, 조크, 의문문, 감탄문 등으로 이루어지는 음미의 과정이 중요하다.

『논어』에서 이루어지는 공자와 제자들 간의 교학 역시 그러하였다. 공자의 가르침은 다른 어디서도 구할 수 없는 특이한 것이 아니었다. "전술傳述하되 창작하지는 않으며, 옛것을 믿고 좋아한다."[94] 공자가 제자들에게 행한 것은 이미 알고 있는 것의 활성화에 가깝다. 공자가 거론한 인, 예, 덕 등은 그 당시 다른 지식인이나 경세가들도 말하던 것이었다. 선생의 자질은 전달하는 내용뿐 아니라 전달하는 방식에도 달려 있다. "이 진실의 힘은 스승의 담론의 수사학적 자질에 있고 또 이 수사학적 자질은 제자 자신이 인식하고 있는 원리들에 비추어볼 때 자신이 사는 방식은 어떤 상태에 있는지를 설명해야 하는 제자의 설명에 부분적으로 의존합니다."[95] 즉, 수사법을 통한 제자들과 상호작용이 중요하다.

오늘날 사람들에게 가장 익숙한 가르침의 형식은 강의다. 선생이 강의를 하고 나면, 강의를 들은 제자나 청중들이 그 강의에 대해서 질문을 하거나 토론을 한다. 이것은 헬레니즘시대에 성행했던 디아트리베diatribe(강평) 형식에 가깝다.[96] 디아트리베는 선생과 제자 사이의 대화도 아니고, 소규모 세미나도 아니다. 디아트리베는 강의 말미에 열리는 토론이다. 디아트리베에서도 제자와 스승이 문답을 주고받는다는 점에

11. 타자를 찾아서

서 대화의 형식이 있지만, 강의 후에 이루어진다는 점과 스승이 부연 설명한다는 점에서 일대일 대화와는 다르다. 『논어』에 수록된 대화는 이러한 디아트리베와 다르다. 공자는 결코 많이 말하지 않는다. 공자가 구변이 좋지 않아서 그랬을 가능성은 희박하다. "종묘宗廟와 조정朝廷에서는 말을 유려하게 잘하셨다."[97] 그렇다면 공자는 잘 말할 수 있었지만 침묵한 것이다. 많이 말할 수 있지만 적게 말한 것이다. 공자가 극찬한 제자 안회도 말수가 적은 사람이었다.

교육의 목표는 선생이 말하고 싶은 것을 다 말하는 상황이 아니라, 선생이 말하고 싶은 것이 학생 입에서 나오는 상황이다. 그래서였을까, 공자는 한 모퉁이만 들어 보여줄 뿐, 제자들이 나머지 세 모퉁이를 들고 반응하기를 기다렸다. "한 측면을 보여주었는데 나머지 세 측면으로 반응하지 않으면 반복하지 않는다."[98] 공자가 네 모퉁이를 다 말해주지 않으면, 제자들은 아직 말해지지 않은 뜻을 헤아리기 위해 부심하기 마련이다. 그리고 그 부심하는 과정에서 스스로 생각하게 된다. 이것은 또 다른 방식의 산파술이라고 할 수 있다.

플라톤의 『테아이테토스Theaitetos』 140a~150b에서 소크라테스는 자기 어머니처럼 자기도 산파술을 가지고 있다고 말한다. 산파의 특징은 남이 아이 낳는 것을 도와줄 뿐 자신이 아이를 낳는 것은 아니라는 데 있다. 산파로서의 스승은 자신이 아이를 낳아 제자에게 넘겨주지 않고, 제자가 스스로 아이를 낳을 수 있도록 인도한다. 실제로 플라톤의 대화편 속에서 소크라테스는 상대에게 질문 공세를 퍼부어서 상대가 스스로 무지를 자각하게끔 만든다. 그리고 그 무지는 새로운 탐구로 그 사람을 이끌게 된다. 소크라테스가 지속적인 질문 공세를 통해 제자가 생각이라는 아이를 낳도록 했다면, 공자는 (때로 질문하기도 하지만) 삼가 말하기 혹은 침묵의 기술을 통해 제자들이 스스로 아이를 낳게끔 했다.

제자들이 본 공자

『논어』에는 스승에 대한 제자들의 다양한 반응이 수록되어 있다. 거기에 절대복종의 분위기는 없다. 공자가 음란하다고 알려진 위나라 영공의 부인 남자를 만나자 제자 자로는 대놓고 불쾌한 기색을 드러냈다.[99] 물론 공자는 제자들이 존경하던 스승이었다. 따라서 스승에 대한 제자들의 칭송이 다수 실려 있다. 예컨대, 공자가 최고의 제자라고 평한 안회의 다음과 같은 발언을 보라. "우러러볼수록 더욱 높고, 뚫을수록 더욱 견고하고, 바라보면 앞에 계시다가 홀연히 뒤에 계신다! 선생님께서는 차근차근 사람을 잘 이끌어 나를 세련된 표현으로 넓혀주시고, 예禮로 단속해주어 그만두고 싶어도 그만둘 수 없다. 이미 나의 깜냥을 다 하였으나, 여전히 무엇인가 우뚝 서 있는 것 같다. 비록 그것을 따라가고 싶어도 정녕 따라갈 수가 없다."[100] 이러한 안회의 발언은 제자들의 일반적인 분위기를 반영한다기보다 안회라는 특정 인물의 성격을 보여준다. 공자가 다음과 같이 말하지 않았던가. "회(안회)는 나를 도와주는 사람이 아니구나. 나의 말에 기뻐하지 않는 것이 없다."[101]

안회 이상의 찬양, 때로는 민망하게 느껴질 정도의 찬양은 자공의 입을 통해서 나온다. "소용없는 일입니다. 중니仲尼(공자)를 헐뜯을 수 없습니다. 다른 사람의 현능함은 구릉과 같아서 뛰어넘을 수 있지만, 중니는 해와 달 같아서 뛰어넘을 수 없습니다. 사람들이 비록 스스로 [해와 달과의 관계를] 끊으려고 하더라도 어찌 해와 달에 손상이 있겠습니까? 그저 자기 국량을 알지 못함을 드러낼 뿐입니다."[102] "선생님께 미칠 수 없음은, 하늘을 사다리로 오를 수 없는 것과 같소. 만약 선생님께서 나라를 얻으시면, 이른바 '세워주면 곧 서고, 이끌어주면 곧 [이끌어주는 대로] 가고, 편안케 해주면 곧 다가오고, 움직이게 하면 곧 조화를 이루게 됩니다. 그가 살아 계실 때는 영예로 여기고, 돌아가시면 애통해한다'는 것이니 어찌 감히 미칠 수 있겠소?"[103]

이와 같은 자공의 발언은 당시 자공이 스승인 공자보다 뛰어난 인물로 간주되곤 했다는 사실로부터 이해 가능하다. 예컨대 노나라의 대부인 숙손무숙叔孫武叔이 조정에서 대부들에게 이렇게 말했던 것이다. "자공이 중니보다 현능합니다." 또 한 명의 노나라 대부 자복경백子服景伯이 이 말을 자공에게 알려주자, 자공은 이렇게 변명한다. "집의 담장에 비유하자면, 저의 담장은 어깨까지 미칠 정도라서 집 안이 좋은지 들여다볼 수 있습니다. 선생님의 담장은 몇 길이나 되니, 문을 통해 들어가지 않으면 종묘의 아름다움과 뭇 관리들의 많음을 볼 수 없습니다. 그 문을 찾아낸 사람은 적을 수도 있으니, 대부(숙손무숙)께서 그렇게 말하는 것도 참으로 당연하지 않겠습니까?"[104]

자공이 공자보다 뛰어나다고 간주되는 데는 나름의 이유가 있었던 것으로 보인다. 자공은 상업을 통해 큰 재산을 축적했고, 그 재산을 정치적 영향력으로 번역하는 데 능한 인물이었다.[105] 자신이 현실적으로 유능하다고 해서, 남들이 자신을 스승보다 더 뛰어나다고 간주하는 상황에서는 조금 지나칠 정도로 스승을 변호하는 것이 예이다.

그러한 자공이 펼친 공자 찬양의 궁극은 이것이다. 위衛나라 대부 공손조公孫朝가 자공에게 "중니는 어디에서 배웠습니까?"라고 묻자 자공은 이렇게 대답했다. "문왕과 무왕의 도道가 아직 땅에 떨어지지 않고, 사람들에게 남아 있습니다. 현능한 사람은 그 도의 큰 부분을 기억하고, 현능하지 않은 사람은 그 도의 작은 부분을 기억하고 있으니, 문왕과 무왕의 도를 지니지 않은 사람이 없습니다. 선생님께서 어디선

들 배우지 않았겠습니까? 대체 무슨 일정한 모범이 있었겠소."[106] 자공의 말은 공자가 여러 곳에서 두루 배웠다는 뜻이기도 하지만, 일정한 사승 관계 속에서 이해될 수 있는 인물이 아니라는 점이기도 하다. 즉, 공자는 새로운 시작인 것이다. 요컨대 공자는 대단한 사람이지만, 딱히 지목할 만한 스승은 없다는 말이다. 자공의 말대로라면 공자는 그야말로 새로운 장을 연 인물인 셈이다.

12

수사법을 찾아서

『논어』는 어떤 작가가 책상 앞에 앉아 오랜 시간과 노력을 들여 쓴 저서가 아니다. 『논어』는 누군가의 대화를 녹취한 녹음 파일도 아니다. 『논어』는 말의 형식을 빌린 글이다. 글은 발화 현장에서 존재했을 여러 잡음이 소거되는 경향이 있는 반면, 말은 글이 구현할 수 없는 강한 현장성을 담는 경향이 있다. 글은 시간을 정복하며 영속하는 경향이 있고, 말은 현장을 떠나는 순간 흩어지는 경향이 있다. 『논어』는 누군가 그렇게 말했다는 형식으로 기록된 텍스트다. 말과 글의 결합이다. 그 결합은 그저 말뿐인 녹음 파일이나 그저 글뿐인 저서와는 다른 효과를 발휘한다.

그 효과는 노자의 『도덕경道德經』 같은 텍스트와 비교했을 때 두드러진다.『도덕경』에서 노자라는 인격성은 소거되어 있다.『논어』에는 스승과 제자라는 인격이 존재하고, 양자의 상호작용이 만들어내는 현장 몰입적 분위기가 두드러진다. 반면, 노자의『도덕경』에서 그와 같은 인격성과 현장성을 발견할 수는 없다. 텍스트에 현장성과 인격성이 두드러질 때 독자는 무생물과 소통하는 것이 아니라 생물과 소통하는 느낌을 받는다. 그 소통하는 느낌이야말로『논어』의 수사 전략이 빚어낸 효과이다. 실제로 공자라는 인격이 그런 식의 수사법을 구사했는지는 확실하지 않다.『논어』는 공자가 그렇게 말했다는 형식으로 기록된 텍스트일 뿐이다. 지금부터 그 텍스트가 보여준 수사법을 살펴보자.

말을 조심하라

『논어』의 핵심 테마 중 하나는 자기 연마다. 그런데 자기 연마와 수사법은 일견 긴장 상태에 있다. 수사법을 (상대의 환심을 사기 위한) 외관 꾸미기 정도로 간주하면, 수사법은 화자의 외관을 보여줄 뿐, 그 사람의 내면은 드러내지 않을 것이기 때문이다. 고대 유럽에도 내면에 초점을 둔 철학과 외면에 목적을 둔 수사학을 명백히 구분하려는 시도들이 있었다. 견유학파 철학자들이 불결한 상태로 거리를 쏘다닌 것은, 자신들의 철학은 외면의 치장 따위에는 관심이 없다는 시위였다.

고대 그리스의 사상가 에픽테토스의 글에는 그럴싸한 치장을 하고 수사학을 배우러 온 청년이 등장한다. 그 청년은 수사학을 외모 꾸밈 정도로 여겼기에, 일부러 그렇게 치장하고 나타난 것이다. 그 청년에게 에픽테토스는 따끔하게 한마디 한다. "그래 좋다. 너는 치장을 잘했고, 그래서 너 자신을 돌본다고 생각했지. 그런데 좀 생각해보거라. 자기 자신을 돌본다는 것이 무엇인지?"[1] 이런 입장은 교언영색巧言令色을 경계한 『논어』의 입장과 상통한다. 이 문제의식이 『논어』 특유의 것이었다고는 할 수 없다. 예컨대 『시경』 「소아小雅」에서도 그와 같은 문제의식을 담은 시를 여럿 발견할 수 있다.[2]

실로 『논어』의 등장인물들은 말이 행동과 분리될 가능성, 이름이 실질과 분리될 가능성을 경계한다. "말을 교묘하게 하고, 겉모습을 꾸미고, 과도하게 공손히 하는 것을 좌구명左丘明이 부끄럽게 여겼다. 나 역시 그런 것을 부끄럽게 여긴다."[3] 지나치게 꾸미는 일을 삼가야 하는 이유는 그에 상응하는 실천이 따르지 못할까 우려해서이다. "옛날에는 말을 함부로 하지 않았는데, 몸소 실천함이 그 말에 미치지 못함을 부끄러워해서였다."[4] "세련된 표현에 관한 한, 나는 다른 사람 정도 되는 듯하다. 군자됨을 몸소 실천하는 데 관한 한, 아직 해내지 못하고 있다."[5] 그래서 가능한 한 실천을 우선시한다. "먼저 그 말을 실천한 이후에, 그 말이 뒤따른다."[6] 이런 우려는 충분히 이해할 만하다. 사탕발림에 불과한 말들은 문제를 해결하지 못하고, 그런 사탕발림을 시전하는 사람의 사교에나 기여할 뿐이다. 아니, 정말 말뿐이라면 그것은 사교에 조차 기여하지 못한다. "말재주를 어디에 쓰겠소? 말재주로만 남을 대하면, 사람들에게 자주 미움을 받는 법이요. 옹이 인仁한지는 모르겠지만, 말재주를 어디에 쓰겠소?"[7] "이래서 말만 잘하는 사람을 미워하는 것이다."[8] 듣기 좋은 소리로만 이루어진 사탕발림 지옥이 어딘가에 있을 것이다.

공자는 특히 말솜씨와 인을 구별하고자 했다. "적(공서적)은 조정에서 관복에 띠를 두르고, 빈객들과 더불어 이야기하게 할 수는 있지만, 그가 인한지는 모르겠소."[9] 사마우가 인에 대해서 묻자 공자는 이렇게 대답했다. "인한 사람은 말을 함부로 하지 않는다." 사마우가 "말을 함부로 하지 않으면, 그것을 인이라고 할 수 있습니까?"라고 되묻자, 공자는 이렇게 대답했다. "[그것을] 실천하기 어렵다. 말을 하면서 말조심하지 않을 수 있겠는가?"[10] 인은 결국 실천의 문제이기 때문이다. 이처럼 실천에 대한 집요한 강조가 있기에, 결점으로 가득했던 제자 자로도 뛰어난 실천력으로 공자로부터 인정받을 수 있었다. "자로는 가르침을 들었는데, 아직 실천하지 못한 것이 있으면 오직 또 [다른 가르침을] 들을까 걱정하였다."[11] "자로는 하기로 한 바를 미루는 법이 없었다."[12] 자로는 실천이 더딘 계문자季文子 같은 인물과는 달랐다. 계문자가 세 번 생각한 후에 행동에 옮기자 공자는 이렇게 말했다. "두 번이면 되었을 것을."[13]

말은 중요하다

꾸미는 말을 경계했다고 해서 공자가 말 자체를 경시한 것은 아니다. "축관祝官인 타鮀(위나라 대부)의 말재주와 송나라의 조朝와 같은 미모를 갖고 있지 않으면 오늘날 세상에서 [나라가 재난을] 면하기 어렵구나."[14] 이 세상은 말을 못해도 되는 곳이 아니다. 말의 힘을 경시할 수는 없다. 꾸미는 말을 경계했다고 해서 공자가 말을 못했던 것도 아니다. "선생님께서는 지역에서는 신실한 모습을 보이시며 마치 말을 할 줄 모르는 사람 같았다. 종묘와 조정에서는 말을 유려하게 잘하셨고, 다만 말을 조심하실 뿐이었다."[15] 즉, 공자는 눌변이었던 것이 아니라, 능변을 구사해야 할 상황을 잘 파악해서 자신의 발화 수준을 통제할 수 있었던 것이다. "그 말하는 것을 부끄러워하지 않으면 그 말을 실천하기 어렵다."[16] 이것은 실천을 촉구하는 언명이기도 하지만, 말의 힘을 보존하는 방법에 대한 언명이기도 하다. 실천이 따르지 않았을 때 상실되는 것은 실천뿐이 아니다. 말의 힘도 상실된다. 따라서 자신의 말을 부끄러워할 줄 알아야 한다는 것은 말을 소중히 하라는 권고이기도 하다.

말의 힘을 잃지 않기 위해서, 말은 적재적소에 그리고 상황에 맞게 구사되어야 한다. "말할 때가 아닌데 말하는 것을 '조급하다'고 하고, 말할 때가 되었는데도 말하지 않는 것을 '숨긴다'고 하며, 안색을 살피지 않고 말하는 것을 '눈치 없다'고 한다."[17] 상황에 맞게, 적재적소에 말을 구사하는 것 자체가 예이다. 말에 관련된 예를 지키지 못하면 어찌 되는가? "더불어 말할 만한데도 더불어 말하지 않으면 사람을 잃고, 더불어 말할 만하지 않은데도 더불어 말하면, 말을 잃는다. 지혜로운 사람은 사람도 잃지 않고 말도 잃지 않는다."[18] 이처럼 『논어』에서 말은 결코 무시되지 않는다. 무시되는 것은 교언영색일 뿐이다.

삶의 경험으로부터 우리는 말과 화자, 글과 저자가 무관하지 않음을 안다. 흔히 저자와 그 삶이 일치하지 않는다고들 하는데, 그것은 단순한 반영론에 빠진 것일 뿐, 양자의 무관함을 증명하는 것은 아니다. 말과 글은 사람을 알아볼 수 있는 주요 통로다. "덕 있는 사람은 반드시 말할 거리가 있지만, 말할 거리가 있는 사람이라고 해서 반드시 덕이 있는 것은 아니다."[19] 즉, 말이 투명하게 그 사람을 반영하지는 않는다. 그렇다고 말이 그 사람과 무관한 것은 아니다. 따라서 관건은 말을 제대로 파악하느냐 여부다. "말을 알지 못하면 사람을 알 수 없다."[20] 말을 제대로 파악한다는 것은 아첨과 비방에 넘어가지 않는다는 뜻이고, 아첨과 비방에 넘어가지 않을 때 상대의 가치를 알아볼 수 있다. "젖어드는 듯한 남 헐뜯는 소리와 피부를 자극하는 듯한 하소연이 통하지 않으면, 명민하다고 할 만하다. 젖어드는 듯한 남 헐뜯는 소리와 피부를 자극하는 듯한 하소연이 통하지 않으면, 멀리까지 본다고 할 만하다."[21] 특히 통치의 책임을 맡은 사람에게 말에 대한 감수성은 필수적이다. 말을 파악함으로써 인재를 파악하고, 인재를 등용함으로써 통치를 완성한다. "군자는 말만 가지고 사람을 등용하지 않고, 또 사람만 보고서 그의 말을 무시하지도 않는다."[22]

설득의 기제로서 말

외적 치장에 목적을 둔 수사법을 비판하기 위해 일부러 불결한 상태로 거리를 쏘다닌 견유학파 철학자들에 대해 앞에서 이야기했다. 서양 고대에는 그와 같은 철학과 수사학의 대립을 해소하려 든 철학자도 있었다.[23] 스토아 철학자 유프라테스Euphrates는 견유학파 철학자들과 달리 화려한 언변으로 많은 사람들을 설득하고 대중적 인기를 구가했다.[24] 유프라테스가 이처럼 수사학을 중시했던 이유는 그가 누군가를 설득해야 하는 처지에 있었기 때문이다. 공자와 그 제자들 역시 누가 읽을지 모르는 학술 논문을 쓰는 사람이 아니라, 당장 권력자들을 설득해서 바른 정치를 구현해야 하는 이들이었다. 그러한 설득의 소명을 가진 이들에게 수사법은 결코 무시될 수 없다. 특히 공자는 국가기구의 제도적 힘보다는 군주의 덕성을 중시했던 인물이었다. 즉, 군주를 바른길로 인도하는 것은 그가 생각한 정치의 핵심 중 하나였다. 군주를 바른길로 인도하기 위해서는 수사법의 힘이 필요하다.

군주나 정치권력자들만 설득의 대상인 것은 아니다. 제자들 역시 설득의 대상이다. 공자처럼 큰 제자집단을 이끌었던 인물로서 소정묘와 왕태를 앞에서 거론했다. 그들에 관한 기록이 얼마나 사실을 반영하는지는 알 수 없지만, 그 기록은 적어도 그 당시에 사용되던 수사법에 대해서는 유용한 정보를 전해준다. 소정묘에 대해서는 "위이변僞而辯"(거짓말을 하면서 능변함)이라고 묘사했고, 왕태에 대해서는 "불언지교不言之敎"(말 없는 가르침)라는 표현을 사용했다는 데 주목하라. 소정묘가 추종자를 모으는 과정에서 달변을 활용했다면, 왕태는 침묵을 활용했다. 달변이 화려하게 사람을 끄는 매력이 있는 만큼 침묵 역시 적절히 활용될 경우 카리스마를 강화하며 호기심을 자극한다.

이 침묵에서 달변에 이르는 수사법의 스펙트럼에서 공자는 어디쯤 위치하는 것일까? 왕태 에피소드에서 공자가 왕태를 높이 평가했다고 해서, 공자 역시 침묵을 추구한 쪽이었다고 볼 수는 없다. 왕태 에피소드를 싣고 있는 『장자』는 왕태 같은 인물을 높이기 위해 공자라는 캐릭터를 사용하고 있는 것이니까. 마찬가지로 거짓된 능변이라는 명분으로 소정묘를 처벌했다고 해서 공자가 곧 능변 자체를 혐오했다고 간주할 수도 없다. 『논어』에는 공자가 침묵과 능변 모두를 옹호하는 대목이 실려 있다. "나는 말을 하지 않고자 한다."[25] "선생님께서는 지역에서는 신실한 모습을 보이시며 마치 말을 할 줄 모르는 사람 같았다. 종묘와 조정에서는 말을 유려하게 잘하셨고, 다만 말을 조심하실 뿐이었다."[26] 즉, 『논어』는 공자를 침묵과 능변을 적재적소에서 활용하는 인물로 묘사한다고 할 수 있다. 간단히 말하자면, 『논어』에서 공자는 "그래도 된다는 것도 없고 그래서 안 된다는 것도 없는" 수사법을 구사했다.[27]

적재적소에서 침묵과 능변을 번갈아 구사할 수 있는 사람이야말로 수사법의 대가가 아닐까? 실제로 공자는 말 잘하는 사람이라는 혐의를 받은 적이 있다. 미생무微生畝가 공자를 평가해서 말하기를 "구丘(공자의 이름)는 어째서 안달복달하는가? 말재주로 어떻게 해보려는 게 아닌가?"라고 하자 공자가 이렇게 답했다. "감히 말재주로 어떻게 해보려는 게 아니라 고집스러운 것을 미워하는 것뿐이오."[28] 이 점을 염두에 두면서, 소정묘를 처형할 때 거론한 소정묘의 죄목인 "위이변僞而辯"(거짓말을 하면서 능변함)을 다시 살펴보자. 여기서 주목할 것은 '而'이다. 말이 거짓되면서 달변일 때 죽을 죄가 되는 것이지, 그냥 달변이라는 사실 자체가 죽을 죄가 되는 것은 아니다. 즉, 이 전거를 가지고 공자가 수사법 일반에 대한 혐오를 드러냈다고는 할 수 없다. 공자가 혐오한 것은 거짓을 수사법으로 능란하게 덮는 방식이다.

『논어』 수사학의 핵심

그렇다면 『논어』가 보여주는바, 수사법의 핵심은 무엇인가? 그것은 바로 '삼가 말하기'다. 『논어』에서 "절제해서 잘못하는 경우는 드물다"[29]는 언명은 말하기에도 적용될 수 있다. "군자는 말은 신중히 하되 행동에 옮기려고 애쓴다."[30] 신중함의 기예가 바로 삼가 말하기다. 삼가 말하기는 영어 표현인 '언더스테이트먼트understatement'를 연상하면 그 의미가 뚜렷해진다. "군자는 말은 모자란 듯하게 하고 행동은 남음이 있게 한다."[31] 즉, 모자란 듯하게 한다는 점에서 '오버' 대신 차라리 '언더'를 선택한다.

실로 삼가 말하기는 수사적 효과가 크다. 소리 높여 말하면 오히려 사람들은 경청하지 않고, 말을 많이 하면 말의 가치가 오히려 떨어지기 마련이다. 말을 삼갈 때 오히려 말의 힘은 커진다. 선생이 제자와 소통할 때도 마찬가지가 아닐까. 삼가 말할수록 제자들은 더 잘 듣기 위해 부심할 것이다. 특히 공자는 배우겠다는 동기의 절실함을 중시하지 않았나. "미치지 못하는 것처럼 [안달하여] 배우고, [얻은 것도] 오히려 잃어버릴까 두려워하라."[32] 가르치는 상황에서 언더스테이트먼트의 효과는, 듣는 이의 적극적인 자기 동기 부여와 참여를 요청한다는 점이다. 모두가 고성을 지를 때는 듣기를 포기하지만, 누군가 낮게 말하면 귀를 기울이는 법. 화자가 삼가 말하면 청자는 더 잘 들으려고 안달할 것이다.

『논어』에는 공자가 제자들에게 말을 아꼈다고 볼 만한 정황 증거가 풍부하다. 예컨대, 진항陳亢은 공자 아들 백어伯魚에게 캐물었다. "그대는 [아버지로부터] 뭐 별다른 가르침이라도 들은 적 있소?" 백어가 딱히 따로 들은 가르침이 없다고 대답하자 진항은 공자가 제자나 아들을 가리지 않고 모두에게 말을 삼갔음을 깨닫는다. "…군자는 자식을 멀리한다는 것을 들었다."[33] 선생이 뭔가 말하지 않고 숨긴다고 생각하는 제자들에게 공자는 이렇게 말했다. "그대들은 내가 무엇을 숨긴다고 생각하느냐? 나는 그대들에게 숨기는 바가 없다!"[34]

공자는 이처럼 숨기는 바가 없다고 말하는 동시에, 자신이 의도적으로 삼가 말한다는 사실을 인정했다. "나는 말을 하지 않고자 한다." 아무 말도 하지 않겠다니, 과연 "선생님께서 말을 하지 않으시면, 저희들은 무엇을 받아 전한단 말입니까?"라고 자공이 물어볼 만하다. 공자가 대답했다. "하늘이 무엇을 말하더냐? 사계절이 갈마들고 만물이 생장하건만 하늘이 무엇을 말하더냐?"[35] 이처럼 말을 삼가는 이유 중 하나는, 듣는 이의 분발을 촉구하기 위해서였다. "분발하지 않으면 열어주지 않고, 말로 애써 표현하지 않으면 틔워주지 않는다. 한 측면을 보여주었는데 나머지 세 측면으로 반응하지 않으면 반복하지 않는다."[36]

삼가 말하기와 인격 수양

삼가 말할 줄 안다는 것 자체가 덕성의 증표일 때가 있다. 공자가 제자 칠조개漆雕開에게 관직에 나가라고 하자, 칠조개가 "저는 아직 이 일에 확신이 없습니다"라고 대답했다.[37] 이 대답에 대해 공자는 오히려 기꺼워했다. 자신의 권유를 거절했는데 왜 화를 내지 않고 기꺼워했을까? 제자가 확신 혹은 능력의 부족으로 고통받는다는 사실로 인해 기뻐했을 리는 없다. "저는 아직 이 일에 확신이 없습니다"라는 대답은 칠조개가 무능하다는 사실을 나타내기보다 칠조개가 말을 앞세우지 않는다는 사실을 나타낼 가능성이 크다. 칠조개가 아직 그 일에 대해 확신이 없다고 말할 수 있다는 것은 자신이 맡아야 하는 일과 자신의 깜냥을 저울질할 수 있는 역량이 있기에 가능하다. 즉, 삼가 말하기는 진중함이라는 역량의 표시다. 유럽의 신사gentleman 전통에서도 감정의 섣부른 분출은 무능함을 나타내는 반면, 감정의 절제는 유능함을 표시했다. 그래서 "매너 있는 젠틀맨은 삼가 말하는 understatement 사람"이었다.[38]

삼가 말하기의 수사법은 공자가 선호한 정치 커뮤니케이션의 성격을 보여준다. 공자는 무력이나 거대한 스펙터클에 비해 덜 과시적이고 덜 날것이며, 더 조율되어 있고, 더 섬세한 기호로 이루어진 커뮤니케이션을 원한다. 그러한 커뮤니케이션의 궁극은 시詩의 활용이다. "시에서 감흥하고, 예에서 확립하며, 음악에서 완성한다."[39] 실제로 『논어』에서 공자는 본인이 종종 시를 거론할 뿐 아니라 시의 중요성을 거듭 강조하는데, 이러한 시 인용 자체가 수사법의 일부다. 직접적으로 날것의 내용만 전달하는 데 만족하지 않고, 식자층이라면 공유하게 되어 있는 시를 인용하여, 자신이 말하고자 하는 바를 세련되고 우아하게 전달한다.

13

자유를 찾아서

『논어』나 공자를 자유와 연결하는 사람은 드물다. 공자는 규율의 상징이라면 모를까, 아무래도 자유의 상징은 아니다. 그런데 자유를 구속으로부터 탈피하여 자기 뜻대로 할 수 있는 상태라고 정의하면, 『논어』에 담긴 공자의 사상을 자유의 차원에서 이해할 수 있는 여지가 있다.

관직으로부터의 자유

제어되지 않고 지속하는 정치권력은 인간을 자유롭게 하지 않고 오히려 구속한다. 그렇기에 고대 아테네의 정치적 자유eleutheria는 통치자이기도 하고 피치자이기도 한 시민의 독특한 처지에 기반해 있었다. 고대 아테네 시민은 누군가를 다스리기만 하는 것도 아니고, 누군가에게 다스려지기만 하는 존재도 아니었다. 현재 피치자라고 하더라도 자신 역시 통치자가 될 수 있는 가능성을 의식하고 있었고, 현재 통치자라고 하더라도 조만간 피치자의 자리로 돌아가야 함을 알고 있었다. 시민에게는 남을 복종시키는 능력과 남에게 복종하는 능력이 모두 중요했다. 그래서 자유는 다스림과 다스림을 받는 일을 번갈아 하는 것이라고 아리스토텔레스나 에우리피데스 같은 사상가들은 말했다.[1] 결국 아테네처럼 작은 정치공동체에서는 관직의 교체 가능성이야말로 정치적 자유의 기반이었던 셈이다. 충분히 작기에 시민들 대다수가 관직을 꿈꿀 수 있고, 재임 기간이 길지 않기에 조만간 교체될 세계, 이것이 고대 아테네의 정치 세계였다.

고대 아테네와 달리, 군주정이 지속되는 정치체제에서 정치적 자유는 어떻게 가능한가? 군주에게 일방적으로 지배당하는 피지배층이 자유를 향유하기는 쉽지 않을 것이다. 이른바 지배층은 어떤가? 만약 군주가 유덕한 사람이라면 그의 조정에서 함께 일함으로써 정치적 자유를 느낄 수 있을지 모른다. 그러나 군주가 부덕한 인물이라면, 그런 군주에게 봉직한다는 것은 자유라기보다는 속박이 아닌가. 이러한 상황을 견딜 수 없는 사람들은 차라리 은거를 택하곤 한다.

고대 로마 공화정과 제정 시기에도 다양한 은거 양태가

있었고, 동시대 소아시아에도 엄격한 규율을 지켜가며 은거하는 수도자들의 문화가 있었다.[2] 이런 은자들에게 정치 참여는 정치적 자유 실현의 기회가 아니라 번뇌의 원천일 뿐이다. 그 외에도 마르쿠스 아우렐리우스처럼 마음속에서 은신처를 찾은 사람도 있다. "사람들은 시골에서 해변에서 산속에서 자신을 위한 은신처를 찾는다. 너도 무엇보다 그런 것을 그리워하는 버릇이 있다. 그러나 이것이야말로 어리석기 짝이 없는 짓이다. 너는 원하기만 하면 언제든 너 자신 속으로 은신할 수 있기 때문이다. 인간에게 자신의 영혼보다 더 조용하고 한적한 은신처는 없다."[3]

고대 중국의 경우도 크게 다르지 않다. 『장자』 같은 텍스트는 물론 『논어』에도 은자에 대한 에피소드가 실려 있다. 예컨대 공자와 자로는 길을 가다가 장저長沮와 걸닉桀溺이라는 은자를 만나 나루가 어디 있는지 묻는다. 그러자 걸닉은 일장연설을 하다시피 한다. "도도하게 흘러가기로는 천하가 모두 그러한데, 누구와 함께 그것을 바꾸리오? 게다가 당신은 사람을 피하는 사士를 좇는 것이 어찌 세상을 피하는 사士를 좇는 것만 같겠는가?" 이에 대한 공자의 반응은 다음과 같다. "새와 짐승과는 함께 무리 지어 살 수 없으니, 내가 이 사람들과 함께하지 않는다면 누구와 함께하겠는가? 세상에 도가 있다면, 내가 굳이 함께 바꾸려 들지 않을 것이다."[4]

이와 비슷한 상황에서 자로가 지팡이 쥔 은자를 만난 경우도 있다. 그 은자는 공자를 이렇게 비웃는다. "사지를 부지런히 놀리지 못하고, 오곡도 분별하지 못하는 사람에게 누가 선생님이란 말이오!" 자로는 은자에 대해 일정한 존중을 표시하지만 결국 다음과 같이 결론을 내린다. "벼슬하지 않는 것은 의리가 없는 것이다. 어른과 아이 사이의 예절을 없앨 수 없는데 군신 간의 의리를 어찌 정녕 없앨 수 있겠는가? 자기 한 몸 깨끗이 하려다 큰 인륜을 망치는 법이다. 군자가 벼슬하는 것은 그 의리를 실천하는 것이다. 도가 행해지지 않는다는 것은 이미 알고 있다."[5]

공자와 자로 같은 사람들이 부당한 권력에 봉사하지도 않고 세상으로부터 떨어져 은거하지도 않은 채, 정치적 자유를 향유할 방법은 없는가? 춘추전국시대 군주들은 너 나 할 것 없이 부국강병을 위해 인재를 찾았는데 그러한 상황은 오히려 공자 같은 인물에게 자유의 여지를 주었다. 복수의 정치권력자들이 인재를 위한 기회를 열었을 때 그 인재들의 선택권은 확장된다. "나를 써주는 사람이 있으면 나는 동쪽의 주나라로 만들 것이다!"[6] 공자는 자신을 써주는 곳이 있으면 주나라처럼 훌륭한 나라로 만들겠다는 의지를 명시적으로 표현했다. 공자가 자신의 비전을 수용해줄 군주를 찾아 여러 나라를 방문했다는 사실은 바로 그러한 의지를 확인해준다. 이런 상황에서는 특정 군주에게 전적인 충성을 바치지 않는 것이말로, 특정 관직에 목매지 않는 것이야말로, 정치적 자유의 근원이 된다.

당시 인재들이 생각한 정치는 관직에 나아가는 일과 동의어였다. 정치를 어떻게 정의하느냐에 따라, 정치는 조정뿐 아니라 모든 곳에 있을 수도 있다. 그러나 그런 식으로 정치를 사유한 흔적은 고대 중국의 텍스트에 없다. 정치를 하려면 관직에 나가야 한다. 그러나 관직은 정치를 제대로 하기 위한 시작일 뿐 정치의 완성이 아니다. 배움 역시 마찬가지다. 관직이 배움의 최종 목적이 아니기에, 관직을 맡고 나서도 배움은 지속된다. "벼슬하면서 여력이 있으면 배우고, 배우고서 여력이 있으면 벼슬한다."[7] 책이 사람을 만들고, 사람이 책을 만든다고 하지 않던가. 그러한 순환 관계가 관직과 배움 사이에도 있다.

관직이 없었을 때, 공자는 정치 영역에서 벗어나 있었다. 정치 영역에서 벗어나 있을 때, 인재는 배움을 지속하면서 기회를 기다린다. "아름다운 옥이 여기 있다면, 싸서 궤에 넣어 간직하시겠습니까? 좋은 상인을 찾아 파시겠습니까?"라는 질문에 대해 공자는 이렇게 말했다. "팔아야지! 팔아야지! 나는 좋은 상인을 기다리고 있다."[8]

이 기다리는 능력이야말로 자유의 원천이다. 자신의 정치적 뜻을 펼칠 장이 여러 곳에 존재한다고 해도, 만약 그 인재의 꿈이 오직 현실정치에만 있다면 그 인재는 결국 현실정치에 구속될 수밖에 없을 것이다. 자유를 확보하기 위해서는, 관직에 나아가는 것이 자신의 유일한 자아실현이라고 보지는 말아야 한다. 그것은 관직으로 환원되지 않는 정신적 차원을 가지고 있을 때 가능하다. 그런 사람이라야 비로소 "군자는 특정한 도구가 아니다"[9]라고 말할 수 있다.

> 기능공이 한 가지 제품의 제조에만 계속 전념하게 되면, 그는 아주 능숙한 솜씨로 일을 해내게 된다. 하지만 그와 동시에 그는 노동 과정에 자기의 참신한 생각을 적용할 일반적인 능력을 잃게 된다. 그는 날이 갈수록 더 숙달되지만 기업가적 소양에서 더 멀어진다. 그에게서 직공으로서의 자질이 완벽해짐에 따라서 인간으로서의 품격은 저하되는 것이다. … 노동자가 자기 시간의 대부분을 이런 식으로 보내게 될 때, 그의 사고방식은 그가 매일같이 힘들여 만드는 물건 주위에 영원히 고정될 것이다. 어떤 고정된 습성이 몸에 배어서 앞으로도 줄곧 붙어 다닐 것이다. 한마디로 말하자면 그는 더 이상 자기 자신에 속하지 않고 그가 선택한 직업에 속하는 셈이다.[10]

이와 같은 토크빌의 견해에 공자도 공명한다. 관직뿐 아니라 어느 특정한 기능에 자신을 환원하지 않을 때 비로소 그는 직업의 도구가 되지 않고, 직업을 선택할 수 있는 자유인이 된다. 그러한 자유인이야말로 자신의 직업에 대해 비판적 태도를 가질 수 있다. 마찬가지로 그러한 자유인이야말로 정치에 비판을 아끼지 않을 수 있다. 입신의 기회가 와도 거부할 수 있다. 공자와 그 제자들은 대중들에게 팔기에는 즉각적 유용성이 보장되지 않는 지혜를 다루고 있었고, 군주의 환심을 사기에는 지나치게 비판적이었다.

이 지점에서 특히 주목되는 것은 "~은 ~가운데 있을 것"(在其中矣)이라는 수사법이다. 『논어』에서 특징적으로 반복되는 이 수사법은, 관직에 관련해서도 쓰인다. 제자 자장이 관직 얻는 법에 대해 궁금해하자, 공자는 구체적인 방책을 이야기하는 대신 "많이 듣고 그중 의심나는 것은 접어두고, 그 나머지에 대해 조심스레 말을 하면 허물이 적을 것이다. 많이 보고 그중 영글지 않은 것을 접어두고, 그 나머지에 대해서는 조심스레 행동하면, 후회가 적을 것이다. 말에 허물이 적고 행동에 후회가 적으면, 관직은 그 가운데 있을 것이다."[11]라고 말한다. 어쩐지 동문서답처럼 들리지 않는가. 관직 얻는 법이 궁금한 제자에게, 처신에 대한 일반적인 조언을 하다니. 어리둥절할 제자의 마음을 공자는 이미 읽고 있다. 그래서 "말에 허물이 적고 행동에 후회가 적으면, 관직은 그 가운데 있을 것이다"라고 덧붙인 것이다. 일견 관직과 직결되지 않은 처신 속에 관직이 들어 있다는 것이다. "군자는 도를 도모하지 먹을 것을 도모하지 않는다. 농사를 지어도 굶주림이 그 안에 있다. 배우면 식록食祿(녹봉)이 그 안에 있다."[12]

왜 관직 얻는 법을 적시하지 않고, 관직이 그 안에 있을 법한 상황을 묘사하는가? 그러한 묘사를 통해 관직을 얻으려고 안달하는 대신, 안달하지 않아도 관직이 '발생'할 수 있는 상황에 관심을 두라는 것이다. 왜 그렇게 해야 하는가? 그렇게 함으로써 정치에 뜻을 두더라도 정치적 야망의 노예가 되지 않을 수 있다. 즉, 관직의 유혹에 굴종하지 않으면서 자신의 자율성을 지킬 수 있다. 그렇게 자율성을 지키는 이에게도 누군가가 관직을 제안할 공산이 있다. "관직은 그 가운데 있을 것이다."[13] 관직을 제안할 권력자의 입장에서도 자율성을 지킬 줄 아는 사람을 등용하는 것이 바람직하다. 그렇게 함으로써 관직을 얻기 위한 아첨으로부터 피할 수 있기 때문이다. 공자는 아첨에 대해 경계한 바 있다. "아첨하는 말을 하는 사람을 멀리하라."[14]

요컨대 공자는 정치 참여를 원하되, 무원칙한 정치 참여는 원하지 않는다. 『논어』에는 무원칙한 정치 참여자들에 대한 비판이 적지 않다. 예컨대 자공이 당시 정치인들에 대한 평가를 청하자, 공자는 이렇게 대답했다. "아! 그 식충이들이야 어찌 따질 것이 있겠는가?"[15] 따라서 『논어』 속 공자는 정치 참여를 원했지만 실패한 인물이 아니다. 그는 원칙 있는 정치 참여를 추구했기에 실패한 인물이었다. 양화陽貨라는 인물은 공자를 정치판에 끌어들이고 싶어서 "정사에 종사하고자 하면서 자주 때를 놓친다면, 그것을 지혜라고 할 만하

겠소?"라고 말했지만, 공자는 "그렇습니다. 나는 장차 벼슬을 할 것입니다"라고 대꾸할 뿐이었다.[16]

이처럼 자기 중심을 유지하는 사람은 관직을 얻든 잃든 깊은 불안에 떨지 않는다. 적어도 『논어』에서는 공자가 그런 사람이었다고 묘사한다. "선생님께서 한가하게 계실 적에 편안하고 유쾌하셨다."[17] 안달복달하지 않고 가만히 있는 것은 아무나 할 수 있는 일이 아니다. 정치에 지나치게 연연하는 자는 이러한 편안함을 누릴 수 없다. "등용되면 실천하고, 등용되지 않으면 가만히 있는 것, 이러한 것은 너와 나만이 할 수 있도다."[18] 많은 제자 중에서 오직 안회만이 가능하다고 할 정도로, 자기 중심을 지키는 사람은 드물기 마련이다. "3년을 배우고서도 벼슬에 [뜻을] 두지 않는 사람을 얻기가 쉽지 않다."[19]

이렇듯 『논어』에서 보이는 자아 연마는 정치의 도구가 아니었다. 『논어』의 세계를 이해하기 위해서는 몰정치적 자유 추구와 무조건적 정치 참여의 이분법에서 벗어나야 한다. 『논어』 속 공자는 정치에 관심이 있되 그것으로는 환원되지 않는 지점을 모색한 사람이다. 그 점에서 로마시대 현자들과 비견할 만하다. 푸코의 해석에 따르면, 세네카나 플루타르코스를 비롯한 당시 상류계급 사람들 상당수는 관리가 되기 위해서 자기 수양을 한 것이 아니었다. 그들은 그저 좀 더 아름답고 가치 있는 삶을 향유하기 위해 자기 수양에 매진했다.[20]

물론 그 아름답고 가치 있는 삶이 정치를 배제하는 것은 아니기에 적절한 기회가 온다면 관직을 맡을 수도 있다. 그렇게 관직을 가졌을 때조차 식록을 우선하지는 않는다. "군주를 섬기는 데는 [먼저] 그 일을 공경히 하고, 그 식록은 뒤로 미룬다."[21] 정치가 궤도를 잃었는데, 자신의 식록에 연연하는 것은 부끄러운 일이다. "나라에 도가 있을 때 녹만 받아먹는 것과 나라에 도가 없을 때도 녹을 받아먹는 것이 부끄러운 일이다."[22] 이것은 관직 문제에 그치지 않고 빈부의 문제에서도 마찬가지다. "나라에 도가 있을 때는 빈천한 것이 수치이고, 나라에 도가 없을 때는 부귀한 것이 수치다."[23]

이러한 사람은 관직을 가졌어도 그에 연연하지 않는다. 그것이 관직이 아니라 군주의 지위여도 마찬가지다. "높고도 크구나! 순舜임금과 우禹임금은 천하를 가졌으나 연연하지 않았다."[24] 정치적 지위에 연연하지 않기에 자신의 뜻을 도저히 펼 수 없는 상황이라면 기꺼이 그 나라를 떠난다. "위태로운 나라에는 들어가지 않고, 어지러운 나라에는 머물지 않는다. 천하에 도가 있으면 자신을 드러내되, 도가 없으면 숨어 지낸다."[25] 실제로 그렇게 실천한 사람들을 구체적으로 거론하기까지 하였다. "그렇게 실행한 사람이 일곱이었다."[26] "군자로구나, 거백옥蘧伯玉이여! 나라에 도가 있으면 벼슬하고, 나라에 도가 없으면 [자신의 포부를] 거두어 감추었다."[27] 마찬가지 맥락에서, 그릇된 정치를 오히려 방조하고 있는 제자 염유와 자로를 야단친다.[28] 르네상스 시기 이탈리아의 정치인 발다사레 카스틸리오네Baldassare Castiglione(1478~1529)는 사악한 군주에게 충성할 필요 없이 가차 없이 떠나야 한다고 주장한 것으로 유명한데,[29] 그와 같은 떠남의 기록은 『논어』에 거듭 나온다. "이에 공자는 [노나라를] 떠났다."[30]

이러한 고고한 태도는 제자들에게도 자연스레 이어졌다. 계씨가 민자건閔子騫을 모반이 잘 일어나는 비費 땅의 읍재로 삼으려 하자, 민자건은 이렇게 말했다. "나를 위해 거절하겠다는 뜻을 잘 전해주오."[31] 그리고 공자가 정치에 참여하려는 기색을 보일 때, 제자들이 같은 기준을 들어서 재고를 요청하기도 했다. "가실 곳이 없으면 정녕 그만두실 일이지, 하필이면 공산씨公山氏에게 가시려고 합니까?"[32] "필힐佛肸은 중모中牟 땅을 근거지로 모반을 일으켰는데, 선생님께서 가시려고 하는 것은 어째서입니까?"[33]

그렇다면 『논어』에 나오는 그 많은 '충성'은 다 무엇이란 말인가? 고대 중국의 텍스트에 충성 논의가 나온다고 해서 그것이 곧 오늘날 상상하는 국가에 대한 충성이라고 생각해서는 안 된다. 예컨대, 『순자』 「신도臣道」와 『한시외전』(권4)에는 다음과 같은 대목이 나온다. "큰 충성이 있고, 차선의 충성이 있고, 하급의 충성이 있고, 나라의 도적이 있다. 도로써 군주를 덮어 교화하는 것을 큰 충성이라고 하고, 덕으로써 임금을 인도하여 보좌하는 것을 차선의 충성이라고 하고, 간언으로써 군주를 거슬러 원만하는 것을 하급의 충성이라고 한다."[34] 즉, 복수의 충성관이 경쟁하고 있었다. 오늘날 널리 퍼져 있는 국가에 대한 일방적인 헌신으로서 충성은 충성의 개념사 중에서 극히 일부분에 해당할 뿐이다. 일본의 정치사상가 마루야마 마사오丸山眞男에 따르면, 일본의 봉건적 주종 관계에서 충성이 재정의된 결과 윗사람에 대한 아랫사람의 일방적이고 무조건적인 헌신을 뜻하게 되었다고 한다.[35]

따라서 『논어』에서 충성이라는 단어가 등장하더라도 반드시 그 충성의 대상이 국가인 것도 아니며, 그 충성의 자세가 무조건적인 것도 아니다. 『논어』에 나오는 충성은 대체로 자기 진심에 충실하다는 뜻의 충성이었다. 그 점을 염두에 둔다면 "신하는 군주를 충성으로써 섬기면 됩니다"[36] 같은 문장도 달리 해석할 수 있다. 즉, 신하는 무조건적으로 군주를 섬기라는 뜻이 아니라, 진심이 발동하는 상황에서 섬기라는 뜻이 된다. 즉, 충성은 강제적 복종의 반대이다. 이러한 충성 관념은 신하에게는 정치적 자율성을 부여하고 군주에게는 통치의 경제성을 선물한다. 신하로서는 진심을 다할 수 없는 군주로부터 떠날 명분이 존재하고, 군주로서는 복종을 강제하는 데 드는 비용을 절약할 수 있다. 그래서 계강자가 "피치자가 공경하고, 충성하고, 스스로 동기부여하게끔 만들려면 어떻게 하면 될까요?"라고 물었을 때, 공자는 이렇게 제안했다. "[당신 스스로] 위엄을 가지고 대하면 그들이 공경할 것이요, 효와 자애로움을 실천하면 그들이 충성할 것이요, 좋은 사람을 들어 쓰고 잘 못하는 사람을 가르치면 그들이 스스로 동기부여할 것입니다."[37]

요컨대 공자는 정치에 기꺼이 참여하되, 바람직한 정권에만 봉사하고자 했다. 이런 애매한 혹은 절묘한 위치를 유지하기 위해서는 권력자가 알아주지 않아도 안달하지 말아야 한다. 그래서 『논어』에서 거듭 말한다. 알아주지 않아도 열받지 말라고. "남이 알아주지 않아도 열받지 않으면, 참으로 군자가 아닌가?"[38] "남이 나를 알아주지 않는 것을 걱정하지 말고, 내가 남을 알아주지 않는 것을 걱정하라."[39] "군자는 무능함을 근심하지, 남이 자기를 알아주지 않는 것을 근심하지 않는다."[40] 그럴 때에야 비로소 권력자가 어찌해보지 못할 상징권력을 가지게 되는 동시에 정권의 부침으로부터 자유로워지게 된다.

쾌락과 욕망과 효용으로부터의 자유

고매한 정신적 차원을 가지고 있으면 뭐하랴. 자신의 몸이 그에 따라주지 않으면 다 헛일인 것을. 『논어』에서 말하는 예는 상당 부분 자신의 몸을 규율하는 일이다. 만약 몸을 충분히 규율해낼 수 있다면, 그야말로 그 고매한 정신적 차원이 현실화될 것이다. 몸을 규율하기 어려운 것은 꿈틀거리는 욕망이 존재하기 때문이다. 공자가 "나는 아직 강직한 사람을 보지 못하였다"고 하자 누군가 대답했다. "[공자 제자인] 신정申棖이요." 공자는 신정에 대해 이렇게 평했다. "신정은 욕심이 많다. 어찌 강직할 수 있겠는가?"[41] 제자 신정이 실제로 욕심이 많았는지 여부는 이 대화를 통해 판정할 수 없다. 그러나 공자가 욕망에 대해 어떻게 생각했는지는 알 수 있다. 욕망을 전면적으로 부정한 것도 아니고 무한정으로 긍정한 것도 아니다. 욕망은 정치권력 못지않게 자신을 억압할 수 있는 것이다. 자기 마음대로 하려고 들다가, 자기 욕망의 노예가 되는 것은 정치권력에 의해 억압당하는 것 못지않게 부자유스럽다.

고매한 정신적 차원을 가지고 있으면 뭐하랴. 쾌락의 매혹에 굴복하면 다 그만인 것을. 쾌락에 굴복한 사람은 세상을 지배하고 있어도 쾌락에 지배당한 사람에 불과하다. 지배하지 않고 지배당한다는 점에서 그는 노예에 불과하다. 플라톤의 대화편 『알키비아데스』에 실린 페르시아의 제왕 교육 관련 내용을 보면 진정한 왕은 동시에 가장 자유로운 사람이라는 취지의 말이 있다. "…어떤 즐거움에도 지배받지 않게 가르쳐 자유인다운 습성과 진정한 왕다운 습성이 붙도록 한다네. 진정한 왕은 무엇보다도 자신 안에 있는 것들을 다스리고 그것들의 종노릇을 하지 않으니 말일세."[42] 자유인과 노예를 가르는 결정적 차이는 지배를 받느냐 여부이다. 노예는 지배받는 사람이고, 자유인은 지배받지 않는 사람이다. 왕은 결코 노예가 되어서는 안 되는 존재다. 그러니 왕은 타인에게 지배받으면 안 될 뿐 아니라 무절제한 쾌락에 의해 지배받아서도 안 된다. 따라서 진정한 왕은 남을 다스릴 뿐 아니라 자기 자신도 다스리는 사람이다. 자신의 탐욕이나 충동에 휘둘리는 존재는 자유인이 아니라 노예에 불과하며, 노예는 왕의 자격이 없다. 이러한 『알키비아데스』의 내용은 지배받지 않으면서 지배하는 사람이 되기를 가르치는 『논어』의 내용과 상통한다.

욕망이나 쾌락만큼 인간에게 강력한 영향을 미치는 것이 이른바 효용이다. 오늘날 효용은 널리 받아들이는 가치가 되어서, 우리가 하는 일 대부분이 효용이라는 관점에서 정당화된다. 이러한 효용의 신화에 사로잡혀 있는 한, 가시적인 효용이나 보상이 없는 일에 자신을 바치지 않을 것이다. 욕망의 노예, 쾌락의 노예라는 말이 가능하듯이, 효용의 노예라는 말도 가능하다. 효용의 노예가 된 상태 역시 일종의 부자유가 아닐까. 가시적인 효용이나 보상이라는 대원칙에 의해 자신의 비전과 운신의 폭이 제한된다면, 그것을 일러 자유로운 상태라고 하기는 어렵다.

그러나 자신의 노력에 어떤 확실한 효용도 없을 것임을 알면서도, 자신의 선의는 결국 배반당할 것임을 알면서도, 꿋꿋이 전진하는 이들이 있다. 『논어』는 그러한 이들을 선양하고, 효용이 궁극적 가치라는 관념에 저항한다. "인仁한 사람은 어려운 것을 먼저 하고, 보상은 뒤에 한다."[43] "일을 먼저 하고 얻는 것을 나중에 하는 것이 바로 덕을 숭상하는 일이 아니겠는가?"[44] 이러한 자세가 가장 극명하게 드러나는 경우가 바로, 안 되는 걸 알면서 추구하는 일이다. 실로 공자는 "안 되는 줄 알면서도 하는 사람"[45]이라는 기이한 명성을 얻었다.

공자도 사람이므로 종종 좌절한다. "봉황새도 오지 않고, 하수河水에서는 그림도 나오지 않으니, 나는 끝났구나!"[46] "끝났구나! 나는 덕 있는 사람 좋아하는 것을 예쁜 사람 좋아하는 것처럼 하는 사람을 아직 보지 못하였다."[47] 이런 난세에서 정치에 종사하는 것은 너무 위태로운 일이니 당장 그만두라는 경고가 여기저기서 터져나온다. "자기를 알아주는 사람이 아무도 없으면 곧 그만둘 일이지!"[48] "관둬라, 관둬라! 요즘 정사에 종사하는 사람은 위태롭다."[49] 그러나 은거에 대한 공자의 입장은 한결같다. "새와 짐승과는 함께 무리 지어 살 수 없으니, 내가 이 사람들과 함께하지 않는다면 누구와 함께하겠는가? 세상에 도가 있다면, 내가 굳이 함께 바꾸려 들지 않을 것이다."[50]

은거를 결연히 거부하는 공자의 자세는, 이른바 기대효과를 통해 자기 행동을 정당화하지 않기에 가능하다. "자기 한 몸 깨끗이 하려다 큰 인륜을 망치는 법이다. 군자가 벼슬하는 것은 그 의리를 실천하는 것이다. 도가 행해지지 않는다는 것은 이미 알고 있다."[51] 백이伯夷와 숙제叔齊 같은 이들은 결국 굶어 죽었는데, 그들은 자신의 행동을 후회하고 원망했을까?[52] 그렇지 않다. "무엇을 원망하겠는가?"[53] 세상을 바꾸지는 못했어도 자신이 원하는 행동을 하고 자기가 원하는 삶을 살았기에 원망이 없는 것이다. "수고스럽더라도 원망하지 마라."[54] 자기가 원하는 삶을 사는 것, 그것이야말로 공자가 인정한 효용이다.

왜 공자는 효용을 기대하지 않고, 결과를 기필하지 않는가? 그것들은 결국 인간의 통제 영역 밖에 있기에 그러하다. "도가 장차 행해지는 것도 운명이요, 도가 장차 버려지는 것도 운명이다. 공백료가 운명을 감히 어찌하겠는가?"[55] 인간의 통제 영역 밖에 있기로야, 개인의 생로병사만 한 것이 있겠는가. "이럴 수가 없는데, 운명이로다! 이 사람이 이런 병에 걸리다니! 이 사람이 이런 병에 걸리다니!"[56] 누가 언제 어떻게 죽을지 모르는 것이 인생인데, 그 인생을 두고 기대효과를 운운하는 것은 어차피 한계가 있는 일이다. 인간이 진정 자기 뜻대로 할 수 있는 것은 왔다가 가는 흐름을 관조하며 과정을 즐기는 일 정도인지 모른다. "가는 것은 이 물과 같구나. 밤낮을 쉬지 않는다."[57] 이러한 자세를 유지하기만 한다면, 진전하고 있다는 과정 자체가 보상이다. "산을 쌓는 데 비유하면, 한 삼태기의 흙이 모자라 완성하지 못하고 그만두더라도 내가 그만둔 것이다. 땅을 평평하게 하는 데 비유하면, 비록 한 삼태기의 흙을 붓고 진전하더라도 내가 나아간 것이다."[58] 과정을 즐길 수 있는 사람에게 포기란 없다. "힘이 부족하면 중간에 그만둔다. 그런데 지금 너는 [해보지도 않고] 금을 긋는구나."[59]

빈부로부터의 자유

인간을 매혹하고 구속하는 것들 중 대표적인 것이 빈부다. 사람들은 대개 빈곤을 두려워하고 잘 먹고 잘 살기 위해 분투한다. 빈부의 문제가 사람들의 머리를 좀처럼 떠나지 않는다. 빈부의 강력한 영향력을 『논어』도 인정했다. "가난하면서 원망이 없기는 어렵다."[60] 이 말은 일단 빈부가 사람 마음에 큰 영향을 미친다는 뜻으로 보인다. 그러나 그러한 뜻에 그치는 것은 아니다. "가난하면 원망이 없을 수 없다"라고 말하거나 "가난해도 원망이 없기 쉽다"라고 말하는 대신 "가난하면서 원망이 없기는 어렵다"고 하지 않는가. 어렵긴 해도 그렇지 않을 수 있는 여지가 있음을 시사한다. 즉, 사람이 경제적 조건과 무관할 수는 없지만, 그런 조건의 수동적 노예에 불과한 것은 아니라고 본 것이다.

그러면 사람은 어느 정도로 빈부의 영향으로부터 자유로울 수 있는가? 빈자를 부끄러워하지 않거나 부자를 질투하지 않는 것만 가지고는 충분하지 않다. "이런 도道(방식)가 어찌 완전히 선하다고 할 수 있겠는가?"[61] 관건은 빈부에 좌우되지 않는 정신의 척추를 갖는 일이다. 그러한 정신의 척추를 갖게 되면, 누추한 상황에서도 다음과 같이 말할 수 있다. "군자가 거처하는 데 무슨 누추함이 있겠는가?"[62] "군자는 도를 근심하지 가난을 근심하지 않는다."[63] "군자는 궁함을 견뎌낸다. 소인은 궁하면 막 나간다."[64]

빈부에 좌지우지되지 않는 정신의 척추를 가졌을 때 비로소 국가로부터 일정한 거리를 두고 국가와 긴장을 유지할 수 있다. 정신의 척추가 없으면 빈부에 연연하게 되고, 빈부에 연연하면 관직을 수여하는 국가의 명에 복종하지 않겠나. 그렇게 복종해서 남들이 부러워할 만한 부귀를 얻으려고 안달하지 않겠나. 그러나 군자, 즉 정신의 척추를 가진 사람이라면, 관직과 부귀를 좇기 전에 과연 그것이 과연 추구할 만한 대상인지 먼저 고려한다. "만약 부가 추구할 만한 것이라면, 비록 길 정리하는 말단 관리 일이라도 나 역시 하겠다. 만약 추구할 만한 것이 아니라면, 내가 좋아하는 바를 좇겠다."[65] 왜? "올바르지 않은데 부유하고 귀한 것은 나에게 뜬구름과 같으니까."[66]

이처럼 정신의 척추를 가진 사람도 이슬만 먹고 살 수는 없다. 따라서 국가와 무관한 영역에서나마 자신의 물적 토대를 확보해야 한다. 과연 어떻게? 고대 중국에서 의학, 천문학,

택일법, 점술 등과 같은 기술적 지식을 가진 이들은 자신의 지식을 비교적 널리 판매할 수 있었다. 예컨대 귀족들은 건강이나 택일 등 다양한 용도로 필요한 점술가들을 고용했던 것으로 보인다.[67] 그러나 『논어』에 나오는 군자는 그런 기술적 지식인이 아니었다. 『논어』 곳곳에서 공자는 자신의 길이 그러한 기술적 지식을 추구하는 길이 아님을 표명한다. "군자는 특정한 도구가 아니다."[68] "군자는 [재능이] 많아야 하는가? 많을 필요가 없다."[69] 공자는 관직이 없을 때 주로 가르치는 일에 종사했던 것으로 보인다.

관직에 종사하지 않을 때 주로 하는 일이 교육이었다면, 그 교육 활동이 경제적 기반을 제공할 수 있어야 한다. 『논어』에는 "말린 고기를 준비해 오는 것 이상의 예를 차리는 사람이라면, 내가 일찍이 가르치지 않은 적이 없다"[70]라는 말이 나오는데, 이것은 기본적인 예의를 차리면 피교육자를 가리지 않겠다는 뜻이지만, 동시에 그 이상의 재원을 제공하는 피교육자가 있었을 것임을 암시한다. 실제로 공자에게는 자공처럼 장사를 통해 큰 재산을 모은 이도 있었다. "사賜(자공)는 자신의 천명을 받아들이지 않고 돈을 벌었는데, 추측을 하면 자주 적중하였다."[71]

그 밖에 의례 관련 서비스를 제공하고 받는 대가가 있었을 것이다. 공자와 그 제자들을 고용할 수 있는 이들은 제법 큰 권력을 가진 통치자들이었을 것이고, 그들은 다양한 층위에서 전례를 집행해야 했을 것이다. 무리 없이 전례를 집행하기 위해서는 공자와 그 제자들 같은 예 전문가들이 필요했을 것이다. 아무런 서비스를 기대하지 않으면서 공자와 그 제자들을 기꺼이 받아준 후원자들도 있었을 것이다. 그 후원자들은 공자와 그 제자들을 당장 활용할 수 없더라도, 그들을 곁에 둠으로써 자신들의 위신을 높일 수 있었을 것이다. 이러한 현상은 고대 중국 특유의 것은 아니다. 고대 로마에서도 권력자들은 현자들을 곁에 두고 그들을 부양하면서 필요할 때마다 조언을 구하곤 했다.

후대에는 공자의 가르침을 따르는 이들 상당수가 지주였다. 즉, 그들에게는 국가로부터 받는 식록 이외에 가문에서 내려오는 토지라는 독립적인 물적 토대가 있었다. 그 토지가 충분하지 않을 경우에는 관직이나 그 밖의 경로를 통해서 추가적인 경제적 자원을 확보해야 했다. 자급자족할 수 있을 만큼 충분한 토지를 확보한 경우에는 국가에 의지하지 않아도 되었다. 그리고 그럴 때에야 비로소 출사와 은퇴를 자유롭게 반복할 수 있었다. 요컨대 관직 이외의 경제적 기반 없이는 국가와 비판적 거리를 유지하기는 아무래도 어렵다.

한나라 때 사상가 왕충은 "공자가 벼슬을 찾은 것은 도를 행하기 위해서가 아니라 단지 먹을 것을 구하기 위해서였다"[72]고 말했는데, 이것은 지나친 평가가 아닐까? 공자와 그 제자들이 경제 활동을 했다는 사실이 그들 활동의 목적을 말해주는 것은 아니다. 그러나 자기 활동의 경제적 기초를 갖추어야 한다는 말과 경제적 수익이 자기 활동의 목표라는 말은 판연히 다르다. 공자와 그 제자들이 전자를 추구했다면, 왕충의 말은 어폐가 있다. 공자와 그 제자들은 경제적 수익으로 환원되지 않는 목표를 가졌으되, 그 목표의 실현을 위해서는 경제적 기초가 필요했다.

명예로부터의 자유

먹고사는 일을 해결한 사람들은 대개 명예를 추구한다. 고대 그리스의 시민들이 대표적이다. 모두 남성이었던 고대 그리스의 시민들은 오늘날 볼 때 부러울 정도로 정치적 자유를 향유했는데, 그들이 그럴 수 있었던 것은 먹고살기 위한 고된 노동의 상당 부분을 노예와 여성에게 외주를 주었기 때문이다. 폴리스라는 도시국가의 시민들은 자신의 가정(오이코스oikos)에서 민주주의를 실천한 것이 아니다. 가정에서 그들은 대개 전제군주와 같았다.

즉, 고대 아테네에서는 공적 영역과 사적 영역이 명백히 나뉘어 있었다. 공적 영역은 가시적 영역으로서 명예와 영광이 수여되는 곳이었다. "공공성의 빛을 통해 비로소 현상하게 되고, 모든 이에게 모든 것이 보이게끔 하는 것이었다." 사적 영역은 비가시적 영역으로서 먹고사는 일상생활이 영위

되는 곳이었다. "필연과 무상함의 왕국은 사적 영역의 그늘에 가려져 있었다." 남성 시민들은 공적 활동을 통해 일상을 초월하고 불멸의 명예를 꿈꾸었다. "동등한 사람들 상호 간의 경쟁에서 가장 뛰어난 사람이 나오며, 그것의 본질인 명성의 불멸성을 획득하게 된다." 노예나 여성들은 사적 영역에서 살림을 꾸리는 데 그쳤기에 초월과 명예를 꿈꾸는 시민이 아니었다. "오이코스의 한계 내에서는 삶의 곤궁과 생활에 필수불가결한 것의 유지가 부끄럽게 은폐되었다."[73]

『논어』의 세계는 어떠한가? 명예와 영광이 중요하다는 의식, 빛나는 이름은 공적 영역, 즉 남들에 의해 일컬어지는 영역에 존재한다는 의식은 있었다. "군자는 죽을 때까지 이름이 일컬어지지 않는 것을 근심한다."[74] 공자는 속세 자체를 저주받은 곳으로 간주하고 죽고 난 뒤에 경험할 내세를 기대하는 사람은 결코 아니었다. 공자는 인간이 분투하고 자신을 실현하고 합당한 인정을 받을 곳이 내세가 아니라 속세임을 잘 알고 있었다. 그러니 이 속세에서 명예를 얻기 위해 분투한다. 그리고 그 명예는 반드시 합당한 것이어야 한다. "부유함과 귀함, 이것은 사람들이 바라는 바이다. 합당한 도로써 그것을 얻지 못하면 거기에 머물지 않아야 한다. 가난함과 천함, 이것은 사람들이 싫어하는 바이다. 합당한 도로써 그것을 얻지 못하면 거기서 떠나지 않아야 한다. 군자가 인을 떠나면 어찌 그 이름을 이룰 수 있겠는가?"[75]

이처럼 합당한 명예를 중시하는 사람에게 이름을 이루지 못했다고 하는 것은 치명적인 비판이 될 수 있다. 그래서 공자를 헐뜯는 이들은 "널리 배우기는 하였지만, 이름을 이룬 바는 없다"[76]고 했던 것이다. 그러나 정작 부끄러워할 사람은 옳은 길을 가다가 이루지 못한 사람이 아니라, 재산이 많아도 아무것도 이루지 못한 사람이다. "제나라 경공景公은 말 4천 필을 가지고 있었지만, 죽는 날에는 피치자들이 칭송할 만한 덕이 없었다."[77] 즉, 부귀는 그 자체로 궁극적인 가치를 갖는 것이 아니라 덕을 이룰 수 있는 방법으로서 가치가 있다. 그러니 인생의 목표가 있다면 그것은 부귀가 아니라 덕이다. 덕은 갈고 닦아 자신의 것이 된 탁월한 상태다. 덕을 얻기 위한 길, 그러니까 도를 얻기만 하면 이제 죽어도 좋은 것이다. "아침에 도를 들으면 저녁에 죽어도 좋다."[78] 내세에 기대가 있기에 죽어도 좋은 것이 아니라 도를 들었기에 죽어도 좋은 것이다.

"아침에 도를 들으면 저녁에 죽어도 좋다." 이 말을 꼼꼼히 읽어보자. "아침에 도를 실현하면 저녁에 죽어도 좋다"고 한 것이 아니라 "아침에 도를 들으면 저녁에 죽어도 좋다"고 한 것이다. 즉, 할 일을 완수했기에 이제 죽어도 좋다는 말이 아니다. 할 일을 완수하지 못해도 나아가야 할 지향점을 알게 되었다면 그 자체로 좋은 것이다. 결과에 집착하지 않는 이러한 태도는 자신이 감당할 수 있는 것만 감당하는 것이 아니라 자신이 감당할 수 없는 것까지 감당할 수 있게 해준다. 할 수 있는 것만 하는 게 아니라 할 수 없는 것까지 지향할 때 사람은 고양된다.

『사기』「공자세가」에서 공자가 한 말을 빌려보자. "훌륭한 농부는 농사를 잘 지을 수 있지만 그만큼 수확한다는 보장은 없다. 훌륭한 장인은 뛰어난 기술을 발휘하지만 그만큼 결과를 얻는다는 보장은 없다. 군자는 도를 닦고, 기강을 세우고, 통솔하여 질서를 부여하려 들지만, 세상에 용납된다는 보장은 없다. 지금 너(자공)는 도는 닦지 않고 용납되려고만 하는구나. 뜻이 원대하지 못하다!"[79] 뜻이 원대한 사람만이 결과에 연연하지 않고 분투할 수 있다. 그런 사람은 아침에 도를 들으면 저녁에 죽을 수 있다.

고대 그리스에서도 오늘도 무미건조한 삶을 지속해야 할 것인지, 아니면 죽을 것인지가 중요한 질문의 하나였다. 덕을 얻기 위해 분투하는 이는 "내가 이미 소유하고 있는 바 이상의 아무것도 얻을 수 없는 생을 영위하기보다는 차라리 오늘 죽겠다"고 대답할 정도였다.[80] 이런 태도에 관한 한, 『논어』도 크게 다르지 않다. 내세를 기대하지 않기에 속세에 전념하지만, 전념하면서 목표하는 바는 부귀가 아니었다. 부귀를 목표로 하지 않는다는 것은 부귀를 무시한다는 뜻이 아니다. 부귀의 노예가 되지 않고, 부귀를 더 나은 자신이 되기 위한 자원으로 사용한다는 뜻이다.

자기 수양 없이는 더 나은 자신이 될 수 없으며, 더 나은 자신이 되지 않으면 명예는 불가능하다. "돌봄과 기술(앎)이 아니라면, 다른 그 무엇으로도 그들을 능가할 수 없을 걸세. 이것들을 결여한다면, 그리스 사람들 사이에서든 이방인들 사이에서든 자네가 명성을 얻는 일 역시 결여하게 될 걸세. 내가 보기에 어느 누가 그 무엇을 사랑하는 것보다 자네가 더 사랑하는 것으로 보이는 그 명예 말일세."[81] 자, 그렇다면 관건은 자신을 어떻게 돌볼 것인가 하는 문제다.

규범으로부터의 자유

욕망으로부터 자유로워지기 위해, 정해진 규범을 충분히 익혔다고 해보자. 철저히 규범대로 사는 인간이 되었다고 해보자. 그 사람을 자유롭다고 할 수 있을까? 욕망으로부터 자유로워졌는지는 몰라도 규범으로부터 자유로워지는 데는 실패한 사람은 혹시 아닐까? 어떻게 하면 규범 그 자체로부터 자유로워질 수 있을까? 규범으로부터 자유로워지겠다고 그저 규범을 집어 던지면 그 순간 무규범의 상태, 즉 욕망의 노예로 전락하고 말 것이다. 즉, 규범을 없애거나 따르지 않는 것만으로는 자유가 확보되지 않는다.

규범과 욕망을 모두 만족시킬 때에야 비로소 자유가 확보된다. 자신의 욕망을 따르는데도 그것이 곧 규범과 일치하는 상태, 이것이 바로 공자가 말년에 도달했다는 "종심소욕불유구從心所欲不踰矩"의 경지다. 『사기』「공자세가」에서 서술하는 공자 인생 서사를 받아들인다면, 종심소욕불유구를 운운할 때, 공자는 이미 정치적 야망을 접은 상태였다. 그렇다고 모든 야망을 접은 것은 아니었다. 나라를 다스리겠다는 야망은 접었지만 자기 자신을 다스리겠다는 야망은 접지 않았다.

바로 이 대목에서 국가의 지배자가 될 것인가 아니면 자기 자신의 지배자가 될 것인가, 라는 식으로 물었던 세네카의 질문이 유용하다. "도시와 국가 전체의 지배자가 된 사람은 수없이 많다. 하지만 자기 자신의 지배자가 된 사람은 참으로 적다. 이 세상에서 위대한 것은 무엇이 있을까? 그것은 운명의 위협과 약속 위로 영혼을 상승시키는 것이다. … 위대한 것은 역경 속에서도 마치 그것을 원하기라도 하듯이 모든 사건들을 받아들이는 굳건하고 평온한 영혼이다."[82] 여기서 세네카의 목표는 정치공동체의 진정한 지배자가 되는 일이 아니라 자신의 진정한 지배자가 되는 일이다. 그런데 여기서 자기 지배는 정치 지배의 차선책으로 추구되는 것이 아니라, 정치 지배보다 더 위대한 것으로 제시된다.

종심소욕불유구는 그야말로 자기가 자신의 지배자가 된 상태, 완벽하게 그러하여 더 이상 극기가 필요하지 않은 상태다. 이 종심소욕불유구의 상태를 좀 더 잘 이해하기 위해 카스틸리오네가 말한 '스프레차투라sprezzatura' 상태와 비교해보자.[83] 스프레차투라란 "태연함, 자연스러움, 무심함, 유유자적하면서도 능란한 양태"를 뜻하며, "기교를 기교로 보이지 않도록 만드는 진정한 기교로, 모든 일이 마치 쉽다는 듯 아주 자연스럽게 이루어지는 상태"를 말한다. 일견 무기교의 상태라는 점에서 노자의 『도덕경』에서 말하는 문명 이전의 상태 혹은 예 이전의 상태처럼 들릴 수 있다. 그러나 그것이 결국 기교라는 점에서는 문명 이후의 상태 혹은 예가 실현된 상태라고 할 수 있다. 다만, 아직 예를 실현하려고 애쓰는 단계라면 그것은 스프레차투라가 아니다. "무엇인가를 할 때 허덕거리면서 힘들어 보이는 모습"이 드러나면 그것은 아직 스프레차투라가 아니다. 스프레차투라가 되기 위해서는 조바심 내며 뭔가 애쓰는 모양새를 초월하는 경지까지 나아가야 한다. 그런 점에서 종심소욕불유구 경지와 유사하다.

카스틸리오네가 스프레차투라를 천명하면서 염두에 두었던 것은 부자연스러울 정도로 과도하게 꾸민 상태였다. 품위에 집착한 나머지 자연스러움을 잃어버린 상태를 부정적으로 본 것이다. 종심소욕불유구라는 것이 예를 벗어난 상태를 의미하는 것이 아니라 예를 숙달한 상태를 나타낸다는 점에서 카스틸리오네가 말한 스프레차투라 상태와 통한다. 아무리 자연스러워 보여도 그것은 오랜 연마의 결과인 것이다. 단, 종심소욕불유구는 외양의 완성에 그치지 않는다. 욕망대로 하여도 걸리는 바가 없다는 것은, 욕망을 바른 방향으로 배출할 정도로 내적 수양이 잘 되어 있음을 말한다.

종심소욕불유구는 세네카가 천명한 품위 있는 욕망과도 유사하다. 푸코는 세네카의 52번째 편지를 해석하면서 자유롭고 품위 있게 욕망한다는 것이 무엇인지 묻는다.[84] 자유롭게 욕망한다는 것은 제약 없이 욕망한다는 것으로서, 불필요한 자극으로 인해 불러일으켜졌다가 나중에 후회하게 되는 욕망과 구별된다. 무기력과 게으름 속에서 욕망한 나머지 의지가 부단히 끊기고 마는 욕망과도 구별된다. 단편적이고 변덕스러운 욕망이 아니라 항구적이고 안정된 욕망이야말로 자유롭고 품위 있는 욕망이다. 그렇게 제약 없이 꾸준히 욕망할 수 있는 대상은 바로 '자기'이다. 자기를 넘어 있는 외부 존재는 자기에게 통제할 수 없는 제약을 가하기 마련이다. 외부 자극에 휘둘려가며 욕망하는 것은 자신을 만족시키기보다는 자신을 타력에 방치하는 것이다. 종심소욕불유구는 자기 단련이 극점에 이르러서 마침내 욕망의 자연스러운 주인이 된 상태, 그리하여 아무리 욕망해도 예로부터 벗어나지 않는 상태이다.

누군가 종심소욕불유구의 경지 혹은 그에 접근하는 경지에 도달했는지를 확인할 수 있는 척도가 있을까? '권權'과 '시중時中'이 바로 그 척도이다. 공자에게는 고리타분하게 전통을 지키거나 예를 준수하는 사람의 이미지가 있지만, 공자는 많은 것들이 급변하는 격동기에 살았음을 기억할 필요가 있다. 그런 상황에서 전통이나 기존 규범을 고수하는 일이 가능할 리 없다. 기존 규범과 행동 양식이 부적절한 것으로 판명되는 상황이 종종 존재하였다. 공자 역시 정해진 행동규범을 따르는 것만이 만능이라고 결코 생각하지 않았다. 오늘날 공자의 이미지와 달리, 공자는 경직되고 고답적인 태도를 경계한다. "선생님께서는 네 가지는 전혀 없으셨다. 억측을 하지 않았고, 멋대로 단정하지 않았고, 고루하지 않았고, 아집을 부리지 않으셨다."[85] 실로 『논어』에는 예의 변화나 상황에의 탄력적인 적응을 찬양하는 대목이 많이 있다.

예가 변화하는 시대에서는 기존의 예를 지키는 능력 못지않게 역동적이고 불확실한 상황 속에 자신의 분별력을 활용하여 새로운 행동 패턴을 창출해내는 능력이 중요하다. 그것이 바로 '권'과 '시중'이다. '권'은 '경經'이라고 불리는 통상적 원칙으로부터 벗어났지만 그래도 타당한 선택을 지칭하고, '시중'은 그 타이밍에 가장 적절한 행동을 할 수 있는 역량을 말한다. 공자는 '시중' 개념을 통해 예에 시간의 요소를 명시적으로 도입한다. 합당한 행동이란 이제 그 자체로 시간성에 의해 정의되게끔 된 것이다. 수양이 제대로 된 사람은 예의 규정을 의식할 뿐 아니라 상황의 템포와 함께할 수 있어야만 한다. 성인은 시간, 시즌, 사건, 상황, 인간의 의지 등의 출렁임을 포착하는 데 필요한 예민한 감수성을 가져야만 한다.[86]

즉, '권'과 '시중'은 모두 변화에 탄력적으로 대응하는 역량을 나타낸다. "산기슭의 까투리여, 때에 맞게 하는구나, 때에 맞게 하는구나."[87] 우연적이고 변화무쌍한 현실의 흐름 속에서 기존의 예가 부적절한 것으로 판명된 상황에서는 기존 규범을 무조건 따르는 것보다 탄력 있는 재량의 힘이 무엇보다 중요하다.

이처럼 예를 새롭게 만들어내거나, 새로운 상황에 마주하여 임기응변을 행하는 것은 아무나 할 수 있는 일이 아니다. 그것은 자기 연마의 최고 단계에서나 가능한 경지이다. "더불어 배울 수 있다고 해서 더불어 도에 나아갈 수는 없고, 더불어 도에 나아갈 수 있다고 해서 더불어 확고히 설 수 없고, 더불어 확고히 설 수 있다고 해서 더불어 융통성 있게 대응할 수는 없다."[88] 이 예문은 예의 변화에 대한 서술을 담고 있을 뿐 아니라, 그 (변화가 요구되었을 때 적절히 이루어지는) 변화에 최고의 가치를 부여하는 논리까지 담고 있다. 위 예문에서는 네 가지 일—배우는 일(學), 도에 나아가는 일(適道), 확고히 서는 일(立), 저울질하여 융통성을 발휘하는 일(權)—을 설정하고, 그 네 가지 일 간의 위계를 설정한다. 이 구절에서 분명한 것은 '권權', 즉 저울질하여 융통성을 발휘하는 일이 최고 단계로 제시되고 있다는 점이다.[89]

그렇다면 '확고히 선다(立)'는 것은 무엇인가? '립立'이 기존의 예로 대변되는 일종의 원칙을 의미한다고 할 때, '권'이

'립'의 상위 단계로 제시된다는 점은 의미심장하다. 즉, '권'은 원칙을 준수하지 못하여 아직 무원칙한 상황에 머물러 있는 것을 지칭하는 것이 아니라 원칙의 준수를 넘어선 단계를 지칭한다. 다시 말하여, '권'은 몰원칙함이나 무원칙함이 아니라, 원칙에의 맹종을 초월한 어떤 단계인 것이다.[90] '권'을 최상급의 예 실천 단계로 설정한다는 것은, 인간의 현실이 기존에 정해져 있는 예를 기계적으로 적용하는 것으로 파악되고 충족될 수 있는 어떤 것이 아니라, 때로 기존 예를 창조적으로 변화시켜야만 하는 역동적이고 복합적인 어떤 것임을 전제로 하고 있다고 하겠다. 그런 단계에 가지도 못했으면서 창조성이나 융통성을 찾다가는 제멋대로가 될 가능성이 있다.

그 단계에 이르기 전까지 할 수 있는 것은 그저 조심하는 일이다. "제자리로 돌아와서도 공경하고 삼가는 듯하셨다."[91] "군주가 불러서 빈객 접대하는 일을 맡기면, 안색이 변하고 발걸음이 조심스러우셨다."[92] "선생님께서 조심스러워하신 바는 재계齊戒와 전쟁과 질병이다."[93] "제사에는 반드시 마음을 가다듬으셨다."[94] "재계齋戒하실 때는 반드시 명의明衣를 준비하셨는데, 베로 지었다. 재계하실 때는 반드시 음식을 바꾸고, 거처도 반드시 평소 앉는 곳과 달리하셨다."[95] "군자에게는 세 가지 주의할 점이 있다. 어릴 때는 혈기가 아직 안정되지 않았으니 주의할 점이 안색에 있고, 장성해서는 혈기가 바야흐로 강성하니 주의할 점이 싸움에 있고, 늙어서는 혈기가 이미 쇠하였으니 주의할 점이 탐욕에 있다."[96] "자로가 말했다. '삼군三軍을 부리실 때는 누구와 함께하시렵니까?' 선생님께서 말씀하셨다. '맨몸으로 호랑이를 대적하고 맨발로 물을 건너다가 죽어도 후회하지 않을 사람과는 나는 함께하지 않겠다. 반드시 일에 임해서는 조심스럽고, 계책을 잘 세워 이루어내는 사람이어야 한다.'"[97] 이처럼 종심소욕불유구 단계 이전에는 조심이 일상화되었다.

그러나 인생의 목표가 조심에 있는 것은 아니다. 조심이 곧 강박이 되어서는 안 되고, 상황에 따라 융통성이 있어야 한다. 그래서 『논어』에는 공자가 조심하는 양상만큼이나 융통성을 발휘하는 양상이 풍부하게 실려 있다. "그래도 된다는 것도 없고 그래서 안 된다는 것도 없다."[98] "조정에서 하대부下大夫와 말씀하실 때는 떳떳하게 하시고, 상대부上大夫와 말씀하실 때는 온화하게 하시고, 군주가 있을 때는 공경하면서 격식에 딱 맞게 하셨다."[99] "안색은 삼가하여 두려운 듯하셨고, 조심스레 종종걸음을 하여 발을 끌듯이 하셨다. 예물을 바치는 예를 행할 때는 부드러운 안색을 지으셨다. 사사로이 만나는 예에서는 화기애애하셨다."[100] 공명가公明賈가 공숙문자公叔文子에 대해서 "그분은 때가 적절한 경우에야 말씀하시므로 사람들이 그의 말을 싫어하지 않고, 즐거운 경우에야 웃으시므로 사람들이 그의 웃음을 싫어하지 않고, 옳은 경우에야 취하시므로 사람들이 그가 취하는 것을 싫어하지 않습니다"라고 하자 공자는 "그가 그렇습니까? 어찌 정말로 그럴 수 있습니까?"[101]라고 찬탄하였다.

융통성을 강조하는 사람답게 공자는 편향과 극단을 경계하였다. "편향된 극단에 골몰하면, 해로울 뿐이다."[102] 그러니 중용에 대한 찬탄은 충분히 이해할 만하다. "중용의 덕됨은 정말 지극하구나!"[103] "용기를 좋아하되 가난함을 미워하면, 난리를 초래한다. 사람인데도 인仁하지 않음을 너무 심하게 미워하면, 난리를 초래한다."[104] 공자는 "그저 별난 짓"[105]에 불과한 것을 경계했다. 그런데 이 중용은 기계적 중간을 뜻하는 것이 아니라 적절한 상태를 뜻한다. "군자는 궁핍한 사람을 도와주지, 부자에게 더해주지는 않는다고 하더라."[106] 그것은 가난함과 부유함의 산술적 중간을 추구해서 그러는 게 아니라, 그렇게 하는 것이 적절하다고 보기 때문이다.

이런 중용과 곧음과의 관계가 흥미롭다. 누군가 미생고微生高라는 사람에게 식초를 구걸했다. 미생고에게는 식초가 없었기에 그에게 베풀어줄 상황이 아니었다. 그러니 자신에게 식초가 없으면 없다고 하는 게 합당하다. 굳이 그 자신이 다시 이웃에게 식초를 구걸해와서 그에게 주는 것은 그 상황에서 적절하지 않다. 그렇게까지 하는 것은 다른 이웃이 이타심을 발휘할 기회를 뺏는 것이기에 적절하지 않다. 적절하지 않기에 중용이 아니다. 그런데 세간에서는 이웃에게 구걸해와서 그에게 식초를 주는 것이야말로 "곧다"고 했다. 누군가에게 베푸는 일이니까 그런 (과도할 정도로) 이타적 행동이야말로 올곧게 느껴졌을지도 모른다. 인색함은 좋은 것이 아니니까. 그러나 공자가 보기에 그것은 적절한 행동이 아니라 지나친 행동이었다. "누가 미생고를 곧다고 평가하였는가?"[107] 차라리 식초가 있는 이웃에게 가보라고 하는 것이 적절했을 것이다. 애도의 경우도 마찬가지다. 과도한 애도가 반드시 곧은 것은 아니다. 자유가 말했듯이 "상을 당해서는, 슬픔을 다하고서 그치는 것이다."[108] 상갓집에서 통곡을 하며 난리 치는 것은 이미 중용도 아니며, 곧음도 아닐 것이다. 상갓집 역시 예가 지켜져야 하는 곳이므로.

이렇듯 '곧음'이라는 것은 자신의 이타성을 자신의 힘 너머까지 무리해서 확장하는 일이 아니라, 일상에서 편안하게 실천하는 일이었다. 이를테면, 공자는 상을 당한 자 옆에서는 배불리 먹지 않고[109] 곡을 한 날에는 노래하지 않고[110] 낚시질은 하되 큰 그물로 물고기를 잡지 않고, 주살질은 하되 잠자는 새는 쏘지 않으셨다.[111] 다른 사람이 노래를 잘하면 반드시 반복해 부르게 한 뒤, 화답하셨다.[112] 상복을 입은 사람이나 관복을 입은 사람이나 장님을 만나면 아무리 상대가 어려도 반드시 일어나고, 그를 지나칠 때는 종종걸음을 하셨다.[113]

이 모든 행동은 항상 실천하기가 어려울 뿐이지, 어찌 보면 누구나 할 수 있는 배려심 있는 행동에 불과하다. 그래서 공자는 당연하다는 듯 이렇게 말했다. "나가서는 공경公卿을 섬기고, 들어와서는 부형을 섬기고, 장례에서는 감히 힘쓰지 아니함이 없고, 술로 인해 곤란에 처하지 않는 일, 나에게 무슨 어려움이 있겠는가?"[114] 이런 것이 중용이자 곧음이라면, 궁극의 경지란 그저 품위를 잃지 않고 인생을 살아내는 일일 뿐이다. "사람의 삶은 곧아야 한다. 곧지 않은 데도 살고 있는 것은, 요행히 화를 면하고 있는 것이다."[115] 그래서 공자는 자신이 추구하는 도가 지극히 평이하고 당연한 길이라고 생각했다. "누가 문을 통하지 않고서 나갈 수 있으리오? 어째서 이 도를 말미암는 사람이 아무도 없는가?"[116] 그 도를 실천하는 것은 자신에게는 무리라고 누군가 볼멘소리를 할 수도 있다. 정말 그렇다면 공자는 그에게 무리해서라도 그 도를 추구하라고 권했을 것 같지는 않다. 필요한 것은 무리하는 일이 아니라 무리가 되지 않게끔 먼저 자신을 향상하는 일이니까.

음악적 예술적 경지

'권'과 '시중'을 가능케 하는 재량은 결국 과학이라기보다는 예술에 가깝다. 추하지 않은 삶을 위해서, 그리고 추하지 않은 세계를 살기 위해서 자기 연마를 거듭하는데, 그 자기 연마의 결과는 과학적 법칙의 발견이 아니라 일상 상황 속의 아름다운 대처이다. 그 결과는 수학적 공식으로 정리될 수 있는 것이 아니라, 도야된 인격으로 응집된다.『논어』에서는 그렇게 잘 도야된 인격에 예술성이 깃들어 있음을 다각도로 보여준다. "시에서 감흥하고, 예에서 확립하며, 음악에서 완성한다."[117] 이처럼 여러 예술 중에서도 음악이야말로 완성된 경지의 양상이다.

그러기에 공자는 훌륭한 음악에 여러 번 탄복한다. "[노나라] 악사樂師 지摯가 벼슬에 막 오른 그 시절 [연주한]「관저關雎」의 마지막 장이 풍성하게 귀에 가득하였도다."[118] 공자는 고기를 좋아한 것 같은데, 음악은 그 이상의 맛을 그에게 선사한다. "선생님께서 제나라에서 소韶(순임금 시절 음악)를 듣고 3개월 동안 고기 맛을 모르셨다. 말씀하셨다. '음악을 하는 것이 이러한 경지에 이를 줄은 헤아리지 못하였다.'"[119] 물론 공자가 찬탄을 금치 못했던 이 음악이란 것은 민간의 민요가 아니라 궁정의 음악이었다. 궁정의 음악이니만큼 궁정의 상태, 즉 정치와 무관할 수 없다. 오직 좋은 정치에서만 좋은 음악이 가능하다고 보았다. 음악이 대체 무엇이길래 개인적으로는 미각을 초월하고 공적으로는 좋은 정치와 직결되어 있단 말인가?

음악은 소리 이상의 것이다. 분절된 음은 음악이 아니다.『논어』에서 말하는 음악은 분절을 넘어선 서사이자, 부분이 어울려 만드는 통합된 세계다. "음악이라면 알 만하지요. 시작은 조화로워야 하고, 소리가 울려 퍼질 때에는 부드럽게 이어져야 합니다. 깔끔하면서도 끊임없이 이어져 마무리되는 것입니다."[120] 실로 그렇지 않은가. 음악을 듣는다는 것은 그 순간의 소리만 고립적으로 듣는 것이 아니라, 선행하는 소리와 후행하는 소리 사이에 존재하는 현재의 소리를 듣는 것이다. 음악을 듣는다는 것은 소리의 파편을 듣고 마는 것이 아니라 지속되어 확장되는 소리의 연결을 듣는 것이다. 이러한 청음의 경험은 현재를 즉각적인 자극 이상으로 경험하는 일이다. 즉각적인 자극을 넘어 그보다 더 큰 전체와 조화롭게 연결하여 경험하는 일이다. 결국 음악은 감각으로 이루어진 서사이자, 소리가 구축한 시공이다. 그러니 공자가 이렇게 말하는 것도 당연하다. "예禮, 예禮 운운하는데, 옥구슬과 비단을 말하는 것이겠는가! 음악, 음악 운운하는데, 종과 북을 말하는 것이겠는가!"[121]

이상적 인간형이 특정 기능인으로 묘사되지 않는 이유도 여기에 있는 것으로 보인다. 특정 기능을 효율적으로 해내는 존재보다는, 여러 기능을 음악처럼 통합할 수 있는 사람이 『논어』에서 말하는 이상적 인간형이다. 존재를 기능적 물건이 아니라 제기에 비유하는 것으로 유추할 수 있다. 이런 예술적 존재가 되는 일은 자연이 가져다준 선물이 아니라 인간의 후천적 노력의 소산이기에 예술의 비유가 더욱 어울린다. 자기는 자기 노력의 결과물이다. 그 결과물은 주어져 있는 자기를 실현하거나 잃어버린 자기를 되찾거나 소외된 자신을 회복하거나 숨겨져 있는 자기를 발견하는 문제가 아니라, 못난 자신을 신에게 의탁하는 문제거나 집착 대상으로서 자기를 망각하는 문제거나 가소성 있는 원석 같은 자기를 조탁하여 자기를 가꾸고 만드는 문제이다. 자신과 세계를 예술품으로 만드는 문제이다. 그래서 배움이 중요하다. 자공이 말하였다. "『시詩』에서 '끊어내듯이, 잘라내듯이, 쪼듯이, 갈듯이'라고 한 말은 아마 이것을 이르는 거겠죠?"[122]

정치공동체 역시 후천적 노력으로 형성 유지되는 것이다. 인간이 타고난 사회성을 갖고 있기에 공동체가 자연 발생하고 유지된다는 생각 같은 것은 없다. 여러 분절된 요소들이 서로 어울려 화음을 이루는 상태가 이상적 공동체다. 그래서 좋은 정치는 반복적으로 좋은 음악에 비견된다. 공자는 노나라 애공 11년(B.C.484)에 조국인 노나라로 돌아왔다고 알려져 있는데, 그즈음 이렇게 말한다. "내가 위나라에서 노나라로 돌아온 이후에 음악이 바르게 되었다. 아雅와 송頌이 제자리를 찾았다."[123] 반면, 나쁜 정치는 반복적으로 나쁜 음악에 비견된다. "정나라 음악을 내치고, 아첨하는 말을 하는 사람을 멀리하라. 정나라 음악은 음란하며, 아첨하는 사람은 위험하다."[124] "정나라 음악이 아악을 어지럽히는 것을 미워한다."[125]

그래서 공동체의 와해 역시 다음과 같이 비유한다. "악사장 지擊는 제나라로 가고, [군주의 식사 때 흥을 돋우는 악사 중에] 아반亞飯의 악사 간干은 초나라로 가고, 삼반三飯의 악사 요繚는 채나라로 가고, 사반四飯의 악사 결缺은 진나라로 가고, 북 치는 방숙方叔은 하내河內로 가고, 소고를 흔드는 무武는 한중漢中으로 가고, 악사를 보좌하는 양陽과 경쇠 치는 양襄은 해내海內로 갔다."[126] 통합의 기제이자 상징이었던 음악이 이렇게 해체되는 것이다. 완성된 음악의 각 파트를 맡았던 이들이 이렇게 흩어지는 것이다. 이렇게 읽었을 때, 이 문장은 더없이 슬픈 문장이 된다.

자유를 향하여: 예의 심미성과 예술성

끝으로 『논어』의 세계를 예술성이라는 관점에서 접근해보자. 공자의 평생 관심사였던 예 혹은 의례는 여러모로 예술적이다. 즉각적 쓸모에 연연하지 않는다는 점에서 예술적이고, 심미성을 동반한다는 점에서도 예술적이다. 예술이나 의례는 심미적 차원을 획득하기 위해 많은 물적 자원을 기꺼이 투자한다. 그래서 사람들에게 의례는 허례허식으로, 예술은 자원 낭비로 여겨질 수 있다. 즉, 좀 더 직접적이고 효율적인 방식으로 원하는 결과를 얻을 수 있는데, 왜 아름답지만 번거로운 절차들이 필요한가, 라고 반문할 수 있다.

그런데 예술이나 의례의 효과는 바로 그 허례허식적이

고 낭비적인 면에서 오는 것이다. '낭비'를 통해 비로소 기대할 수 있는 결과가 있다. 낭비라는 행위 자체가 어떤 여유와 여력이 있음을 나타내기에, 낭비는 심적 안정을 가져다줄 수 있다.[127] 즉, 심적 안정이 있기에 낭비를 할 수 있는 것이 아니라 낭비를 함으로써 심적 안정을 도모할 수 있다. 여유가 있기에 낭비를 하는 것이 아니라 낭비를 함으로써 여유가 있는 마음을 가질 수 있다. 의례가 낭비라면, 예술도 낭비다. 그리고 인생은 그러한 낭비를 요청한다.

의례는 인생에서 마주하게 되는 쉽지 않은 절차들을 심미적 이벤트로 변화시킨다. 자칫 기능적으로만 진행될 수도 있는 시신 기증마저도, 관련된 추도 의례를 통해 의미심장하고 미학적인 이벤트로 변한다. 그 과정으로 인해서, 기증자는 자신의 사체가 존중받고 좋은 쓰임이 될 것을 미리 알 수 있고, 유족들도 그 과정이 헛되지 않음을 깨달을 수 있고, 연구자나 의사들 역시 그 사체를 단지 기능적으로만 대하지 않게 된다. 결과적으로 시신 기증의 사례가 늘고, 그것은 다시 의학 발전에 기여하고, 발전된 의학은 인류의 건강에 기여할 것이다.

예를 지키고 의례를 준수하고 전례를 거행한 것은 공자만도 아니고 중국만도 아니고 동아시아만도 아니었다. 예를 통해 함양하는 덕에 대해 이야기한 것도 공자만도 아니고 중국만도 아니고 동아시아만도 아니었다. 귀족이 존재하던 곳에서는 대개 예와 덕을 중시했다. 귀족들이 그러하듯 공자가 예와 덕에 대해 이야기할 때 그는 그것이 얼마나 자신에게 이익이 되는가의 차원에서 이야기하지 않는다. 대신 그것의 아름다움에 대해 이야기한다. 그것이 당장의 이익이 되지 않는다고 하더라도, 그것이 일정한 희생을 동반하는 것이더라도, 예와 덕의 중요성을 설파한다. 많은 것들을 주로 이익의 관점에서 바라보는 오늘날과 크게 다르다.

그리하여 일견 불합리해 보이는 문화적 세련됨을 공자와 그 제자들은 결코 포기하지 않는다. 극자성棘子成이 "군자가 바탕이면 되었지 어째서 세련되게 표현하겠는가?"라고 하자, 자공이 말했다. "애석하구려! 선생께서 군자에 대해 한 말씀이. 네 필의 말이 끄는 수레도 뱉은 말을 쫓아가기 어려운 법입니다. 세련된 표현은 바탕과 같은 급이요, 바탕은 세련된 표현과 같은 급입니다. [바탕만 중시한다면] 털을 없앤 호랑이와 표범 가죽은 털을 없앤 개와 양의 가죽과 같은 것이 되고 맙니다."[128] 물론 모든 세련됨을 상찬하는 것은 아니다. 바탕 없는 부박한 세련됨은 거부한다.[129] 진정한 문화적 세련됨의 밑에는 우직한 바탕이 자리하고 있다. 세련됨이 꽃이라면 바탕은 뿌리다.[130] 때로는 우직함이란 이름으로[131] 때로는 고루함이란 이름으로[132] 때로는 투박함이란 이름으로[133] 때로는 거침이라는 이름으로[134] 바탕을 강조한다. 그러나 우직한 바탕은 추구할 최종 목표라기보다는 세련됨을 기다리고 있는 미완의 단계다. "돌아가리로다, 돌아가리로다. 우리네 젊은이들이 광간하네. 멋지게 세련된 표현을 할 줄 알아야 하는데, 마름질하는 법을 모르네."[135] 가장 바람직한 것은 바탕과 세련됨이 조화를 이룬 상태이다. "세련된 표현과 바탕이 균형을 이룬 이후에야 군자다."[136]

공자는 세련된 문화적 표현을 갈고 닦기에 부심했다.[137] "크고 높도다, 그가 공을 이루었으니. 찬란하도다, 그가 세련된 표현을 이루었으므로."[138] 공자를 비판하는 이들이 보기에, 이렇게 세련된 문화적 표현을 강조하는 공자는 그저 까탈스러운 인간이었는지도 모른다. "밥은 곱게 도정한 것을 싫어하지 않으셨고, 회는 곱게 썬 것을 싫어하지 않으셨다. 밥이 쉬어 맛이 변한 것과 생선이나 고기가 상한 것을 들지 않으셨다. 색깔이 나쁜 것을 들지 않으셨고, 냄새가 나쁜 것을 들지 않으셨다. 제대로 익히지 않은 것을 들지 않으셨고, 제때 음식이 아니면 들지 않으셨다. 자른 것이 반듯하지 않으면 들지 않으셨고, 음식에 맞는 장을 얻지 못하면 들지 않으셨다."[139]

그러나 공자를 흠모하는 이가 보기에 공자의 이러한 까탈스러운 삶의 방식은 심미적 가치가 높은 것이었다. 『논어』「향당鄕黨」은 그런 흠모의 시선으로 공자의 일거수일투족을 바라보고 묘사하는 문장으로 가득 차 있다. 유난히 형용어 어미인 '여如'로 끝나는 구절이 많은 것은 바로 그 때문이다.

"…계단을 다 내려와 빠르게 나아갈 때는 날개를 편 듯하셨다."[140] 이렇게 묘사될 때, 공자는 그 자체로 하나의 예술 작품이다.

『논어』에 담긴 세계관을 흔히 정치에 대한 집요한 관심, 엄격한 규율의 준수, 초월적인 관심의 부재[141] 등으로 이해하곤 한다. 그러한 이해는 불완전하다. 정치에 관심을 보였다고 해서 정치로 모든 것을 환원한 것도 아니고, 예를 중시했다고 해서 규율로 통제하는 억압적 상태를 꿈꾼 것도 아니고, 귀신으로부터 거리를 두었다고 해서 초월적 차원이 없는 것이 아니다. 오히려 『논어』 속 공자는 정치, 규율, 현실로부터 자유 혹은 자율을 꿈꾸었다.

그러한 자유 혹은 자율은 거저 얻어지지 않는다. 평생에 걸친 자기 연마를 통해 간신히 다다를 수 있는 상태다. 자신을 방치하지 않고 꾸준히 노력한 끝에 마침내 그러한 경지에 이르면, 아름다움과 기쁨과 편안함을 느끼게 된다고 공자는 약속했다. 역시 평생에 걸친 자기 연마를 강조한 세네카에 따르면, 그렇게 고양된 자기 연마의 경험은 "단순히 통제된 어떤 힘에 대한 지배력의 경험이 아니다. 그것은 자기 자신에 대해 느끼는 일종의 기쁨의 경험이다." 그래서 『논어』는 "배우고 때로 익히면, 참으로 기쁘지 아니한가?"라는 말로 시작한다. 세네카에 따르면, "그 기쁨은 우리 자신과 무관하고 따라서 결과적으로 우리의 능력을 벗어나는 그 어떤 것으로는 결코 유발되지 않는 기쁨이다."[142] 따라서 이 자기 연마의 기쁨은 횡재를 통해 얻는 부박한 기쁨과도 다르고, 말초적인 자극을 통한 관능적 쾌락과도 다르다. "왜냐하면 관능은 우리 외부와 우리가 존재를 확신할 수 없는 사물들 속에 기원을 둔 쾌락을 지칭하는 것이기 때문이다. 따라서 그것은 그 자체로 일시적 쾌락이며, 박탈에 대한 두려움으로 손상되고 충족 혹은 충족되지 않을 수도 있는 욕망의 힘으로 우리를 끌어당기는 그런 쾌락이다."[143] 공자나 세네카가 말하는 기쁨은 외재적인 것이 아니라 내재적인 것이다. 그렇게 자기 연마를 통해 내재적 기쁨을 느낄 수 있는 존재는 외적 규제에 좌지우지되는 수동적인 존재가 아니다. 그는 능동적 주체다.

14

공자 이후

 그렇게 『논어』 속 공자는 평생 자기 연마의 삶을 살다가 자유로운 존재로 죽었다. 동시에 그는 보통 인간이었다. 공자는 생전에 성인도 아니었고, 예언자도 아니었으며, 신은 더더욱 아니었다. "따뜻한 모습, 훌륭한 업무 자질, 공손한 처신, 절제하는 능력, 양보의 미덕을 통하여" 정치적 기회를 모색해야 하는 사람이었다.[1] 자신의 지조는 지키되, 끊임없이 권력자들을 찾아다니며 자신의 이상을 설득해야 하는 사람이었다. 사마천에 따르면, 그럼에도 공자는 자신의 정치적 꿈을 실현하는 데 결국 실패했다. "세상이 혼탁하여 공자를 기용하는 이가 없었다. 따라서 공자는 칠십여 군주를 거쳤으나 끝내 뜻을 알아주는 이를 만나지 못했다."[2]

공자 사후 제자들의 활동

공자 사후에 무슨 일이 벌어졌나? 스승을 잃은 제자들이 스승이 남긴 가르침을 이어나갔다. 『예기』 「단궁」에는 자하가 공자 사후에 공자가 했던 것과 유사한 활동을 했음을 전하는 기사가 있다. 아들을 잃어 상심한 자하가 신세 한탄을 하자[3] 증자가 이렇게 말한다. "상(자하), 그대가 어찌하여 죄가 없겠는가? 나와 그대는 수수洙水와 사수泗水 사이(곡부)에서 선생님을 모셨었는데, [선생님께서 돌아가시자] 물러나 서하의 강변에서 늙어가며 서하의 피치자들에게 그대가 선생님과 닮았다고 여기게 만든 것이 그대 죄의 첫 번째다."[4] 사마천의 『사기』 「유림열전儒林列傳」에는 공자가 사후에 노나라 도성 북쪽 사수泗水 언덕에 묻히자, 공자를 모시는 세력이 그 주변에 뿌리내렸다는 기록이 있다.[5] 삼년상이 끝난 이후에도 자공은 추가로 3년 이상 공자 묘역에 머물렀고, 그 기간에 공자를 존숭하는 공동체가 성장했음을 그 지역에 공리孔里라는 마을이 생겨났다는 서술로 유추할 수 있다.

제자들은 노나라에 안주하지 않았다. "공자 사후에 70명에 이르는 제자들이 여러 제후들에게 흩어져서, 크게는 사부師傅, 경卿, 상相의 벼슬을 했고, 작게는 사대부와 사귀고 가르쳤다. 혹자는 은거해서 드러나지 않았다. … [이후 제자들도] 모두 왕의 스승이 되었다."[6] 즉, 제자는 제자를 낳았고, 그렇게 성장한 집단은 여러 나라에 흩어져 왕성한 활동을 벌였다. 그래서 전국시대 사상가 한비자韓非子는 이렇게 말했다. "세상에 두드러진 배움은 유가와 묵가이다."[7]

그러나 공자 제자들의 세력은 결국 줄어들 수밖에 없었다. 전국시대처럼 날로 전쟁이 격화되는 때에 공자의 가르침은 끝내 한가해 보였을 수 있다. 마치 18세기에 프랑스의 민주파가 '근대적' 민주주의 이론을 제시했지만, 프랑스가 전쟁의 소용돌이에 휩싸이면서 설 자리를 잃어버린 것처럼.[8] 전쟁 수행 능력을 높여야 하는 상황에서 민주주의가 한가한 소리로 들릴 수 있듯이, 전쟁에 임해야 하는 군주에게 인과 예 운운하는 것은 한가한 소리로 들릴 수 있다. 위령공衛靈公이 진법陳法에 관하여 묻자, 공자는 "제사에 관한 일이라면 들어본 적이 있으나 군사에 관한 일은 아직 배우지 못했습니다"라고 대꾸하고 떠나지 않는가.[9] 효과적인 전쟁 수행을 위해 국가를 강화하려 드는 이들에게 공자의 가르침이 온전히 받아들여지기는 어려웠을 것이다. "천하가 전시 상황에서 경쟁하며, 유술儒術은 이미 쇠미하였다."[10]

진시황의 천하통일

그 수많은 전쟁의 최종 승자는 진나라였다. 천하를 통일한 진시황의 정책이 공자의 후학들에게 큰 타격을 가했음은 널리 알려져 있다. 『한서』「노온서열전路溫舒列傳」과 『설원說苑』(권5)「귀덕貴德」에는 다음과 같은 말이 실려 있다.

> 신臣은 듣건대, 예전 진秦나라가 잘못한 바가 열 가지 있는데, 그중 한 가지가 여전히 남아 있습니다. 형벌을 관장하는 관리 바로 그것입니다. 옛날 진나라 때 텍스트에 대한 배움을 부끄럽게 여기고 무용武勇을 좋아했으며 인의仁義를 주장하는 사士들을 천시하고 형벌을 관장하는 관리를 중시했습니다. 올바른 말을 비방이라고 하고, 잘못을 지적하는 말을 요망한 말이라고 했습니다. 그래서 의관을 정제한 선생들이 세상에 쓰이지 않으니, 충성스럽고 좋은 말들은 모두 가슴에 맺혀 있고, 아부하는 말들만 귀를 가득 채웠습니다. 헛된 아름다움이 마음을 물들이고, 실제 문제는 가려졌으니, 이것이 바로 진나라가 천하를 잃은 원인입니다.[11]

진나라의 멸망 원인을 짚는 이 글은 진시황이 억압적인 정책을 시행했다는 사실을 알려주는 데 그치지 않는다. 동시에, 그러한 정책에도 불구하고 공자의 사상적 후예들이 잔존했다는 사실 역시 알려준다. "의관을 정제한 선생들이 세상에 쓰이지 않으니, 충성스럽고 좋은 말들은 모두 가슴에 맺혀 있고"와 같은 표현은 그들이 권력에서 소외되었을 뿐, 불만을 품은 채 지방에 잔존해 있었음을 시사한다. 그런 사실을 잘 알고 있었던 진시황은 천하통일 후에 지방 곳곳을 다니면서 자신의 존재감을 과시하려 들었다. 자신이 다녀가는 곳에는 자신을 찬양하는 비석을 세우도록 지시했는데, 거기 새겨진 문장들은 진시황의 통치를 다음과 같이 찬양한다. "귀천이 분명해지고, 남녀가 예법에 따르고, 조심스레 맡은 일을 받들었다. 안팎이 환해지고, 청정하지 않은 곳이 없어, 혜택이 미래까지 이르고, 교화가 무궁하리라."[12] 그런데 이런 말은 폭군의 이미지와는 거리가 있지 않은가. 예법 운운하는 것은 공자의 몫이지 폭군의 몫이 아니지 않은가. 지금까지 우리는 진시황의 면모를 오해하고 있었는지도 모른다. 진시황의 대중적 이미지는 폭군에 가깝지만, 진시황 본인이 갖고 싶었던 이미지는 폭력을 휘두르는 암군暗君이 아니라 교화를 행하는 계몽군주에 가깝다.

진시황의 천하통일은 영토 차원의 이야기일 뿐, 사람들의 습속은 그렇게 하루아침에 통일되지 않는다. 진시황의 아들 부소扶蘇는 진시황에게 이렇게 말했다. "천하가 마침내 안정되었으나 저 멀리 사는 피치자들은 아직 모이지 않았고, 배웠다는 사람들은 모두 공자를 존경하고 그의 말을 암송하고 있습니다. 지금 황제께서 엄중한 법으로 단속하시지만, 천하가 불안해질까 걱정됩니다. 부디 살피소서."[13] 부소의 말대로 여전히 공자의 말이 큰 영향을 미치고 있었다면, 진시황은 해당 지역을 순시할 때 그 후학들에게 받아들여질 만한 언어를 사용해서 자신을 찬양한 것인지도 모른다. 어쨌거나 진시황의 천하통일에도 불구하고 공자 후계 세력이 뿌리 뽑히지 않았다는 것은 확실하다. "제나라와 노나라 일대에서만큼은 배우는 이들이 끊이지 않았다"[14]는 말은 진나라 때도 적용될 수 있다. 진나라가 아무리 통제력이 강한 국가였다고 해도, 지방의 전통을 말살하는 것은 불가능했다.

진시황은 자신이 원했던 영생을 얻지 못하고 죽었고, 천하는 다시 전쟁에 휩싸였다. "진섭陳涉이 반란을 일으켜 왕이 되자 노나라의 유자들은 공자 가문의 예기禮器를 가지고 진섭에게 귀의하였다. … 진섭의 사업은 미천했지만, 서생의 복장을 차려입은 무리가 공자의 예기를 짊어지고 가서 바치며 (진섭의) 신하가 되기를 자청한 것은 왜인가? 진나라가 책을 태워, 그 쌓인 분노가 진섭을 만나 표출되었기 때문이다."[15] 『사기』「유림열전」이 제공하는 이 서술을 보라. 공자의 후학들은 호시탐탐 기회가 오기를 노리고 있다가 진섭이라는 반란군 지도자가 등장하자 재빨리 그에 부응한 것이다.

그러나 진섭은 단명했다. 천하를 재통일한 것은 진섭도 아니고 항우項羽도 아니고 바로 유방劉邦이었다. 한나라 창건자 유방도 공자 묘역에 와서 제사를 지냈다고 할 정도니, 노나라에는 여전히 공자 후학들의 영향력이 건재했던 것 같다. "한나라 고조 황제가 항적項籍(항우)을 무찌르고 군대를 일으켜 노나라를 포위했는데, 노나라 한가운데는 여러 유자들이 여전히 예악을 읊고 익혀, 현악기 소리가 끊이지 않았다. 어찌 성인이 남긴 교화이자, 예악을 좋아하는 나라가 아니랴."[16] 그러나 이것은 어디까지나 천하의 한 구석에서 공자의 전통이 유지되고 있었다는 서술일 뿐, 공자 전통의 본격적인 부흥을 말하는 것은 아니다. "한漢나라가 일어선 뒤에 여러 유자들은 비로소 텍스트 공부를 다시 할 수 있게 되었다. … 그러나 아직 전쟁이 끝나지 않았고, 세상을 평정해가는 과정에서 학교를 세울 경황이 없었다."[17] 즉, 한나라가 섰다고 해도 공자의 후예들이 갑자기 세를 얻게 된 것은 아니었다. 『사기』「유림열전」에 따르면, 결정적인 계기는 한무제 때 왔다.

> 현 황제(무제)께서 즉위했을 때 조관趙綰과 왕장王臧 등의 인물들이 유학에 밝았고, 황제 또한 유학을 지향했다. 이에 방정하고 어질며 문학에 정통한 이들을 초빙하였다. 그 이후, 『시』에 대해서는 노魯 지역에서는 신배공申培公이, 제齊 지역에서는 원고생轅固生이, 연燕 지역에서는 한태부韓太傅가 강론하였다. 『상서』에 대한 강론은 제남濟南의 복생伏生, 『예』에 대한 강론은 노 지역의 고당생高堂生, 『역경易經』에 대해서는 치천菑川의 전생田生으로부터 비롯되었다. 『춘추』에 대한 강론은 제와 노 지역에서는 호무생胡毋生, 조趙 지역에서는 동중서董仲舒로부터 비롯되었다.[18]

이 기록에 따르면, 한무제야말로 공자 전통의 부흥에 결정적 역할을 한 인물이다. 한무제가 기원전 136년에 오경(『역』,『시』,『서』,『예』,『춘추』)의 교학을 담당하는 오경박사를 설치했고, 기원전 124년에 태학을 다시 세운 것은 사실이다. 즉, 한무제 치세에 경전 연구의 공식적 기관이 확립되어 최고의 공적 권위와 인정을 독점하게 되었고, 관리 후보 추천과 연계된 셈이다.[19] 그러니『사기』「유림열전」이 전하는 대로, 한무제는 이른바 유교를 높이는 데 열심인 황제였을까?

한무제에 대한 가장 중요한 사료인『사기』「본기」에 실려 있는 한무제 전기를 살펴보자. 한무제는 오늘날 관습적으로 유교 경전이라고 불리는 텍스트 전문가들을 국가 공무원으로 영입하려는 시도를 했을 뿐, 그의 인생 대부분은 각종 미신과 황당한 말들에 사로잡혀 있었다. 이를테면, 부엌신에 제사 지내면 신기한 물건을 얻는다는 말을 듣고 실제로 제사를 지냈고, 인공적으로 황금을 만들어내라고 지시했으며, 진시황과 마찬가지로 불로장생약을 찾아오라고 관리를 파견했다.[20] 황제가 미신에 취약하다는 것을 간파한 이들은 심지어 비단에다가 글을 쓴 뒤 소에게 먹이고, 소 배 안에 신기한 것이 들어 있으니 배를 갈라보라고 부추길 정도였다. 그리고 한무제의 조치 이전에도 박사라고 불리던 경학 전문가들이 존재했다.

앞의『사기』「유림열전」인용문에 나오는 동중서의 이름

도 주목된다. 과거에는 동중서의 제안을 한무제가 받아들여 유교의 국교화가 이루어졌다는 주장이 통설처럼 유행했다. 그러나 그 주장은 많은 학자들의 노력에 의해 정교하게 반박되었다.[21] 일본 학자 후쿠이 시게마사福井重雅는 유교 국교화를 운운하려면 후한시대까지 기다려야 한다고 주장했다. 그리고 영국학자 마이클 로이Michael Loewe의 연구에 따르면, 동중서는 조정의 정책에 영향을 미칠 정도로 높은 지위를 누려 본 적도 없고, 당시 지식인들에게 영향을 끼칠 만한 명성을 갖고 있지도 않았다.

요컨대 한무제와 동중서의 시대에 '유교'라고 부를 만한 체계적인 사상체계 혹은 배타적 학파 같은 것은 전한 시기에 아예 존재조차 하지 않았다. 따라서 동중서가 유교를 현창하거나 국교화하는 것 자체도 어불성설이다. 당나라 때 태종太宗의 명으로 공영달孔穎達 등이 『역경』, 『시경』, 『서경』, 『예기』, 『춘추』 등 5경의 기존 해석을 집대성하여 사상체계를 만든 것은 사실이지만, 그러한 지적 흐름이 시작되는 것은 후한이 성립하고 50여 년이 지나서이다. 한나라 때든 당나라 때든 『논어』와 관련해서 동중서가 언급된 적은 전혀 없다.[22]

『사기』 「유림열전」에서 흥미로운 것은 한무제나 동중서에 대한 서술보다는 다음과 같은 문장이다. "공손홍公孫弘은 『춘추』에 밝았기에 평민 신분에서 천자를 돕는 삼공三公의 지위에 오르고, 평진후平津侯로 봉해지기까지 했다. 이에 천하의 공부하는 이들이 그 바람에 휩쓸렸다."[23] 즉, 오랫동안 출세와 연결되지 못하던 경전 공부가 마침내 출세와 연결되게 된 것이다. "자식에게 황금 광주리를 남겨주는 것은 자식에게 경전을 가르치는 것만 못하다"[24]는 말이나, "경전에 밝기만 하면, 고위 관직마저 허리를 굽혀 땅바닥의 지푸라기를 줍는 것과 같다"[25]는 말은 그러한 경향을 잘 드러내준다. 정부는 경전 전문가에게 관직을 부여했고, 사람들은 경전 공부를 통해 관직에 나아갔다. 『논어』의 입장과는 달리, 다수 사람들이 자기 연마를 위해 공부하기보다는 출세를 위해 공부하게 된 것이다.

경전 공부가 출세의 지름길이 되자, 기다렸다는 듯 사학私學 혹은 사교육이 유행했다.[26] 휴맹眭孟의 제자가 100여 명이었다는 기록,[27] 공수龔遂가 수백 명을 가르쳤다는 기록,[28] 신공申公이 천여 명을 가르쳤다는 기록,[29] 위응魏應이 수천 명을 가르쳤다는 기록,[30] 하공夏恭이 천여 명을 가르쳤다는 기록,[31] 정공丁恭이 천여 명을 가르쳤다는 기록,[32] 장흥張興이 만 명을 가르쳤다는 기록,[33] 모장牟長의 학생이 늘 천여 명은 되었고 통틀어 만여 명이었다는 기록,[34] 채현蔡玄의 학생이 늘 천여 명은 되었고, 통틀어 만 6천 명이었다는 기록[35]을 보라. 이 기록들의 상당수가 『논어』의 첫 단락을 연상키는 "자원방지自遠方至", "자원지自遠至" 같은 표현을 사용하고 있다는 점을 주목하라. 『후한서』「유림열전」은 이러한 상황을 다음과 같이 종합한다. "유복儒服을 입고 선왕을 운운하고, 학교에 종사하며 학생을 모으는 이들이 나라 곳곳에 있었다. 그런 경학 선생이 있는 곳에는 만 리 길이 멀다 않고 먹을 것을 지고 와서 좋은 집에 머무는 이들이 많았다. 명성이 자자하여 문호를 개방하고 제자를 받은 경우, 그 수가 만 명 이상이었다."[36]

'유교'는 승리했는가

후한 이후 공자와 『논어』의 약진을 보여주는 기록은 적지 않다. 결국 공자의 가르침은 마침내 정치적 힘을 얻었고, 많은 이들이 공자를 중시하고 『논어』를 공부하게 되었다.[37] 이렇게 하여 마침내 이른바 공자 혹은 유교는 승리한 것인가? 공자의 유산이 전국시대에 부침을 겪다가 진나라 때 억압되었으나 결국 한나라 때 이르러 정권의 환영을 받게 된 이 과정, 이것은 승리의 서사인가? 이 과정을 승리의 서사로 보는 이들은 공자 가르침의 탁월성에서 그 원인을 찾거나, 공자 유산의 현실 적합성을 원인으로 간주한다. "공자의 문화 사업과 학교는 … 장래 관료제 국가를 위한 관리 적격자 계층을 준비하고 있었다. 그래서 300년 뒤 한무제가 중앙집권적 대통일국가를 완성하여 관리가 대거 필요한 시기가 되었을 때 결국 그것을 충족할 수 있는 것은 유학 말고는 없었다.

이후 19세기에 이르는 2,000년간 중국의 관료 지배는 유학과 뗄 수 없는 관계였다."[38]

이 같은 통설적 서술에 따르면, 공자의 가르침이 후대에 등장하는 "중앙집권적 대통일국가"를 예비하는 사상으로서 꾸준히 발전해온 것처럼 보인다. 왜 그러한 발전과 성공이 가능했는가? 공자의 가르침이 다름 아닌 관료제에 기반한 제국의 성격에 부합했기 때문이다. 다시 말해, 춘추시대 후기에서 한나라에 이르는 과정은 관료제적 제국을 위한 제도적, 사상적 빌드업이었던 것이다. 이러한 통설적 서사에는 아무 아이러니도 없다.

그러나 실제 역사는 아이러니로 가득 차 있지 않았을까? 일단 공자의 가르침이 현실에서 '승리'한 것은 그 가르침의 탁월성과는 큰 관련이 없다. 탁월한 가르침도 현실에서 패배할 때가 있다. 어떤 가르침은 너무 탁월하기 때문에 현실에서 패배하기도 한다. 탁월성으로 인해 승리하는 경우가 있다손 쳐도, 단순한 승리 서사는 현실 속에서 사상이 어떻게 살아남는지에 대해 아무것도 설명하지 않는다. 그리스도교가 우월한 신학 때문에 현실에서 승리한 것이 아니듯,[39] 공자의 가르침이 우월해서 현실에서 승리한 것은 아니다.

그리스도교의 발흥과 승리에 대해서는 이미 복합적인 설명들이 존재한다. 이를테면 로드니 스타크Rodney Stark는 『기독교의 발흥』에서 다음과 같은 질문을 던지고 답한다.

"어떻게 로마 제국 변방에서 시작된 미약하고 이름 없는 메시아 운동이 고전시대의 이방 종교를 밀어내고 서구 문명의 지배적 신앙으로 자리매김했을까?"[40] 공자의 가르침에 대해서는 유사하지만 좀 다른 질문을 던지는 것이 어떨까? 예수와 달리, 공자는 극단적인 변방에서 가르침을 설파하지 않았다. 예수와 달리, 공자는 본인을 메시아로 자처하지 않았다. 예수와 달리, 공자는 민중의 한가운데가 아니라 당대 권력자들과 상호작용할 수 있는 위치에 있었다. 그리고 공자가 죽고 나서도 아주 오랫동안, 그리스도교에 비견할 만한 종교조직은 생겨나지 않았다.

따라서 그리스도교의 발흥을 논하는 방식으로 '유교'의 발흥을 논할 수는 없다. 그럼에도 우리는 그리스도교와 암묵적인 비교 속에서 공자라는 상징의 부흥에 대해서 논할 수 있다. 공자는 당대의 정계에서 제법 유력한 인물이었지만, 그의 정치 프로젝트는 실패했다. 중국 고대사는 공자의 소망과 반대로 흘러갔고, 그 흐름은 진시황의 천하통일로 극점에 달했다. 진시황 재위 시기에는 공자가 펼쳤던 비전은 역사의 뒤안길로 사라질 것처럼 보였다. 그러나 앞에서 살펴보았듯이, 공자는 한나라 때 유력한 상징이 되는 데 성공했다. 이러한 부활은 도대체 어떻게 가능했나? 이 시점에서 이 질문에 대한 최선의 대답은, 진나라의 억압에도 불구하고 재기한 것이 아니라, 진나라의 억압 때문에 재기할 수 있었다는 것이다.

실로 공자(가르침)의 승리는 장기간에 걸친 아이러니의 연속이었다. 먼저 진나라의 실패가 큰 역할을 했다. 진나라가 성공했다면, 『논어』 같은 텍스트가 그처럼 광범하게 퍼지고 영향력을 누렸을 가능성은 희박하다. 진나라는 세 가지 면에서 실패했다. 전면적 사상 통제라는 면에서 실패했고, 왕조의 장기 지속이라는 면에서 실패했고, 자신의 존재를 기억에서 완전히 지우는 데 실패했다. 즉, 진나라의 노력에도 불구하고 불온한 사상들은 끝내 뿌리 뽑히지 않았고, 진나라의 노력에도 불구하고 진왕조는 단명했고, 단명한 이후에 사람들의 기억에 남아 반면교사로 존재했다. 이 세 가지 조건들이 공자의 부활에 기여했다.

진나라의 천하통일을 전후해서 중국은 초유의 국가 통제를 경험했다. 거기에는 각종 법률과 행정의 증대가 수반되었다. 진시황은 법의 확립과 처벌의 강화와 권위의 집중을 통해서 사람들을 효율적으로 다스리기를 원했다. 그러했던 진나라가 단명하자, 그러한 방식으로는 제국을 다스릴 수 없다는 광범위한 사회적 합의가 생겨났다. 진나라에 이어 집권한 한나라 통치 세력은 아무도 진나라 스타일의 통치로 되돌아가고 싶어 하지 않았다. 한나라에서는 진나라 통치 스타일에 대한 심도 있는 반성이 일어났고, 그 과정에서 진나라의 개입적 국가 모델과 정반대의 정치사상이 득세하였다. 그것이 이른바 황로黃老 사상이라는 비개입적 국가사상이다. 진나라 통치 스타일에 비하면, 황로 사상에 기반한 통치는 거의 자유방임에 가까웠고, 그러한 방임은 오래 지속될 수는 없었다.

어떻게 하면 과도한 통제도 하지 않고 과도한 방임도 하지 않으면서 이 거대한 통일제국을 다스릴 수 있을 것인가? 진나라 모델을 선택할 수도, 황로 사상을 선택할 수도 없다면 과연 무엇을 선택해야 하는가? 이 고민에 대한 대답이 바로 공자의 부활이었다. 이때 공자의 부활은 진나라가 수립한 제국의 틀은 유지하되, 진나라와는 달리 비강권적이고 비개입적 통치 스타일을 선택함을 의미했다. 이러한 부활 과정에서 『논어』 같은 텍스트가 자연스레 중시되었다.

요컨대 공자의 사상은 성공을 위해 꾸준히 노력한 결과 점진적으로 성공한 것이 아니다. 공자의 사상은 실패했기에 성공할 수 있었다. 공자의 사상은 진나라에 의해 핍박받았기에, 진나라를 꺾고 등장한 한나라 때 다시 주목받을 수 있었던 것이다. 공자의 사상이 진나라 정권에 밀착해 있었다면 한나라 때 대안이 되기 어려웠을 것이다. 역사의 아이러니는 여기에서 그치지 않는다. 한나라 때 승리로 말미암아 공자의 사상은 결국 실패하게 된다. 어떤 면에서는 진나라 때보다 더 치명적인 실패를 맞게 된다. 현실정치에서 성공함으로써 공자의 사상 내용은 변질되었고, 변질되었다는 점에서 그것은 실패였다.

제국과 텍스트

진나라가 정녕 실패했던 것일까? 진나라라는 왕조는 실패했지만 진나라가 만든 제국이라는 정치적 틀은 중국 정치사에 각인되었다. 진나라를 비판하며 등장한 한나라조차 제국이라는 틀을 버리지 않았다. 제국 한나라를 통해서 공자는 부활했지만, 공자는 제국의 틀에 반대한 사람이었다. 제국이라는 새로운 환경에서 부활한 공자는 제국 이전의 공자와는 같을 수 없다. 그렇다면 제국에서 부활한 공자의 생각은 무엇일까? 우리에게 익숙한 『논어』는 결국 제국의 맥락에서 확립된 텍스트다.

다시 그리스도교와 비교해보자. 『신약성서』에 기록된 예수는 정치적인 존재였다. 동방박사가 아기 예수를 찾아올 때, 그들은 다름 아닌 "유다인의 왕"을 찾아온 것이었다.

> 예수께서 헤로데 왕 때에 유다 베들레헴에서 나셨는데 그때에 동방에서 박사들이 예루살렘에 와서 "유다인의 왕으로 나신 분이 어디 계십니까? 우리는 동방에서 그분의 별을 보고 그분에게 경배하러 왔습니다" 하고 말하였다. 이 말을 듣고 헤로데 왕이 당황한 것은 물론, 예루살렘이 온통 술렁거렸다. 왕은 백성의 대사제들과 율법학자들을 다 모아놓고 그리스도께서 나실 곳이 어디냐고 물었다. 그들은

이렇게 대답하였다. "유다 베들레헴입니다. 예언서의 기록을 보면, '유다의 땅 베들레헴아, 너는 결코 유다의 땅에서 가장 작은 고을이 아니다. 내 백성 이스라엘의 목자가 될 영도자가 너에게서 나리라' 하였습니다." 그때에 헤로데가 동방에서 온 박사들을 몰래 불러 별이 나타난 때를 정확히 알아보고 그들을 베들레헴으로 보내면서 "가서 그 아기를 잘 찾아보시오. 나도 가서 경배할 터이니 찾거든 알려주시오" 하고 부탁하였다. 왕의 부탁을 듣고 박사들은 길을 떠났다. 그때 동방에서 본 그 별이 그들을 앞서 가다가 마침내 그 아기가 있는 곳 위에 이르러 멈추었다. 이를 보고 그들은 대단히 기뻐하면서 그 집에 들어가 어머니 마리아와 함께 있는 아기를 보고 엎드려 경배하였다. 그리고 보물 상자를 열어 황금과 유향과 몰약을 예물로 드렸다.[41]

그 이후 인생 역정이 보여주듯, 예수는 로마 제국이 애써 탄압에 나설 만큼 정치적 존재였다. 정치는 당신네들이 알아서 하시오, 나는 옆에서 교회를 세우고 조용히 전도하겠소, 라고 말한 것이 아니었다. 그렇게 말하는 대신, 예수는 하나님의 나라가 임박했다고 정면으로 선포하였다. 새로운 '교회'가 아니라 새로운 '나라'가 임박했다고 선언한 것이다. 그러니 로마 제국이 탄압에 나선 것도 이상하지 않다. 그러나 루아지Alfred Loisy가 말했듯이, "예수는 나라를 선포하였는데

도래한 것은 교회였다."⁴² 아이러니하지 않은가? 기대한 것은 나라였는데, 도래한 것은 교회였다니. 아이러니는 거기에서 그치지 않는다. 시작이 미약했던 그리스도교는 그 어떤 국가보다 더 국가다운 조직이 되었다. 그리스도 교회는 중세에 가장 방대하고 정교한 조직체였고, 인구조사처럼 당시 국가가 꿈꾸지 못할 기능을 수행하기도 했다. 그러니 루아지의 말을 뒤집어 "교회는 종교임을 선포했으나 도래한 것은 국가였다"라고 말해도 과언이 아니다.

『논어』에 기록된 공자도 정치적인 존재였다. 진 제국이 애써 탄압에 나설 만큼 정치적 존재였다. 나는 옆에서 학교를 세우고 조용히 교육하겠소, 라고 말한 것이 아니었다. 그렇게 말하는 대신 공자는 자신의 정치 비전을 권력자들에게 선포했다. 『춘추공양전』 전통에 따르면, 공자는 진정한 나라가 올 것을 예감하고 그 청사진을 마련했던 인물이다. 학교가 아니라 나라를 준비했던 인물이다. 그러니 진 제국이 탄압에 나선 것도 이상하지 않다. 공자가 원했던 것은 작은 나라들의 연합체였으나 아이러니하게도 도래한 것은 제국이었다. 아이러니는 거기에서 그치지 않는다. 공자의 가르침은 국가 고시 과목의 핵심이 되면서 제국의 이데올로기의 근간이 되었다. 제국의 이데올로기가 된 그 사상은 과연 공자가 애초에 생각한 그 가르침이었을까?

해롤드 이니스Harold Innis는 진·한 제국 규모의 정치를 유지하려면 말보다는 글이 필요하다고 말했다.[43] 그렇다. 말은 휘발되지만, 글은 남아 지속된다. 공자의 말은 이제 본격적으로 기록되어야 했다. 기록되어 드넓은 제국의 신민들이 공통적으로 따를 전범이 되어야 했다. 제국의 관료제는 문서행정을 떠나서는 존속할 수 없다. 제국의 정당성을 선포하고 유지하기 위해서도 문서화된 논리가 필요하다. 지속적으로 유지하기 위해서는 전범으로 기능할 텍스트가 존재해야 했고, 정치적 정당성을 따질 때도 텍스트의 논리에 의지해야 했다.[44] 글은 통제하기 어려운 시공을 통제할 수 있게 해준다.

제국과 문서와의 이런 관계에 주목하는 학자들은 『중용』에 나오는 애공哀公과 공자의 대화를 거론한다. 애공이 정치 혹은 통치에 대해서 묻자 공자는 이렇게 대답했던 것이다. "문왕과 무왕의 통치는 방책에 나와 있다."[45] 여기서 중요한 것은 이 대화가 실제로 존재했느냐 여부가 아니다. 문왕, 무왕과 공자 사이에는 이미 충분한 시간적·공간적 거리가 존재하는데, 그 시공을 극복하게 해주는 것이 바로 방책, 즉 텍스트다. 제국은 드넓은 시공간 속에서 자신의 권위를 유지하기 위해 일부러 권위적 텍스트를 생산하고 통제한다. 공자의 비전 역시 『논어』라는 텍스트를 얻은 이후에야 "불멸"하게 되었고, 제국의 환영을 받음으로써 전국에 퍼지게 되었다.

흔히 진나라의 엄혹한 통치와 한나라의 유연한 통치를 대비하지만, 텍스트적 통제라는 점에서는 두 나라가 비슷하다. 예컨대 진나라 때의 분서갱유와 한나라 때의 경전화는 대조적인 듯하지만, 두 경우 모두 텍스트를 통제하려 든 시도라는 점에서는 유사하다.[46] 한나라 때 경전화는 특정 텍스트를 옹호한 데 비해 분서갱유는 아예 텍스트들을 태워버렸다는 점에서 크게 다르다고? 글쎄. 분서갱유라고 해서 모든 텍스트를 다 태워버린 것은 아니었다. "현재를 비판하기 위해 과거를 이용한" 이데올로기적 텍스트들만 태웠고, 실용서들은 살아남았다. 그리고 금지된 텍스트마저도 다 태워 없앤 것이 아니라, 제국의 도서관 내부에 존치했다. 요컨대 진나라 분서갱유는 텍스트를 통제하기 위한 시도였지 텍스트를 금지하려는 시도는 아니었다.

한나라는 종이의 발명과 더불어 텍스트가 증식하던 시기였다. 텍스트가 여기저기서 증식하면, 국가는 사회의 정신을 충분히 통제하기 어렵고, 그 결과 국가의 권위가 잠식될 것이다. 한나라 통치층이 경전과 문자체계를 확립하고자 한 것은 바로 그러한 국가 위기에 대한 대응이었다. 텍스트가 빠른 속도로 증식하면, 그 모든 텍스트를 다 태우는 것은 불가능하다. 그럴 때 국가가 할 수 있는 일은 텍스트 간에 위계를 설정하고, 그중 일부를 공인하는 것뿐이다. 즉, 국가는 텍스트의 증식을 막을 수 없어도, 텍스트에 권위를 부여하는 존재로 남을 수는 있다.

한나라 때 성립된 경전은 바로 그렇게 성립된 권위적 텍스트다. 이때 성립된 경전들은 제국의 현실을 묘사하기보다는 규범적으로 정의한다. 현실에는 존재하지 않는 예치 기반의 관료제 체계를 상술한 『주례周禮』가 그 좋은 사례다.[47] 『주례』가 묘사한 정치체제는 존재한 적이 없다. 그래서 학자들은 "아마도 전근대 세계의 어떤 곳에서도 텍스트적 자료들이 자신들의 지시 대상을 초과하는 더 큰 능력을 가진 것으로 보이는 곳은 없을 것"[48]이라고 말했다. 경전뿐 아니라 글자의 경우도 마찬가지다. 윌리엄 볼츠William G. Boltz에 따르면, 『설문해자』는 허신許慎(30~124) 시대에 통용되던 문자의 뜻을 해설한 것이 아니라 통용되어야 하는 규범적인 의미를 풀이한 것이다. 즉, 그것은 현상을 기록한 것이 아니라 문어의 표준화와 정규화를 위한 시도였다. 이렇게 텍스트화된 규범들은 광대한 제국을 하나의 정치체로 유지시켜주는 구실을 한다.[49]

『논어』 역시 제국의 환경에서 본격적으로 유통된 텍스트다. 『논어』에 담긴 대화들은 춘추시대를 배경으로 한 것이지만, 그 함의는 이제 달라질 수밖에 없다. 도시국가에서 영토국가로 발전해나가는 시대에 제시된 공자의 사상은 이러한 진·한 제국의 환경에서는 어떤 변모를 겪게 되는가? 공자가 생각한 정치공동체는 상대적으로 작은 나라를 상정한 것이었으나, 제국의 통치자들은 그 작은 나라를 위한 사상을 제국의 논리로 변화시켰다. 제국을 운영하는 통치자가 보기에 예치는 작은 공동체 상층부에 국한되지 말고 더 넓은 지역과 더 많은 사람에게로 퍼져나가야 하는 것이었다.

제국의 확장된 영토라는 조건 속에서 전근대 국가가 법만으로는 사회를 충분히 다스리기 어려웠다. 법을 향촌 사회 깊숙이까지 침투시키기 위해서는 당시로서는 상상하기 어려운 공무원 규모, 막대한 징세, 그리고 조밀한 관료체제가 필요했다. 반면, 예는 그 작동의 책임을 국가가 아닌 사회에 이관할 수 있었기에, 제국은 그에 상응하는 국가기구의 강화 없이도 확대된 영토를 다스릴 수 있었다. 너 나 할 것 없이 더 효과적인 자원 동원을 위해 국가기구를 강화하던 춘추전국시대 흐름에 역행했던 공자의 사상은, 국가기구의 강화가 아니라 지방사회 엘리트가 주도하는 예치를 통해 광대한 영토를 다스리려는 시대적 요구에 부응할 수 있었던 것이다.[50] 로마 제국에 로마법이 있었다면, 중국 제국에는 예가 있었다. 법으로 다스리는 정치공동체라는 로마적인 사상이 중세 유럽으로 전승되었던 것처럼 예가 다스리는 정치공동체라는 공자의 사상은 이렇게 제국으로 전승되었다.

한나라 이후 중국 제국은 통일과 분열, 부상과 침체를 반복했다. 제국의 체제는 국가나 지방 엘리트가 상호 협조할 때 대체로 안정적이었다. 국가는 지방을 다스리기 위해 지방 엘리트 가문의 협조가 필요했고, 지방 엘리트 가문은 자기 가문의 번영을 위해 국가가 제공하는 위신과 자원이 필요했다. 국가가 지방 엘리트의 협조를 통해 광대한 지역을 다스렸던 중국 제국은 세계 곳곳에 존재했던 비개입적 제국들의 한 사례다. 이러한 비개입적 제국의 역사 속에서, 개입적 국가를 추구했던 전국시대에서 진나라에 이르는 기간은 예외적 시기로 비추어지게 되었다. 즉, 자원 징발에 부심했던 전국시대의 국가들이나 진 제국이나 국가의 사회 개입을 비약적으로 강화하려 든 송나라의 신법新法 실천 시기는 중국 역사에서 이상적 모델로 자리 잡지 못했다. 그러나 근현대에 제국주의 열강들의 각축시대를 맞자 부강을 목표로 다시 개입적 국가를 추구하게 된다.

정권을 넘어서는 텍스트

경전이 된 텍스트는 인간이 판단하고 권위를 부여하는 대상이 아니라, 인간이 그것에 의해 판단당하는 권위의 원천이 된다. 그러한 권위는 원래 인간이 만들어낸 것이지만, 이제 거꾸로 인간이 복종해야 할 권위가 된다. 이쯤 되면 경전은 그 자체로 자율성을 갖는 권위체다. 전근대 중국처럼 거대한 제국의 경우에는, 경전만큼 확실히 그 사회의 통일성을 유지시켜주는 기제가 많지 않았다. 특히 경전이 과거시험 준비에 필수가 되면서 중국 사회 엘리트들은 대부분 같은 경전을 읽게 되었다.

이것이 곧 중국 제국의 엘리트들이 같은 생각을 했다는

뜻은 아니다. 같은 텍스트를 읽더라도 사람들은 자신의 방식대로 텍스트를 이해하는 법이다. 텍스트에 기반한 제국은 제국의 신민들이 모두 같은 텍스트를 읽고 같은 생각을 할 때 유지되는 것이 아니라, 텍스트와 생각의 위계를 정하는 권위를 잃지 않는 한 유지될 수 있다. 마치 중국 전역에서 구어와 방언이 발달해도, 문언문이 공식 언어로서 권위를 잃지 않는 한 제국의 언어적 통일성이 유지되는 것과 마찬가지다. 이러한 제국의 질서 속에서 제국이 정한 경전의 권위 그 자체에 도전하는 것은 곧 그 제국의 통일성을 뒤흔드는 일이 된다. 따라서 사람들은 경전을 해체하는 그 위험천만의 길을 가기보다는 경전의 권위를 인정하되 그 의미를 재해석하기를 선택했다. 누군가 자기가 원하는 특정한 방식으로 경전을 재해석해내고 다수의 사람들을 설득하는 데 성공하면, 그렇게 재해석된 경전은 독자들의 생각을 바꿀 것이며, 생각이 바뀐 독자들은 이제 새롭게 현실을 주조하기 시작한다.

그렇게 새로운 경전 해석을 제시하고 소비했던 정권과 사람들이 죽어 사라진 뒤에도, 경전은 살아남아 지속적인 권위를 행사한다. "텍스트적 초과의 직접적인 표지는, 그 텍스트들이 한 부분을 이루었던 제국이 더 이상 존재하지 않는 반면에 그 텍스트들은 살아남는다는 것이다."[51] 새로 태어난 사람들은 이제 전대와는 다른 방식으로 그 텍스트들을 다시 해석하고, 새로운 통치를 꿈꾸게 될 것이다. 처음에 한나라가 특정 텍스트를 경전화할 때는 그 해석의 권위는 한나라 정부에 있었다. 텍스트의 최고 해석자는 국가 공무원(오경박사)이었기에, 정치적 권위와 텍스트적 권위가 일치될 수 있었다. 그러나 이러한 국가 중심의 텍스트 레짐은 지속될 수 없었다. 국가 공무원이 아니면서 텍스트를 더 확고하게 장악한 지식인 계층이 정부 외부에서 성장했던 것이다. 우리에게 익숙한 남송대의 주희와 그의 추종자들이 그 좋은 예이다. 그들은 『논어』, 『맹자』, 『대학』, 『중용』을 사서로 묶고 거기에 새로운 주석을 달았으며, 정부가 아니라 상업적 네트워크를 통해 유통시켰다. 주희 같은 지식인들이 존재하는 한 정치적 권위와 텍스트적 권위의 관계는 복잡해질 수밖에 없다.

국가, 사회, 텍스트

이것을 좀 더 중국 역사에 특화된 서술로 바꾸어보자. 진 제국이 원래 꿈꾼 것은 개병제를 통해 국가가 사회를 철저히 장악하는 체제였다. 그런 체제를 만들기 위해 거대 가문을 소규모 호구로 쪼개고, 각 호구에 균일한 징병의 의무를 부여하였다. 즉, 정부와 개별 호구가 개병제를 통해 직접 연결되는 체제를 꿈꾼 것이었다. 이러한 체제가 성공적으로 정착된다면, 정부는 각 호구로부터 군인을 징집하고, 노동력을 동원하고, 세금을 징수할 것이고, 그렇게 징발된 자원은 거대한 국가 관료제를 유지하고 국방을 강화하는 데 사용될 것이었다. 진나라의 몰락은 바로 그러한 체제가 현실에서 유지될 수 없음을 뜻했다. 한나라 이후의 중국 통일왕조들 대부분은 진나라와 달리 국가가 사회에 직접 개입하기를 자제하고, 사회 유력층에게 지역 질서 책임을 이관하였다. 인구가 크게 늘어나도 국가 공무원 수는 늘어나지 않았다는 사실이 이러한 흐름을 확인해준다. 국가 공무원이 해야 할 일을 지방 사회 유력층이 대신했으므로, 인구는 증가해도 국가는 성장하지 않아도 되었다.

이러한 국가의 퇴조 속에서 엘리트들과 국가 간의 협상이 새로이 이루어졌다. 국가는 저비용으로 통치력을 유지하기 위해서 상징기제에 의존할 수밖에 없었고, 상징기제에 의존하는 만큼 상징을 다루는 텍스트 전문가들의 협조를 필요로 하였다. 그래서 상징기제에 관한 능력을 국가 관직을 얻기 위한 잣대로 삼아 엘리트들을 초대한다. 다른 한편, 엘리트들은 엘리트들대로 토지 소유를 통해 국가로부터 일정한 자율성을 확보했으나, 그 자율적 위치를 계속 유지하기 위해서는 국가가 제공하는 관직으로부터 무심할 수 없었다. "토지 소유자들이 관직 보유가 제공하는 보충적 수입을 얻어 분산 상속에 의한 파괴들로부터 자신들의 가문을 보호하려는 요구를 수반했다."[52]

사회 질서를 유지함에 있어 국가가 상징기제에 크게 의

존할 때, 그리고 그 상징기제의 권위가 더 이상 조정이 아니라 조정 밖의 지식인들일 때, 특유의 현상이 일어나게 된다. 즉, 그 상징기제는 단지 왕조의 유지나 정당화 수단이기를 그치고 본격적으로 그 자체의 생명력을 발휘하게 된다. 그 상징기제의 해석 전문가들은 필요에 따라 출사하여 봉사할 수도 있으나, 그에 전적으로 의존하지는 않기에 왕조의 부침과 무관하게 영속하게 된다. 『논어』 같은 경전의 해석 전통이 특정 왕조의 부침을 넘어 지속될 수 있었던 것은, 그 해석 전문가들이 국가에 대한 관심을 유지하되 특정 정권에 자신들을 전적으로 의탁하지 않았기 때문이다. 경전에 대한 전문성과 국가에 대한 관심을 유지하는 한, 새로운 정권이나 왕조의 구애를 또다시 받을 수도 있었다. 즉, 국가가 정한 권위에 사회가 추종하는 것이 아니라, 별도로 존재하는 사회의 권위를 국가가 탐내는 것이다. 원나라 이민족 정권이나 명나라 창건자가 『논어』를 비롯한 경전들을 과거시험 과목으로 삼고, 그를 통해 지식인 계층을 흡수하려 든 것도 마찬가지다. 사회에 존재하는 텍스트의 권위를 다시금 전유하고 싶었던 것이다.

이러한 동학이 중국 특유의 것은 아니다. 그리스도교의 경우도 그렇지 않던가. 로마 황제 콘스탄티누스의 개종에 의해 그리스도교가 확산된 것이 아니라, 그리스도교가 확산되었기에 황제의 개종이 가능했다. 그전부터 그리스도교의 교세는 꾸준히 확산되었기에 "콘스탄티누스의 개종은 대대적이고 폭발적인 도약의 물결을 일으킨 원인이 아니라 이에 대한 대응으로 보는 게 바람직할 것이다."[53] 콘스탄티누스는 그리스도교에 반대하는 정적들과 다툴 때, 이미 다수인 그리스도교도들의 지지를 얻는 것이 중요하다고 판단했던 것이다. 주목할 사실은 로마 황제가 그리스도교에 대한 배타적 지지를 보인 것은 아니라는 사실이다. 그리스도교의 신의 능력이 다른 신들과 동등하다고 평가했던 것이다.[54] 마찬가지로 원나라 이민족 정권이나 명나라 창건자가 『논어』를 비롯한 경전들을 공무원 선발의 근간으로 삼을 때, 그들이 이른바 '유교'를 배타적으로 지지한 것은 아니었다.

유교가 종교이든 아니든 사회에 유력한 믿음체계로 존재하는 한 국가권력은 그 믿음체계를 자신의 휘하에 넣거나 같은 편으로 만들려고 한다. 그것은 축복인 동시에 저주다. 국가권력과 한편이 됨으로써 그 믿음체계는 한편으로 더욱 더 힘을 얻게 되지만(과거시험, 국가정교), 다른 한편으로 그 국가권력과 명운을 같이하게 될 공산이 크다. 그래서 토크빌은 종교가 정치권력과 연결되는 것을 경계했다. "만일 바로 이러한 아메리카인들이 종교를 위한 별도의 공간을 창안해내지 않았더라면, 종교는 변화무쌍한 인간의 의견 속에서 과연 어디에 뿌리를 내릴 수 있었겠는가? 당파 투쟁의 와중에서 종교가 응당 누려야 할 존중심은 어디에 있을 수 있었겠는가?

모든 것이 흥망을 거듭하는 와중에서 종교의 불멸성은 어떻게 되었겠는가?"[55] 정치권력은 부침을 겪게 마련이라서, 특정 정치권력이 쇠락할 때 해당 종교도 쇠락하게 된다는 것이다. 종교는 일시적인 정치권력에 뿌리를 내리지 말고 보편적인 인간 심성에 뿌리를 내려야 한다고 권고한다.[56] 아마도 그래서 이른바 유교가 현대에 와서 쇠락을 면치 못했을 것이다. 사람들이 말하는 유교라는 것은 종교는 아닐지 몰라도 그 안에 종교적 요소가 없는 것은 아니다.

지금까지 공자 사후에 『논어』 같은 텍스트가 경전으로서 살아남은 경로를 추적하였다. 공자가 역사 속에서 살아남은 것은 공자의 가르침이 새로운 역사 환경에 적응한 결과이다. 공자의 생각은 진나라라는 국가로 환원되지 않았기에 한나라 때 부활할 수 있었고, 한나라 정권이 텍스트 공부를 출세와 연관시켰기에, 사회 곳곳에서 텍스트 공부가 흥성할 수 있었고, 그 덕분에 한나라 정권이 망해도 『논어』라는 텍스트는 사회 속에서 계속 살아갈 수 있었다. 그러기에 다른 정권이 들어섰을 때 다시금 재기할 수 있었다. 그러한 방식으로 『논어』는 제국의 텍스트가 되었고, 그 내용은 반복적으로 재해석되었다.

이것이 반드시 공자의 가르침이 성공했다는 뜻은 아니다. 소크라테스는 서양 사상의 상징과 같은 인물이지만, 일찍이 에픽테토스는 소크라테스의 가르침 효과에 대해 이렇게 말한 적이 있다. "소크라테스를 보아라. 그럼에도 불구하고 그의 말을 경청하고 자기 자신을 배려하게 될 사람을 발견하기 위해 소크라테스는 얼마나 많은 젊은이들을 불러 세워야 했을까? 소크라테스는 자신에게 온 모든 사람들이 자기 배려를 할 수 있게 만드는 데 성공했을까? 자기 배려를 하게 된 사람은 1천 명 가운데 한 명도 안 되었다."[57] 공자도 마찬가지다. 많은 이들이 공자를 운운한다고 해서 그것이 반드시 공자의 가르침이 성공했다는 뜻은 아니다.

15

낡은 것과 새로운 것

　공자는 전통의 계승자로 자처했다. "전술하되 창작하지는 않으며, 옛것을 믿고 좋아한다."[1] 그렇게 자처한 대로 공자는 전통을 열심히 탐구했다. "하夏나라 예는 내가 말할 수 있으나 [그 후예인] 기杞나라를 가지고는 [하나라 예법을] 증명하기에 부족하다. 은殷나라 예는 내가 말할 수 있으나, [그 후예인] 송宋나라를 가지고는 [은나라 예법을] 증명하기에 부족하다. 문헌이 부족하기 때문이다. 문헌이 충분하였다면 내가 [관련 예법을] 증명할 수 있었을 것이다."[2] 이렇게 여러 갈래의 전통을 탐구한 공자에게 가장 훌륭한 전통은 무엇이었을까?

　그것은 하나라 문화도 은나라 문화도 아닌 바로 주나라 건국기의 문화였다. "주나라는 앞선 2대二代(하나라와 은나라)를 거울삼았으니, 융성하도다, 그 세련된 표현이! 나는 주나라를 따르련다."³ 문왕文王과 주공周公이 바로 그 주나라 건국기 문화를 만들어낸 영웅들이었다. 그러니 당대의 혼란을 극복하고 질서를 재구축하려면 문왕과 주공의 시대로 돌아가야 한다. 공자 본인이 문왕과 주공은 아닐지라도 그들의 문화를 계승할 수는 있다고 자부했다. "하늘이 장차 이 세련된 표현 양식을 없애려 한다면, 문왕보다 뒷세대인 내가 이 세련된 표현양식에 참여할 수 없었을 것이다. 만약 하늘이 이 세련된 표현양식을 없애려 하지 않는다면, 광匡 땅 사람들이 나를 감히 어찌하겠는가?"⁴ 그 대단했던 주나라 건국기 문화조차도 진공 속에서 생겨난 것은 아니고, 앞선 전통을 반성적으로 성찰한 끝에 나온 것이다. "은나라는 하나라 예를 이어받았기에 거기서 뺀 것과 더한 것을 알 수 있다. 주나라는 은나라 예를 이어받았기에 거기서 뺀 것과 더한 것을 알 수 있다. 정녕 주나라를 계승하는 경우라면 비록 백 세대 후라도 그 예를 알 수 있다."⁵

그런데 공자가 그 옛날에 (적어도 5세기 이전 시기에) 존재한 문화유산을 실증적으로 탐구한 것은 아니었다. 공자는 자신에게 주어진 문화 속에서 나름대로 규범적인 문화상을 재구성하고, 그것을 주나라 건국기 문화와 같다고 간주했다. 고고학자 로타 본 팔켄하우젠Lothar von Falkenhausen의 연구에 따르면,⁶ 공자가 이상시한 고대 문명은 주나라 건국기가 아니라 기원전 850년경부터 비로소 존재하기 시작하였다. 특히 기존에 공자 사상의 특징으로서 거론된 바 있는 점들, 즉 귀신보다는 인간 중시, 외관보다는 내면 중시, 혈통보다는 덕성 경향 등은 공자의 생전보다 두 세기 전부터 시작하여 공자 사후 반세기 정도 시기까지 지속되었던 현상이었다. 즉, 공자가 생각한 것보다 훨씬 근과거에 일어난 현상이었던 것이다. 요컨대 공자는 과거 전통에 집착했던 사람이 아니라 자신의 당대를 살아간 사람이었다.

그렇다면 공자는 왜 자신이 500여 년 전 과거를 계승한다는 태도를 취하였을까? 그것은 자신의 정치적 비전에 정당성을 부여하는 하나의 방법이었다. 그 당시는 기존에 정치적 정당성의 근원이었던 초자연적 존재(귀신)가 점점 영향력을 잃어가는 한편, 아직 피치자 "민民"이 정치적 정당성의 근원으로 간주되지 않던 시절이었다. 이 정당성의 공백에 부응한 것이 문왕과 주공의 권위였다고 할 수 있다.[7] 실로 공자는 주나라 문화를 논할 때, 역사적으로 존재했던 주나라를 실증적 의미에서 지칭하는 데 그치지 않고 이상화된 질서의 표상으로서 언급하곤 하였다. "나를 부르는 사람이 공연히 부르겠는가? 나를 써주는 사람이 있으면 나는 동쪽의 주나라로 만들 것이다!"[8] 여기서 동주東周는 물론 시기적으로 서주西周를 잇게 된 동주를 의미하는 것이 아니다. 주나라는 노나라의 서쪽에 있으므로, 동쪽에 있는 주처럼 잘하겠다는 말로서, 여기서 주는 이미 실증적 고증 대상이 아니라 이상적인 질서의 상징으로서 기능하고 있다. 자신의 새로운 정치적 비전을 제시하는 과정에서, 자신이 보기에 가장 성공했던 왕조인 서주의 건국기를 규범적 잣대로 활용했던 것이다.

『논어』의 사회적 배경

공자가 당대를 살았다는 말은, 과거에 얽매여 있지 않았다는 뜻인 동시에, 동시대인과 많은 것들을 공유했다는 뜻이다. 따라서 공자가 마주했던 역사적 조건을 알아야 공자의 생각을 좀 더 잘 이해할 수 있다. 이것은 공자에게만 해당되는 일은 아니다. 예컨대 불교 사상을 이해하는 데도 당시의 사회사 및 정치사에 대한 이해가 필요하다. 조상에게 제사를 지내는 것은 중국이 아니라 인도에서도 마찬가지였다. 그곳에서도 예식에 대한 전문지식을 가진 계층, 즉 브라만이 있었고 그들이 집전하는 예식을 통해 정치적, 사회적 질서가 유지되었다. 제사 공물을 받은 조상들이 그에 보답하기 위해 악신을 물리치고 후손의 복락을 위해 활동한다는 관념이 베다 시대(B.C.1500~B.C.500) 인도·아리아인들에게도 있었던 것이다. 이러한 관념을 가지고 있는 한, 제사의 지속적 실천과 그 실천을 책임질 후손의 존재는 중요했다. 그 후손의 재생산은 단지 집안의 문제를 넘어 씨족사회 전체, 한 걸음 더 나아가 정치공동체 및 우주의 질서가 달려 있는 문제였다고 할 수 있다. 베다시대 중기가 되어 씨족사회가 크게 불안정하게 되었고, 그에 따라 이 우주의 질서와 개인의 구원에 대해서도 위기감이 증폭되었다. 그 위기감으로부터 사회 질서와 개인의 구원에 대한 새로운 질문들이 제기되고, 그 질문들에 답하고자 하는 지적 노력들이 경주되었다. 과거에는 씨족사회 내 역할을 수행하는 것만으로도 구원을 기대할 수 있었으나, 이제는 개인의 노력이 더 결정적인 구원 방법으로서 부각된 것이다. 붓다의 가르침은 바로 이러한 지적 토양에서 이해될 수 있다.[9]

마찬가지로 공자 사상 역시 그 나름의 사회적 위기와 그 나름의 지적 토양에서 더 잘 이해될 수 있다. 공자는 동주 전반기에 생애 대부분을 보냈다. 동주란 기원전 770년 이후의 주나라를 지칭한다. 주나라 통치자는 권력이 약화된 나머지, 기원전 770년에 수도를 동쪽으로, 그러니까 황허 유역의 현재 뤄양(낙양) 근처로 옮겼다. 이는 주나라가 원래 영토의 상당 부분에 대한 통제력을 상실했음을 뜻하는 동시에, 기존 정치 및 사회 질서가 해체되고 있었음을 뜻한다. 제후국들은 주나라 왕실에 대한 충성을 유보하고 부국강병의 길을 갔으며, 개개인 역시 자신의 처지에 안주하지 않고 계층 이동을 꾀하였다. 춘추전국시대 같은 정치적 혼란기에는 단순히 출신 가문만 믿어서는 자신의 입지를 공고히 하기 어려웠다.

이러한 문제를 타개하기 위하여 귀족들은 자신들이 혈통만 훌륭한 것이 아니라, 그 혈통에 걸맞은 문화와 자질을 갖고 있다고 주장했다. 동시에 비귀족층 사람들도 그에 맞서 자신들도 혈통이 아닌 노력에 의해 그에 못지않은 문화와 자질을 가질 수 있다고 맞섰다. 『논어』에 나오는 자기 연마와 덕성 논의는 이러한 시대적 배경 속에서 이해될 수 있다. 그렇다고 해서 이것이 고대 중국 특유의 현상이었다는 말은 아니다. 에라스뮈스 역시 『소년들의 예절론』에서 귀족들에게 필요한 예의범절을 강조하는 동시에, "이제는 인문학을 공부하는 사람이라면 누구라도 귀족으로 여겨져야 한다"는 주장을 펼친 바 있다.[10] "그 누구도 자기 부모나 나라를 선택할 수는 없다. 그러나 누구든지 성품과 품행을 획득할 수는 있다."[11] 계층화된 사회가 요동칠 때마다 이런 생각이 피어나는 것은 이상하지 않다.

이처럼 계층 이동의 길이 열렸다고 해서 그 사회가 계층 사회가 아니었다는 말은 아니다. 고대 중국이나 고대 그리스나 고대 로마나 모두 명시적으로 계층 사회였다.[12] 그에 비해 오늘날 (한국) 사회는 적어도 겉으로는 평등 사회를 내세운다. 평등이 규범인 사회와 불평등이 규범인 사회의 사상이 같을 수는 없다. 『논어』의 청중은 이른바 특권층 및 특권층이 되고자 하는 사람들이었다. 동시에, 청중이 그러하다고 해서 그 사상이 반드시 특권층만 위한 것이었다고 하기도 어렵다.

고대 사회의 특권층은 그 폐쇄성에도 불구하고, 아니 바로 그 폐쇄성 때문에 상당히 높은 그리고 균질적인 교양 수준을 유지할 수 있었고, 그 덕분에 협애한 계급 이익을 넘어서 보편적인 주제에 대해서도 논의할 수 있었다. "이를테면 4세기 아테네 시민들은 모두 읽고 쓸 줄 알았습니다. 물론 시민들은 아테네 주민들의 한 부분을 이룰 뿐이지만 그들의 수는 꽤 많았고, 그들 모두는 읽고 쓸 줄 알았습니다. 이런 관점에서 그들은 훨씬 더, 이를테면 유럽의 17세기에 존재했던 우리의 사회보다도 훨씬 더 교양 있었습니다."[13]

높은 교양 수준을 갖춘 특권층은 육체노동을 엘리트의 핵심 활동으로 간주하지 않았다. 번지가 농사짓는 일을 배우기를 청하자 공자는 다음과 같이 일갈했다. "소인이로구나, 번수樊須(번지)는! 윗사람이 예를 좋아하면, 피치자들 중에 감히 공경하지 않는 사람이 없고, 윗사람이 올바름을 좋아하면, 피치자들 중에 감히 복종하지 않는 사람이 없고, 윗사람이 믿음직스러움을 좋아하면, 피치자들이 감히 실상으로 응대하지 않는 사람이 없다. 무릇 이와 같이 한다면 사방의 피치자들이 자식을 강보에 싸서 업고서 몰려들 것이다. 어찌 [다스리는 데] 농사를 쓰리오!"[14]

이와 유사한 이야기는 다른 계층 사회에서도 어렵지 않게 찾을 수 있다. 예컨대 플루타르코스는 다음과 같은 이야기를 전한다. 누군가 스파르타의 왕 아낙산드리다스에게 왜

스파르타 사람들은 자기네 땅을 직접 경작하지 않고 노예들에게 시키냐고 물었다. 그러자 아낙산드리다스는 이렇게 대답했다. "우리는 (땅을 경작하는 것보다) 우리 자신을 돌보는 일을 더 좋아하기 때문이죠."[15]

자기 연마를 위해서는 여가가 필요하고, 그 여가를 확보하기 위해서는 생계 노동을 타인에게 외주를 주어야 했다. 고대 사회에서 그 타인이란 바로 노예와 여성이었다. 아테네의 경우, 인구의 3분의 1을 차지하는 노예들이 중노동을 도맡았고, 대부분의 여성들은 정치 참여가 배제된 상태에서 가사노동에 전념했다.[16] 이들의 노동에 힘입어 남자 시민들은 여가 시간을 자기 연마에 투자할 수 있었다. 즉, 자기 자신을 갈고 닦는 것은 먹고사는 생계 문제가 해결된 사람들의 특권이었던 셈이다. 물론 여가와 여유가 생겼다고 해서 모두가 자기 연마에 종사하지는 않는다. 많은 사람들이 그 귀한 여가와 여유를 그저 탕진하며 지낸다. 그러나 여가와 여유 없이는 자기 연마는 아예 불가능하다. 이것이 적어도 상당수 고대 그리스·로마인의 생각이었다. 물론 더러 자기 수양에 참여하는 노예도 존재했으나, "양적인 관점에서 그리스·로마 세계에 살던 사람들 중 대다수는 이러한 자기 수양과는 아무 상관이 없었"다.[17]

『논어』의 언어적 토대

공자가 동시대인과 호흡했다는 말은, 생각의 언어를 공유했다는 뜻이기도 하다. 사회경제적 조건이 사상의 내용을 직접 결정하는 경우는 드물다. 어떤 사회경제적 조건도 그것이 사상에 영향을 미치려면 언어라는 매개를 통과해야 한다. 따라서 모든 사상가는 당대 언어에 큰 영향을 받는다. 철저하게 당대 언어를 거부하고 새로운 언어를 창출하여 사상을 표현하면, 사람들은 대부분 그 사상을 이해하지 못할 것이다. 너무 새로운 것은 생각해내기도 어렵지만 받아들이기도 어렵다. 너무 새로우면 이해하기 어렵고, 이해하기 어려우면 무시당하는 거 같고, 무시당하는 거 같으면 화가 난다. 그래서 청중을 생각하는 사상가일수록 청중이 공유하고 있는 언어를 활용해서 사상을 표현하고, 그렇기에 청중은 그의 생각을 좀 더 용이하게 이해하게 된다.

그러니 아무리 대단한 존재들도 처음부터 끝까지 새로운 것을 제로 베이스에서 창안한 이들은 아니다. 싯다르타의 경우는 어떤가? 노크Arthur Darby Nock는 이렇게 말한 적이 있다. "고타마 붓다의 가르침은 당시에 존재하던 열정적이지만 혼란스러운 금욕주의와 여러 사상을 자양분 삼아 자라났다. 지금까지도 붓다가 그런 것 이외에 정확히 어떤 면에서 새로웠는지 규명하기란 쉽지 않다. 세례 요한과 예수의 메시지는 여러 세대에 걸쳐 유대인 동족을 사로잡았던 왕국에 대한 열망에 형식과 내용을 부여한 것이었다."[18] 즉, 타의 추종을 불허하는 위인들도 이미 존재하는 재료들을 가지고 새로운 비빔밥을 만든 사람들이다.

예수는 어떤가? 예수가 설파한 사랑의 정신은 대단한 것이었지만, 그조차 처음부터 끝까지 다 새로운 것은 아니었다. 사랑의 중요성 같은 것은 힐렐Hillel 같은 율법학자가 이미 강조한 것이었다.[19] 예수가 물 위를 걸은 일은 널리 알려져 있지만, 당시에 물 위를 걷겠다고 나선 사람은 예수 혼자가 아니었다. 당시에 예언자를 자처한 테우다스Theudas도 마른 발로 요르단강을 건너 보이겠다고 호언했었다.[20] 예수가 나병환자를 치유한 것은 물론 놀랍지만, 당시 사제들 상당수가 그런 치유 행위에 종사하고 있었다. 즉, 일견 특이해 보이는 행동이나 말도 당대의 맥락 속에서 이해할 필요가 있다. 예수는 기원후 1세기의 침례 전통, 예언자 전통, 치유사 전통 등에 접목하고 있었던 것이다. 그리고 접목에 그치지 않고 그 접목을 넘어 새로운 비전을 창출하고 실천했다.

소크라테스는 어떤가? 많은 이들이 소크라테스가 "너 자신을 알라gnothi sauton"는 말의 창안자라고 생각한다. 과연 그럴까? 소크라테스가 그 말을 자주 한 것은 맞다. 소크라테스를 주인공으로 하는 플라톤 대화편 중 「알키비아데스 I」에 처음 그 말이 나온다. 그리고 「소크라테스의 변명」, 「프로

타고라스」, 「파이드로스」, 「필레보스」, 「티마이오스」, 「법률」, 「키르미데스」 등에 나온다. 플라톤의 대화편 이외에도 아리스토텔레스의 「단편Fragments」, 크세노폰의 「소크라테스 회상Apomnemoneumata」, 「퀴로스의 교육Kyrou paideia」, 「기억할 만한 일들Memorubilia」, 아리스토파네스의 「구름」 등에 "너 자신을 알라"는 말이 나온다. 이런 텍스트를 실제로 읽어본 사람들은 이 말이 원래는 델포이의 아폴로 신전에 새겨져 있던 말이라는 것을 안다.[21] 이 말의 원래 의미도 우리가 알고 있는 것과는 사뭇 다르다. 철학적 권고라기보다는 신탁 상담을 하기 전에 염두에 두어야 할 권고 사항이었다는 해석이 유력하다. 즉, 너 자신을 알라는 것은 (신탁을 앞둔) 너 자신을 신이라고 자만하거나 착각하지 말라는 뜻이거나, 신탁을 의뢰할 때 자신이 알고 싶은 바에 집중하라는 뜻이다.[22]

애덤 스미스Adam Smith는 어떤가? 경제 사상가 애덤 스미스는 "보이지 않는 손"이라는 은유를 통해 시장의 작동을 설명한 것으로 유명하다. 그러나 "보이지 않는 손"이라는 비유는 진부할 정도로 이미 존재하던 표현이었다. 신이 이 세계의 작동을 설계했다는 주장을 다루는 유럽의 수많은 언설들에서 이미 사용되고 있었다. 그리고 정치사상가 루소 역시 『인간불평등기원론』에서 이 표현을 사용했다.[23]

공자는 어떤가? 공자는 기존의 언명을 레퍼런스로 하여 이야기를 전개하는 사람이었다. "'선한 일을 보면, 그에 미치지 못하는 것처럼 [노력하고], 선하지 않은 일을 보면 끓는 물에 손을 집어넣은 것처럼 [피한다]' 하는데, 나는 그런 사람을 보기도 하였고 그런 말을 듣기도 하였다. '은거함으로써 그 뜻을 추구하고, 올바름을 실천함으로써 그 도를 실현한다'는 말은 들어보았으나 그런 사람은 아직 보지 못하였다."[24] "남방 사람들의 말에 '사람이 한결같지 않으면, 무당이나 의사도 될 수 없다'고 하였는데, 좋은 말이구나! 그 덕을 한결같이 하지 않으면, 수치가 따른다."[25] 이처럼 공자는 인용의 대가였다.

"문을 나가서는 큰 손님을 뵌 듯이 하고, 피치자를 부릴 때는 큰 제사를 받들듯이 하라"고 했을 때,[26] 독자는 마치 그 말을 공자가 처음 한 것처럼 착각하기 쉽다. 그러나 그 말은 『좌전』에 이미 나온다.[27] 사람들이 그걸 공자 생각이라고 오인하지만, 그것은 공자가 기존 언명을 재해석한 것이며, 그만큼 해당 담론의 연장선에 있는 것이다. 그 유명한 "교언영색巧言令色"[28]이니 "극기복례克己復禮"[29]니 하는 말들은 다 기존에 있던 말들이다. 특히 공자는 당시의 고전을 통해 말하기를 즐겼다. "선생님께서 평소 말씀하신 바는 시詩와 서書였다."[30] "시를 배우지 않으면 말할 수 없다."[31] "비로소 함께 시를 이야기할 만하다."[32] 즉, 공자와 대화를 나누려면 고전을 알아야 했던 것이다. 공자와 제자들은 실제로 시를 자주 거론하고 인용했다.[33]

당대의 관습에 의존했다는 사실을 염두에 두면, 심지어

나이와 같은 숫자조차도 조심스럽게 접근해야 한다. 『신약성서』에 예수는 서른 즈음에 활동을 시작했다고 되어 있으나 그것을 액면 그대로 받아들여야 할지는 별문제다. 새로운 전기가 되는 활동을 시작하는 나이로서 서른은 일종의 관용구일 가능성이 있다. 에제키엘이 예언자로서 활동을 시작한 것도 서른으로 되어 있고, 다윗이 임금으로 기름 부음을 받은 것도 서른으로 되어 있다.[34] 공자가 "나는 30세에 스스로를 확립했다"[35]고 했을 때, 그 역시 당시의 언어 관습에 따른 것은 아니었을까? 왜 29도 아니고 31도 아니고 하필 30이란 말인가?

공자의 생각은 얼마나 특별한가

그러니 공자가 『논어』에서 개진하고 있는 생각도 완전히 새로운 것은 아니다. 공자 사상의 대표 격으로 논의되는 인仁의 경우를 보자. 공자는 물론 인을 처음 말한 사람이 아니다.[36] 극기복례를 인이라고 한 사람도 공자가 처음이 아니다. 공자 이전부터 인은 매우 중요한 개념이었으며, 공자는 그러한 경향을 계승하고 강화한 사람이었던 것이다.[37] 공자의 인 사상에 특징이 있다면, 원래 통치자나 귀족의 덕성을 지칭하던 인을 더 많은 사람들이 노력을 통해 실현할 수 있는 덕성으로 간주한 점이다.

예 혹은 예치 역시 마찬가지다. 『논어』에서 공자는 바람직한 정치 질서를 구현하기 위한 수단으로서 예를 간주하곤 하였다. "예와 겸양으로 나라를 다스릴 수 없다면 예를 어떻게 하랴!"[38] 그런데 예 혹은 예치에 대한 강조는 결코 공자의 전유물이 아니다. 『좌전』은 『논어』 못지않게 풍부한 예 사상과 사례를 담고 있다. 『좌전』에서 일상적인 정치적 결정, 연회 및 사교에 이르는 다양한 행동 129회가 명시적으로 예의 견지에서 평가된다. 그리고 예에 맞추어 열려야 하는 혈맹에 대해서도 637회 언급하고 있으며, 심지어 『좌전』에 수백 번 등장하는 군사 작전조차 예에 의해 규정되고 실행되었다.[39] 주나라 자체가 예치를 기초로 성립한 정치체이니, 당시에 예에 대한 언설이 풍부한 것도 이상하지 않다.

자신이 가진 무력보다 더 넓은 지역을 지배하기 위해 주나라 왕실은 혈연들을 지역에 파견하여 자치적으로 다스리도록 했다. 파견된 혈연들은 일정한 절차에 따라 복종의 표시를 주기적으로 해야만 했다. 즉, 예가 그들의 관계를 지탱했던 것이다. 이런 식으로 예는 규범의 대명사가 되었다. 공자에게 특이한 점이 있다면, 예치가 무너져가는 와중에도 그런 고답적인(?) 비전을 고수했다는 점이다. 공자의 시대에는 강력한 지역 제후들 다수가 전통적 예 규범을 명시적으로 어기고 있었다. 그 결과 제후가 주나라 왕실과 맺은 예치는 더 이상 유지될 수 없었다. 그럼에도 공자는 그러한 예치를 고수하려 들었으니, 그가 "전술하되 창작하지는 않으며, 옛것을 믿고 좋아한다"[40] 운운한 것도 무리가 아니다.

물론 『논어』에서 공자는 예의 형식뿐 아니라 예를 통해 구현되는 덕을 중시했다. 그런데 그러한 생각조차 『논어』 특유의 것은 아니다. 사마천의 『사기』 「초세가楚世家」에는 예식의 도구인 구정九鼎의 크기와 무게를 묻는 초나라 왕에게, 왕손만王孫滿이 솥이 아니라 덕이 더 중요하다고 역설하는 대목이 실려 있다. "덕이 선하고 밝으면 [솥이] 아무리 작아도 무거운 것이고, 간악하고 혼란하면 아무리 커도 가볍다."[41] 그 밖에 『좌전』에는 공자가 말했다고 해도 이상하지 않을 언명들이 풍부하게 실려 있다. 예컨대 이러한 문장들은 어떤가? "무릇 덕이란, 검약하되 절도가 있고, 위아래를 나누는 차등이 있는 것이다. 문물로써 기강을 잡고, 성명으로써 드러내어 여러 관리에게 임하면 여러 관리들이 이에 두려워하여 감히 기율을 어기지 못한다."[42]

귀신이나 하늘 같은 초월자에 대한 견해는 어떤가? 상나라에서 주나라에 이르기까지 귀신에게 제사를 지내고, 그 대가를 바라는 사고방식이 팽배했다. 물론 이러한 사고방식은 고대 중국 특유의 것이 아니다. 예컨대 인도의 베다시대에도 인도·아리아인들이 조상에게 제사를 지내고, 그 제사 공물을 받은 조상들이 답례로서 악신을 물리치고 후손의 복락을 위해 활동한다는 관념이 있었다. 앞에서 살펴보았듯이,

공자는 이런 관념을 명시적으로 비판했다. 공자에게 예의 주된 의미는 초월적 존재로부터 보답이 아니라, 예를 통해 함양되는 덕성과 조화였다. 그런데 공자 혼자만 이런 생각을 한 것은 아니었다. 춘추시대 후기에 이르면 귀신이나 하늘은 인간의 행동을 지시하고, 인간의 행동에 반응하는 그 나름의 목적과 지각을 가진 존재라는 관념이 의심받기 시작했다.

예컨대 인간사는 하늘의 뜻이 아니라 인간의 의지에 달렸다는 취지의 시가 주목을 받았고,[43] 안자晏子(안영)는 혜성이 나타난 것을 불길하다고 걱정하는 경공景公에게 다음과 같이 말하기도 했다. "군주께서는 높은 누대를 쌓고, 깊은 연못을 파고 계십니다. 그리고 세금이 제대로 걷히지 않으면 어쩌지, 형벌이 무시무시하지 않으면 어쩌지 하며 걱정하고 있습니다. 이러다가는 불성孛星도 장차 나타날 판인데 혜성 정도에 왜 두려워한단 말입니까?" 그러자 경공이 "제사를 지내면 없앨 수 있겠소?"라고 물었다. 안자가 대답했다. "기도로 귀신을 부를 수 있다면 제사로 없앨 수 있겠지만, 백성의 괴로움과 원망은 지극히 많으니 군주 한 사람의 기도로 어떻게 수많은 입들을 당할 수 있겠습니까?"[44] 세금을 적게 하고, 형벌을 차선으로 생각하며, 기복적인 태도를 비판한다는 점에서 안자는 『논어』에 나온 공자의 입장과 매우 유사하다.

물리적 힘과 덕의 대비는 『논어』에서 반복되는 테마다. 그 점을 극명하게 보여주는 것이 천리마에 대한 발언이다.

"천리마는 그 힘을 칭찬하는 것이 아니라, 그 덕을 칭찬하는 것이다."[45] 힘이 좋다고 천리를 갈 수 있을까? 그렇지 않다. 그 힘을 운용해낼 수 있는 역량이 있어야 한다. 그 역량도 힘이지만, 그것이 물리력은 아니다. 이리하여 덕이 아니라 무예에 능했던 인물들은 합당한 죽음을 얻지 못한 사례들이 강조된다. 남궁괄南宮适이 "예羿는 활을 잘 쏘았고, 오奡는 힘이 세서 육지에서 배를 끌고 다녔지만 둘 다 합당한 죽음을 얻지 못하였습니다. 우禹임금과 직稷은 몸소 농사를 지었는데도 천하를 얻었습니다"라고 하자, 공자는 이렇게 말했다. "군자로구나, 이와 같은 사람은! 덕을 숭상하는구나, 이와 같은 사람은!"[46]

『논어』 전반에 걸쳐 이런 취지의 언명은 적지 않다. 위령공이 진법陳法에 관하여 묻자, 공자는 "제사에 관한 일이라면 들어본 적이 있으나 군사에 관한 일은 아직 배우지 못했습니다"라고 대꾸하고 떠나지 않는가.[47] 물론 공자 혼자만 무력의 한계를 인식한 것은 아니었다. 공자 이전에 관중(B.C.?~B.C.645)이 이미 이렇게 말했다. "형벌이 번다해도 마음이 두려워하지 않는다면, 명령은 행해지지 않는다."[48] 오나라와 전쟁을 하려 드는 월越나라 왕 구천句踐에게 신하 범려范蠡는 이렇게 간언했다. "안 됩니다. 무기는 흉기이고, 전쟁은 덕을 거스르는 일이고, 싸움은 일의 말단이라고 들었습니다."[49] 이들이 보기에, 바람직한 통치와 외교는 날것으로의 폭력에 의지하지 않는다.

정명 사상이라고 해서 어디 공자만의 전유물일까? 진晉나라 관리 역시 "이름으로써 의義를 고정하고, 의로써 예를 낳고, 예로써 통치의 뼈대를 삼고 통치로써 백성을 바로잡는다"라고 말했다.[50] 진나라 군주가 태자의 이름을 구仇라고 짓고, 작은 아들 이름을 성사成師라고 짓자, 사복師服이란 인물이 이렇게 한탄했다. "이상하도다, 군자가 자식 이름 짓는 방식이. 태자를 구仇라고 이름 붙였는데, 구란 원수란 뜻이다. 작은아들을 성사成師라고 이름 붙였는데, 성사란 위대한 이름이며, '성'이란 이룬다는 뜻이다. 이름은 그 자체로 명령이며, 사물은 그 자체로 정해진다. 지금 적자와 서자의 이름이 거꾸로 되었으니 나중에 진나라에 난리가 없을 수 있겠는가?[51] 이러한 한탄에는 이름에는 규범적 힘이 있으니, 사물의 바른 질서를 원하거든 그 사물의 이름이 먼저 제대로 되어야 한다는 정명 사상이 깔려 있다.

『논어』의 사상은 동아시아 특유의 것인가

요컨대 공자는 불가사의할 정도로 특이한 성인이었던 것이 아니라, 당시 사회에 부유하던 공통 언어자원을 활용해 자기 생각을 청중들에게 개진하던 사람이었던 것이다. 그렇게 개진된 그의 생각은 『논어』라는 텍스트에 고정된 이후에 오늘날까지 커다란 영향력을 행사해왔기 때문에 우리에게 완전히 낯설지는 않다. 동시에 그것은 아주 오랜 시간 동안 전승되어온 것이므로 각별한 노력을 기울여야 비로소 섬세하게 이해할 수 있는 것이기도 하다.

그것은 문명권을 넘어서도 마찬가지다. 『논어』의 세계는 타 문명권 사람들이 도저히 이해할 수 없을 정도로 낯선 것은 아니다. 예컨대 일상의 예를 강조한 것이 어디 동아시아 문명뿐이랴. 공자는 무례하게 다리를 벌리고 앉은 옛 친구 원양을 지팡이로 치면서 이렇게 일갈했다. "어려서는 공손하지도 않더니, 커서는 칭찬해줄 거리도 없고, 늙어서는 죽지도 않으니, 해만 끼치는 놈이로다."[52] 다리를 쩍 벌리고 앉는 것이 무례하다는 지적은 『논어』뿐 아니라 에라스뮈스의 글, 그리고 18세기에 익명으로 출판된 베스트셀러 『품격 있는 아카데미 혹은 어린 신사 숙녀를 위한 행동 학교』[53]에도 나온다.[54]

실로 예는 많은 문명권에 두루 존재했다. 여러모로 중국 문명과 대조되는 로마 문명의 경우에도 예를 중시하기는 마찬가지였다. 예컨대 맥멀렌Ramsay Macmullen은 『로마의 사회관계』에서 로마를 수치의 문명이 아니라 긍지의 문명이라고 정의한다. "수치의 문명? 나는 별로 그렇게 보지 않는다. 나는 오히려 로마인들에게서 긍지의 문명을 본다. Guilt society가 아니라 pride society 말이다."[55] 그 정도로 로마의 세계는 수치를 강조한 『논어』의 세계와 다르다. 그런데 푸코의 해설에 따르면, 로마적 긍지 역시 예를 통해 구현된다. "로마인들에게서도 믿을 수 없을 만큼 중요했던 이러한 동작의 제어, 신체적 태도의 제어, 즉 자기 테크닉은 즉시 타자들에게로 향합니다. 왜냐하면 자신의 사회적 지위와 우선권, 결과적으로 타자들에 대한 자신의 영향력을 확보하는 것이 중요하기 때문입니다."[56] 즉, 로마의 세계도 일상의 예를 중시했으며, 그러한 예의 실천을 통해 타인에게 영향을 끼치고자 했다.

로마인들이 예를 통해 동작을 제어했다는 것은 로마 문명에도 자아 수양, 자기 돌봄, 자기 배려, 자아 연마, 혹은 수기치인의 전통이 존재했음을 시사한다. 동서비교론자들은 흔히 자아 연마나 수기치인의 전통이 동양에서 주로 발달한 것처럼 선전하곤 한다. "유학儒學이 다른 학문 또는 사상과 구별되는 가장 중요한 특징은 '수기치인修己治人'의 명제에 집약되어 있다."[57] 천만에. 흔히 동양의 전유물처럼 이야기되던 수기치인이 유럽 문화에서 얼마나 핵심적이었는지 미셸 푸코는 극명하게 보여주었다. "내 생각에 epimeleia heautou(자기 배려와 거기에 연관된 규율)는 그리스·헬레니즘·로마 문화의 전반에 걸쳐서 철학적 태도를 특징짓는 항구적 원리였습니다."[58] 이것은 그리스·헬레니즘 문화에 그치는 일이 아니었다. "철학적 수련으로부터 기독교 금욕주의에 이르기까지 1천 년의 변형과 변환이 있었고, 그중에서 자기 배려는 중요한 길잡이들 가운데 하나임이 틀림없습니다. 어쨌든 겸손히 말해서 자기 배려는 가능한 중심 맥락들 가운데 하나라고 말할 수 있습니다."[59] 수기치인의 문제가 서양에서 얼마나 핵심적인 사안이었는지를 알면, 수기치인이라는 칼로 동서양을 일도양단하기보다는 수기치인이라는 공통 기반 속에서 다양한 입장 차이를 논할 수 있게 된다.

물론 자기 연마라 해도 모두 같은 자기 연마는 아니다. 예컨대 『논어』의 자기 연마와 고행자 전통의 자기 연마는 유의미하게 다르다. 『논어』의 세계는 자기 포기가 아니라 자기 완성을 목표로 한다. 그 점에서 고행을 통해 자신을 포기하고 신에게 의탁하고자 했던 그리스도교 고행자 전통과도 다르고, 인간에게 주어진 유한한 생을 이미 마친 것으로 간주하며 수행했던 유대인 고행자 전통과도 다르다.[60] 『논어』의 자기 연마는 본래적 자신을 발견하는 일과도 거리가 멀다. 후천적 노력에 의해 좀 더 나은 자신을 만들어나가는 데 관심을 가질 뿐, 돌아가야 할 인간 본성이 있다고 믿지 않는다. 그 점에서 타고난 도덕적 본성을 강조했던 후대의 성리학과도 크게 다르다.[61] 『논어』의 군자가 훌륭한 정치인이었다는 항간의 해석도 너무 단순하다. 『논어』에서 완성된 인간은 훌륭한 정치인이라기보다는 훌륭한 정치'도' 해낼 수 있는 인간이다. 『논어』에서 말하는 이상적 인간은 정치로 완전히 환원되지 않는다.

구체적인 자기 연마법에도 유사점과 차이점이 모두 존재

한다. 무절제한 욕망 추구를 권하지 않는다는 점에서는 유사점이 많다. 예컨대, 플루타르코스의 「소크라테스의 수호신」에는 체육 활동을 해서 식욕을 돋우고 나서 맛있는 음식을 응시한 뒤, 그 맛있는 음식은 머슴에게 주고 자신은 간소한 음식을 취하는 훈련이 등장한다. 세네카의 「루킬리우스에게 보내는 편지 18」에는 거친 옷을 입고 초라한 침대에서 자고 거친 빵을 먹으며 가난이 불행이 아니라는 사실, 그리고 자신이 그 가난을 온전히 감당할 수 있음을 증명하는 훈련이 나온다.[62] 후자는 『논어』에 나오는 공자의 언명을 연상시킨다. "거친 밥을 먹고 물 마시고, 팔을 굽혀 베개로 삼아도, 즐거움이 과연 그 안에 있다. 올바르지 않은데 부유하고 귀한 것은 나에게 뜬구름과 같다."[63]

했어야만 하는 것과 실제로 한 것들 사이의 간극을 날카롭게 의식한다는 점에서 유럽의 지적 전통과 『논어』의 세계는 이처럼 비슷한 점이 많다. 스토아주의에서 말하는 자아 연마의 구체적 실천법에는,[64] 하루 동안 범했던 실수들을 상기하는 게 있다. "아침의 성찰은 특히 그날 하루의 과제의 책무를 숙지하고 준비하기 위한 것으로 보인다. 반면 저녁 성찰은 훨씬 더 일관되게 그날 하루를 뒤돌아보는 데 모아진다. … 섹스티우스는 취침 전 명상할 때 자신의 영혼에다 대고 '오늘 너는 어떤 결점을 극복했는가? 어떤 악덕을 물리쳤는가? 뭔가 향상된 점이 있는가?'라고 질문한다. … 게다가 세네카는 숙면을 위한 준비도 빠뜨리지 않는다. '자신의 하루를 검토하는 이 습관보다 아름다운 것이 있을까? 어떤 졸음이 자신의 행적에 대한 검토 뒤에 오는 졸음만 할까? 자기 몫의 칭찬과 비난을 받은 영혼은 얼마나 평온하고 심오하며 자유로운가."[65] 이것은 『논어』에서 증자가 말하는 하루 반성법과 별로 다르지 않다. "나는 하루에 세 번 나 자신을 살핀다. 남을 위해 도모하는 일에 남김없이 정성을 쏟지 않았나? 붕우와 교제할 때 믿음직스럽게 대하지 않았나? 익히지 않은 것을 전해주지 않았나?"[66]

동시에, 차이점 역시 찾을 수 있다. 스토아 학자들은 미래에 닥칠 불행을 명상함으로써, 그것이 진짜 불행이 아님을 깨달아 그 불행의 힘을 무화시켜버려야 한다고 생각한다. 이것이 이른바 "미래의 불행에 대한 사전 명상praemeditatio malorum"이다. 반면, 에피쿠로스주의자는 불행 따위 미리 근심해봐야 소용없고, 과거의 즐거운 기억을 떠올리는 게 낫다고 주장한다.[67] 그러나『논어』의 세계는 이 두 입장 모두와 다르다. "사람에게 멀리까지 걱정하는 마음이 없으면, 반드시 가까이에 근심이 있기 마련이다."[68] 걱정 대상을 넓고 먼 시야에 배치함으로써, 임박한 걱정이 없도록 만든다.

공자의 사상을 집약하는 것으로 알려진 "서恕" 역시 유사한 생각을 여러 문명권에서 두루 발견할 수 있다. 고대 유대교 내의 바리사이계 율법학자들이 "남이 네게 하기를 바라지 않는 바로 그것을 너도 남에게 하지 마라"가 율법의 핵심이라고 주장한 점에서도 『논어』와 유사하다.[69] 예수 역시 '산상수훈'에서 "너희는 남에게서 바라는 대로 남에게 해주어라"라고 말했다.[70] 문필가 새뮤얼 리처드슨Samuel Richardson(1689~1761)의 『특별한 친구에게 쓰는 편지』는 총 173개의 모범 서한으로 이루어진 조언집인데, 그중 「병적으로 남을 조롱하는 일을 좋아하는 동생에게 형이 쓰는 편지」에 "우리가 참을 수 없는 일은 남에게 하지 말아야 하는 것이 우리의 의무다"라는 대목이 나온다.[71] 이 외에도 황금률이라는 이름으로 불리는 "서"와 유사한 생각은 동서고금을 통틀어 무수히 찾을 수 있다.

이처럼 여러 문명에 걸쳐 『논어』와 유사점과 차이점이 두루 존재한다면, 공자는 다른 문명권의 사람들이 도저히 상상할 수 없을 정도로 다른 생각을 한 것도 아니고, 다른 시대에도 똑같이 반복되는 식상한 이야기를 한 것도 아니다. 공자 사상의 특색은 지금까지 거론한 다양한 요소들이 공자라는 특정한 인격 속에서 특정한 방식으로 통합된 뒤, 고대 중국이라는 시공간에서 발화되었다는 사실에 있다. 그렇다면 우리가 아무리 21세기에 살고 있어도 가능한 한 『논어』가 속했던 역사 세계를 상상해보고, 『논어』가 아무리 분절된 텍스트처럼 보여도 그 부분들을 더 큰 전체의 일부로서 독해하는 것이 바람직하다.

에필로그

『논어』에 담긴 공자의 생각이 답이라면 문제는 무엇이었는가? 그때까지 사람들의 정신적 토대였던 초월자의 상상이 약화되는 것이 문제였고, 그때까지 집단적 삶을 지탱하던 주나라 정치질서가 무너지는 것이 문제였고, 그렇게 무너지는 상황에서 너 나 할 것 없이 부국강병에 뛰어드는 것이 문제였고, 그 와중에 인간이 끝없이 타락해가는 것이 문제였다.

공자 사상은 그 모든 문제들에 대한 대안이었다. 초월자의 상상이 더 이상 인간 사회를 지탱하지 못하게 되자 그 사실을 냉정하게 받아들이는 한편, 세속 세계에 집중하라고 권고했다. 그리고 그 세속이 단지 욕망과 권력과 강제가 넘실대는 곳이 아니라 그 나름의 성스러움과 위엄과 품위가 가능한 세계임을 보여주고자 했다. 그리하여 초월자가 인간에게 베푸는 호의에서가 아니라, 인간과 인간이 주고받는 예에서 집단적 삶의 근간을 찾아냈다.

예가 꽃피는 세계에서라면 인간은 거친 짐승이 아니라 심미적으로 고양되고 윤리적으로 깊어진 존재가 될 수 있다고 믿었다. 그러한 존재는 내면적으로는 타자에게 공감하는 덕성을 갖추고, 외면적으로는 세련된 외양을 구현할 것이었다. 그런 인간들은 상대를 죽이고 죽는 대신, 서로에게 합당한 이름을 부여하고, 그 이름값에 맞게 살아가고자 하며, 마침내 서로 어울려 화음을 이룰 것이었다. 이것은 위기의 극복책이 폭력적인 패권 추구가 아니라 명분이 현실을 만드는 상징질서에 있다고 선언한 것이었다.

그럼에도 춘추전국시대의 지배적 흐름은 폭력을 통해 더 강하고 더 큰 국가를 건설하는 것이었다. 권력자들은 전쟁을 효과적으로 수행하기 위해 자원을 징발했고, 자원을 많이 징발하기 위해 호구조사를 했고, 호구조사를 확실히 하기 위해 법률을 만들었다. 공자는 그러한 흐름에 정면으로 역행했다. 그러한 모습은 가혹한 법 집행과 과도한 세금 징수와 날것으로의 폭력에 반대한 『논어』에 잘 드러나 있다. 공자가 꿈꾸었던 세상은 군주가 막강한 폭력을 통해 나라 전체를 자의적으로 통치하는 전제국가와는 거리가 멀었다.

공자는 국가보다는 사회에 기대를 걸었다. 무절제한 군주를 예와 도덕으로 순치하는 한편, 사회 속 개인들이 신뢰로 맺어지기를 바랐다. 사람들이 충분한 공감 속에서 상호 신뢰를 쌓으면, 외부의 간섭 없이도 자율적 질서를 유지할 것이니, 국가는 과도하게 그 사회에 개입하지 않아도 될 것이었다. 그토록 신뢰에 찬 사회는 그저 사람들이 모여 산다고 이루어지지 않는다. 그런 사회를 지탱할 수 있는 개인들이 모일 때 비로소 그러한 사회가 가능하다. 그러한 개인은 부귀나 이익에 크게 흔들리지 않는 정신적 척추를 가지고 있는 존재들이어야 한다.

인간은 나면서부터 그러한 정신적 척추를 갖지는 않는다. 인간은 나면서부터 선한 존재가 아니라, 배움을 통해 비로소 선해지는 존재다. 그래서 인간은 평생에 걸친 자기 완성의 도정에 나서야 한다. 단지 정치를 잘하기 위해, 단지 관직을 얻기 위해, 단지 소일하기 위해 배우는 것이 아니라, 더 나은 인간이 될 수 있기에 자기 연마를 지속한다. 놀랍게도 공자는 이러한 자기 연마가 지루한 의무가 아니라 즐거운 과정이라고 생각하고 설득하였다.

그렇게 설득된 이들과 사제 관계를 이루었고, 사제들은 자기 연마에 타자가 필수적임을 깨달아 적극적으로 영향을 주고받았다. 그런 식으로 형성된 사제 관계는 정치적 의무로 연결된 군신 관계나 혈연으로 맺어진 친족 관계와는 질적으로 다른, 제삼의 네트워크였다. 이렇게 형성된 네트워크 덕분에 공자는 죽었어도 그의 생각은 후대로 전해졌고, 결국에는 『논어』라는 문자 텍스트로 정착되었다. 지금까지 이 책에서 재구성하고 해석한 것은 바로 그 텍스트의 내용이다. 『논어』

는 풍부한 재화나 강력한 권력이나 높은 지위가 아니라 새로운 삶을 약속했던 텍스트다.

주

1. 『논어』를 어떻게 읽을 것인가

1　子見南子, 子路不說. (『論語』 6.28)
2　이하 전개될 『논어』에 대한 해설 중 일부는 김영민, 2021, 『중국정치사상사』, 사회평론아카데미, 2장에 기반했다. 공자의 정치사상에 관심이 있는 독자는 김영민, 2021, 『중국정치사상사』, 사회평론아카데미, 2장을 읽어보기를 권한다.

2. 『논어』를 찾아서

1　에리히 아우어바흐 지음, 김우창·유종호 옮김, 2012, 『미메시스』, 민음사, 62쪽.
2　샤를르 페로 지음, 박상래 옮김, 2012, 『예수와 역사』, 가톨릭출판사, 309쪽; 『공동번역 성서』 「마르코의 복음서」 5장 22절~43절; 『공동번역 성서』 「마태오의 복음서」 9장 18절~26절.
3　샤를르 페로 지음, 박상래 옮김, 2012, 『예수와 역사』, 가톨릭출판사, 41쪽.
4　샤를르 페로 지음, 박상래 옮김, 2012, 『예수와 역사』, 가톨릭출판사, 45쪽.
5　문학적 극화의 사례를 실제 상황의 증거로 간주하는 입장도 있다. "공자가 높은 지위에 오르자 기분 좋은 표정을 감추지 못함으로써 제자에게 지적을 받는 등의 세밀한 묘사는 역사적 현장이 아니고서는 포착될 수 없는 장면이다. 이는 상당히 인간적인 단면의 기록이며 이런 세밀한 장면의 내용은 날조되기 어려운 부분이다." 안희진, 2015, 「공자의 소정묘 사건을 논함」, 『중국학보』 제73호(2015. 8), 한국중국학회, 203쪽. 그러나 이것은 사실의 증거보다는 극화의 증거로 채택될 수 있는 사례다. 기억을 관리하는 방법

중 하나는 거기에 문학적 형상화를 더하는 것이다. 『논어』에 나오는 다음과 같은 공자와 제자들과의 집단 대화 장면은 문학적 형상화의 또 다른 예이다. "자로子路, 증석曾晳, 염유冉有, 공서화公西華가 선생님을 모시고 앉아 있었다. 선생님께서 말씀하셨다. '내가 너희보다 조금 더 나이 먹었다고 해서 나를 개의치 마라. 평소에 [너희들은] '나를 알아주는 사람이 없다!'고들 하는데, 만약 누군가가 너희를 알아준다면, 어떻게 하겠는가?' … '점(증석)아, 너는 어떠냐?' 거문고 연주를 늦추더니 쨍 소리 나게 거문고를 내려놓고 일어서서 대답하였다. '[저는] 세 사람이 지닌 기량과는 다릅니다.'"(子路曾晳冉有公西華侍坐. 子曰, 以吾一日長乎爾, 毋吾以也. 居則曰, 不吾知也, 如或知爾, 則何以哉. … 點, 爾何如. 鼓瑟希, 鏗爾, 舍瑟而作, 對曰, 異乎三子者之撰. 『論語』 11.26) 거문고 소리를 줄여간 뒤 일어나 대답하는 증석의 모습은 문학적 형상화이거나 누군가의 기억에 의해 윤색된 결과일 가능성이 높다.

6   『논어』라는 텍스트의 역사에 대해서는 Michael Loewe(ed.), 1993, *Early Chinese Texts: A Bibliographical Guide*, Berkeley: University of California Press, The Society for the Study of Early China/The Institute of East Asian Studies, pp. 313~323 참조.

7   漢興, 有齊魯之說. (『前漢書』 卷30, 「藝文志」, 欽定四庫全書本)

8   漢興失亡. 至武帝發取孔子壁中古文, 得二十一篇, 齊魯二, 河間九篇, 三十篇. (『論衡』 「正說」, 黃暉 撰, 『論衡校釋』, 北京: 中華書局, 1990, p. 1136, 新編諸子集成)

9   루이-앙드레 도리옹 지음, 김유석 옮김, 2023, 『소크라테스』, 소요서가, 30쪽.

10 名之曰傳. (『論衡』 「正說」, 黃暉 撰, 『論衡校釋』, 北京: 中華書局, 1990, p. 1138, 新編諸子集成)

11 聖人制作曰經, 賢人著述曰傳. (『博物志』 卷6, 「晉世家」, 欽定四庫全書本)

12 사오 지음, 김경호 옮김, 2015, 『한대 경학의 발전과 사회 변화』, 성균관대학교출판부, 447~448쪽.

13 위서緯書는 위서僞書와 다르다. 위서緯書는 경서經書의 내용을 부연하는 책인데, 부연 과정에서 근거 없는 내용이 많이 삽입되곤 한다.

14 "전반적으로 지금의 『논어』에 포함된 500에 가까운 장은 언제 어떻게 만들어져 전해지고 편성되어 『논어』를 형성한 것일까? 또 그것이 공자 및 제자들의 언행을 전하는 사료로서 어느 부분이 얼마만큼의 가치가 있을까?

이것이 당면한 문제다. 그러나 그에 대해서는 기록의 증거로 댈 만한 것이 없다." 기무라 에이이치 지음, 나종석 옮김, 2020, 『공자와《논어》』, 에코리브르, 237쪽. 기무라 에이이치 이외에도 전부터 『논어』의 성립 시기와 구조를 확정하려는 노력들이 있어왔다. 대표적인 사례로는, 다케우치 요시오武內義雄의 『논어의 연구論語之研究』(東京: 岩波書店, 1939), 쓰다 소키치津田左右吉의 『논어와 공자의 사상論語と孔子の思想』(東京: 岩波書店, 1966), 그리고 영어권의 *The Original Analects: Sayings of Confucius and His Successors: A New Translation and Commentary* by E. Bruce Brooks and A. Takeo Brooks(NewYork: Columbia University Press, 1997); Michael Hunter, *Confucius Beyond the Analects*(Leiden; Brill, 2017)를 들 수 있다. 기무라 에이이치는 사료 부족을 인정하면서도 『논어』의 진실성을 의심하지 않고 『논어』의 내적 구조를 확정하려고 했다면, 마이클 헌터Michael Hunter는 『논어』의 진실성 테제를 유보하고, 『논어』를 더 큰 공자 담론의 일부로 간주한다.

15   기무라 에이이치 지음, 나종석 옮김, 2020, 『공자와《논어》』, 에코리브르, 16쪽.

16   『논어』 「자장子張」에는 공자의 말이 전혀 담겨 있지 않다.

17   『고논어古論語』는 『제논어齊論語』, 『노논어魯論語』, 『제설齊說』, 『노하후설魯夏侯說』, 『노안창후설魯安昌侯說』, 『노왕준설魯王駿說』, 『연전설燕傳說』, 『의주議奏』, 『공자가어孔子家語』, 『공자삼조孔子三朝』, 『공자도인도법孔子徒人圖法』 등이 있다. (論語古二十一篇, 齊二十二篇, 魯二十篇傳十九篇, 齊說二十九篇, 魯夏侯說二十一篇, 魯安昌侯說二十一篇, 魯王駿說二十篇 燕傳說三卷, 議奏十八篇, 孔子家語二十七卷, 孔子三朝七篇, 孔子徒人圖法二卷. 『前漢書』 卷30, 「藝文志」, 欽定四庫全書本)

18   위서 혐의에 시달리던 『공자가어』 같은 문헌은 위서가 아닌 것으로 결국 판명되었다. 李春紅, 「『孔子家語 相魯 始誅』篇所記孔子事跡言論考」(曲阜師範大學, 석사학위논문, 2009년 4월); 宋鶴, 「『孔子家語』的成書及眞僞研究」(遼寧師範大學, 석사학위논문, 2009년 5월) 참조.

19   마크 에드워드 루이스 지음, 최정섭 옮김, 2006, 『고대 중국의 글과 권위』, 미토, 274~275쪽.

20   Stillman Drake, 2003, *Galileo at Work: His Scientific Biography*(Facsim. ed.), Mineola(N.Y.): Dover Publications Inc.; 홍석봉, 2011, 『첫 생각: 세상을 바꾼 생각들은 어떻게 시작되었을까?』, 신인문사, 157쪽.

21 에리히 아우어바흐 지음, 김우창·유종호 옮김, 2012, 『미메시스』, 민음사, 62쪽.
22 子張書諸紳. (『論語』 15.6)
23 案賢聖之言, 上下多相違: 其文, 前後多相伐者. (『論衡』 「問孔」, 黃暉 撰, 『論衡校釋』, 北京: 中華書局, 1990, p. 395, 新編諸子集成)

3. 공자를 찾아서

1 마크 에드워드 루이스 지음, 최정섭 옮김, 2006, 『고대 중국의 글과 권위』, 미토, 456~473쪽.
2 Stephen Durant, 1995, *The Cloudy Mirror: Tension and Conflict in the Writing of Sima Qian*(Albany: SUNY)에서 그러한 주장을 펼쳤다.
3 天下君王至於賢人衆矣, 當時則榮, 沒則已焉. 孔子布衣, 傳十餘世, 學者宗之. 自天子王侯, 中國言六藝者折中於夫子, 可謂至聖矣. (『史記』 卷47, 「孔子世家」, 欽定四庫全書本)
4 子畏於匡, 曰, 文王旣沒, 文不在玆乎. 天之將喪斯文也, 後死者不得與於斯文也. 天之未喪斯文也, 匡人其如予何. (『論語』 9.5)
5 高祖, 沛豐邑中陽里人, 姓劉氏, 字季, 父曰太公, 母曰劉媼. 其先劉媼嘗息大澤之陂, 夢與神遇. 是時雷電晦冥, 太公往視, 則見蛟龍於其上. 已而有身, 遂産高祖. 高祖爲人, 隆準而龍顔, 美須髥, 左股有七十二黑子. (『史記』 卷8, 「高祖本紀」, 欽定四庫全書本)
6 孔子母徵在, 遊於大塚*之陂, 睡夢黑帝使請己. 已往夢交. 語曰, 女乳必於空桑之中. 覺則若感, 生邱於空桑之中. (『春秋緯』 「演孔圖」, 馬國翰(淸) 編, 『玉函山房輯佚書』 刊寫地未詳: 繡江李氏, 1889, 四a面) *塚: 御覽作澤.
7 [經] 十有四年春, 西狩獲麟. (『春秋公羊傳注疏』 卷28, 欽定四庫全書本)
8 [傳] 制春秋之義, 以俟後聖. (『春秋公羊傳注疏』 卷28, 欽定四庫全書本)
9 曰演孔圖中有作圖制法之狀. 孔子仰推天命俯察時變, 卻觀未來豫解無窮, 知漢當繼大亂之後, 故作撥亂之法以授之. (『春秋公羊經傳解詁』 卷12, 欽定四庫全書本)
10 마크 에드워드 루이스 지음, 최정섭 옮김, 2006, 『고대 중국의 글과 권위』,

미토, 290쪽.

11 昔夫子當行, 使弟子持雨具, 已而果雨. … 問夫子何以知此. (『史記』卷 67,「仲尼弟子列傳」, 欽定四庫全書本)

12 無憂, 瞿年四十後當有五丈夫子. 已而果然. (『史記』卷67,「仲尼弟子列傳」, 欽定四庫全書本)

13 사오 지음, 김경호 옮김, 2015,『한대 경학의 발전과 사회 변화』, 성균관대학교출판부, 159쪽.

14 天下之事, 世間之物, 可思而(知), 愚夫能開精; 不可思而知, 上聖不能省. (『論衡』「實知」, 黃暉 撰『論衡校釋』, 北京: 中華書局, 1990, p. 1084, 新編諸子集成)

15 可效放者, 莫過孔子. (『論衡』「自記」, 黃暉 撰『論衡校釋』, 北京: 中華書局, 1990, p. 1191, 新編諸子集成)

16 由孔子而來至於今百有餘歲, 去聖人之世若此其未遠也, 近聖人之居若此其甚也, 然而無有乎爾, 則亦無有乎爾. (『孟子』「盡心下」 '孟子正義', 焦循 撰, 沈文倬 點校, 北京: 中華書局, 1987, p. 1037, 新編諸子集成)

17 …孔子反羽. 斯十二聖者. (『論衡』「骨相」, 黃暉 撰『論衡校釋』, 北京: 中華書局, 1990, p. 112, 新編諸子集成)

18 其爲百世之聖. (『論衡』「別通」, 黃暉 撰『論衡校釋』, 北京: 中華書局, 1990, pp. 599~600, 新編諸子集成)

19 공자 소왕론에 대해서는『국역 신간소왕사기』(김세종 옮김, 보고사, 2008)를 참조할 수 있다.

20 然則孔子之春秋, 素王之業也. (『論衡』「超奇」, 黃暉 撰,『論衡校釋』, 北京: 中華書局, 1990, p. 609, 新編諸子集成)

21 비슷한 맥락에서 주공도 실제 왕보다 더 왕다운 인물로 간주되곤 했다.『사기』,「노주공세가魯周公世家」참조. 成王在豊, 天下已安, 周之官政未次序, 於是周公作周官, 官別其宜, 作立政, 以便百姓. 百姓説. 周公在豊, 病, 將沒, 曰必葬我成周, 以明吾不敢離成王. 周公旣卒, 成王亦讓, 葬周公於畢, 從文王, 以明予小子不敢臣周公也. (『史記』卷33,「魯周公世家」, 欽定四庫全書本)

22 孔子近聖, 爲漢定道. (孔廟禮器碑)

23 西狩獲麟, 爲漢製作. (史晨碑)

24 主爲漢制, 道審可行. (史晨碑)

25 이에 대한 역사적 정황에 대해서는 사오 지음, 김경호 옮김, 2015, 『한대 경학의 발전과 사회 변화』, 성균관대학교출판부, 151~152쪽.

26 子不語怪力亂神. (『論語』 7.21)

27 子曰, 未能事人, 焉能事鬼. (『論語』 11.12)

28 『춘추위春秋緯』 「연공도演孔圖」, 『효경원신계孝經援神契』, 그리고 명나라 손곡孫轂이 역대 위서를 찬집한 『고미서古微書』 등의 텍스트에서는 공자를 신으로 취급한다.

29 孔子母徵在, 遊於大塚*之陂, 睡夢黑帝使請己. 已往夢交. 語曰: 女乳必於空桑之中. 覺則若感, 生邱於空桑之中. (『春秋緯』 「演孔圖」, 馬國翰(淸) 編, 『玉函山房輯佚書』, 刊寫地未詳: 繡江李氏, 1889, 四a面) *塚: 御覽作澤.

30 孔子長十尺, 大九圍, 坐如蹲龍, 立如牽牛, 就之如昴, 望之如斗. (『春秋緯』 「演孔圖」, 馬國翰(淸) 編, 『玉函山房輯佚書』, 刊寫地未詳: 繡江李氏, 1889, 四b面)

31 顔淵喟然歎曰, 仰之彌高, 鑽之彌堅, 瞻之在前, 忽焉在後. 夫子循循然善誘人, 博我以文, 約我以禮, 欲罷不能. 旣竭吾才, 如有所立卓爾. 雖欲從之, 末由也已. (『論語』 9.11)

32 孔子當泗水之(而)葬, 泗水爲之卻流. 此言孔子之德, 能使水卻, 不淹其墓也. 世人信之. 是故儒者稱論, 皆言孔子之後當封, 以泗水卻流爲證. 如原省之, 殆虛言也. (『論衡』 「書虛」 '傳書言', 黃暉 撰, 『論衡校釋』, 北京: 中華書局, 1990, p. 187, 新編諸子集成)

33 류쩌화 지음, 장현근 옮김, 2019, 『중국정치사상사 1』, 글항아리, 288쪽.

34 전목錢穆의 연구에 따르면, 공자는 30세에 제자를 받기 시작하였고, 제자 3,000명 가운데 현인이 70명 정도였으며, 제자 대다수가 출신이 빈천했다. 귀족 출신은 남궁경숙南宮敬叔과 송나라의 사마우司馬牛 정도였다고 한다. 즉, 공자의 학술은 옛 귀족 문화에 기반한 것이지만 가르침의 대상은 귀족에 국한되지 않았다. 이에 대한 내용은 김영민, 2021, 『중국정치사상사』, 사회평론아카데미, 2장 참조.

35 이에 대해 김영민, 2021, 『중국정치사상사』, 사회평론아카데미, 1장 참조.

36 마크 에드워드 루이스 지음, 최정섭 옮김, 2006, 『고대 중국의 글과 권위』, 미토, 123~130쪽.

37 Benjamin A. Elman, 1984, *From Philosophy to Philology: Intellectual and*

Social Aspects of Change in Late Imperial China, Cambridge: Council on East Asian Studies, Harvard University Press. p. xiii.

38 성호 이익이 『맹자』의 뜻을 풀이하고 자신의 견해를 기록한 주석서.

39 峻法刻刑. 奚爲於孔子之門. [李瀷, 『孟子疾書』, 刊者未詳, 肅宗 44年(1718). 0001冊 003a面]

40 子曰, 道之以政, 齊之以刑, 民免而無恥. 道之以德, 齊之以禮, 有恥且格. (『論語』 2.3)

41 마크 에드워드 루이스 지음, 최정섭 옮김, 2006, 『고대 중국의 글과 권위』, 미토, 456~473쪽.

42 佞人當誅何. 爲其亂善行, 傾覆國政. 『韓詩內傳』曰, 孔子爲魯司寇, 先誅少正卯. 謂佞道已行, 敵國政也. 佞道未行, 章明遠之而已. 『論語』曰, 放鄭聲, 遠佞人. (班固, 『白虎通德論』 「誅伐」)

43 是故聖人貴才智之特能, 立功立事益於世矣, 如愁過多, 才智少, 作亂有餘, 而立功不足, 仲尼所以避陽貨而誅少正卯也. 何謂可取乎. (徐幹, 『中論』 「智行」, 四部叢刊本)

44 故堯放驩兜, 仲尼誅少正卯. 甘言之所嘉, 不爲之傾, 惟堯知其實, 仲尼見其情. (『新語』 「輔政」, 四部叢刊本)

45 孔子誅少正卯而魯國之邪塞. 子産誅鄧析, 而鄭國之奸禁. 以近喻遠, 以小知大也. 故聖人守約而治廣者, 此之謂也. (『淮南子』 「氾論訓」, 四部叢刊本)

46 孔丘攝魯相, 七日而誅少正卯. 門人進問曰, 夫少正卯, 魯之聞人也. 夫子爲政而先誅, 得無失乎. 孔子曰, 居, 吾語汝其故. (『尹文子』 「大道下」, 四部叢刊本)

47 昔孔子治魯, 七日誅少正卯, 今太守視事已一月矣, 五官掾張輔懷虎狼之心, 貪汙不軌, 一郡之錢盡入輔家, 然適足以葬矣. (『漢書』 「趙尹韓張兩王傳」, 四部叢刊本)

48 昔仲尼爲魯司寇, 七日而誅少正卯. 今臣到官已積一旬, 私懼以稽留爲愆, 不意獲速疾之罪. (『後漢書』 「黨錮列傳」, 四部叢刊本)

49 마크 에드워드 루이스 지음, 최정섭 옮김, 2006, 『고대 중국의 글과 권위』, 미토, 471쪽. 『좌전』에서도 같은 고사를 다루지만, 『좌전』이 묘사하는 공자의 모습은 혹독한 집행을 거침없이 해내는 모습과는 거리가 멀다.

50 안희진, 2015, 「공자의 소정묘 사건을 논함」, 『중국학보』 제73호(2015. 8),

한국중국학회, 187~211쪽; 황준연, 1996, 「공자가 소정묘를 죽인 일에 대한 변증」, 『동양철학연구』 Vol.20, 동양철학연구회, 1999-06, 82~102쪽.

51 與聞國政三月, 粥羔豚者弗飾賈, 男女行者別於塗, 塗不拾遺. (『史記』 卷47, 「孔子世家」, 欽定四庫全書本)

52 子入大廟, 每事問. 或曰, 孰謂鄹人之子知禮乎. 入大廟, 每事問. 子聞之曰, 是禮也. (『論語』 3.15)

53 박정희, 1962, 『우리 민족의 나갈 길』, 동아출판사, 56~57쪽.

54 아시아에서 중국의 역동적 변천에 대해서는 김영민, 2021, 『중국정치사상사』, 사회평론아카데미 참조.

55 정기문, 2020, 『예수의 후계자들: 역사학의 눈으로 본 예수 사후의 후계권 문제』, 도서출판 길, 15쪽.

56 정기문, 2020, 『예수의 후계자들: 역사학의 눈으로 본 예수 사후의 후계권 문제』, 도서출판 길, 19~21쪽. 물론 바우어 주장의 세부 내용은 수정되어 왔다.

57 아리우스 논쟁에 대해서는 리차드 루벤슈타인 지음, 한인철 옮김, 2004, 『예수는 어떻게 하나님이 되셨는가: 로마 제국 말기의 참된 기독교를 정의하기 위한 투쟁』, 한국기독교연구소 참조.

58 Michael Nylan·Thomas Wilson, 2010, *Lives of Confucius: Civilization's Greatest Sage Through the Ages*, Crown Archetype; First Edition (April 13, 2010) 참조.

59 중국 청말민초의 사상가 캉유웨이康有爲(1858~1927)는 이른바 공교孔敎를 국교國敎화하는 과정에서 공자를 국혼國魂으로 간주했다.

60 四十八年, 與魯定公好會夾谷. 犁鉏曰孔丘知禮而怯, 請令萊人爲樂, 因執魯君, 可得志. 景公害孔丘相魯, 懼其霸, 故從犁鉏之計. 方會, 進萊樂, 孔子歷階上, 使有司執萊人斬之, 以禮讓景公. 景公慙, 乃歸魯侵地以謝, 而罷去. 是歲, 晏嬰卒. (『史記』 卷32, 「齊太公世家」, 欽定四庫全書本)

4. 세속의 질서를 찾아서

1 마왕퇴백서馬王堆帛書 『주역周易』 「요要」에도 이와 관련된 공자의 언명이 실려 있다. "군자는 덕행으로써 복을 구하므로 제사 지내는 일이 드물고, 인의

로 길함을 구하므로 점복이 드물다."(君子德行焉求福, 故祭祀而寡也. 仁義焉求吉, 故卜筮而希也. 馬王堆帛書『周易』「要」)

2　子不語怪力亂神. (『論語』7.21)

3　季路問事鬼神. 子曰, 未能事人, 焉能事鬼. 曰, 敢問死. 曰, 未知生, 焉知死. (『論語』11.12)

4　C. K. Chang, 1983, *Art, Myth and Ritual: The Path to Political Authority in Ancient China*, Cambridge: Harvard University Press, p. 45.

5　王曰於乎, 何辜今之人, 天降喪亂, 饑饉薦臻, 靡神不擧, 靡愛斯牲, 圭璧旣卒, 寧莫我聽. (『詩經』「大雅」,『毛詩注疏』卷25, 欽定四庫全書本)

6　執無鬼而學祭禮, 是猶無客而學客禮也, 是猶無魚而爲魚罟也. [『墨子』「公孟」, 吳毓江 撰, 孫啓治 點校,『墨子校注』, 北京: 中華書局, 2006(2版), p. 690, 新編諸子集成]

7　敬鬼神而遠之. (『論語』6.22)

8　"우리의 신들이 경건하고 올바른 사람의 영혼이 아니라 선물과 제의에 주목한다면, 그것은 끔찍한 일일 테니까. 내 생각에 신들은 호사스런 이 행렬과 제의보다는 우리의 영혼에 훨씬 더 많이 주목할 걸세. … 신들은 뇌물 받는 자가 아니(네)." 플라톤 지음, 김주일·정준영 옮김, 2020,『알키비아데스 I·II』, 아카넷, 229쪽.

9　묵자 사상에 대해서는 김영민, 2021,『중국정치사상사』, 사회평론아카데미, 3장 참조.

10　子曰, 天生德於予, 桓魋其如予何. (『論語』7.23)

11　獲罪於天, 無所禱也. (『論語』3.13)

12　子曰, 莫我知也夫. … 子曰, 不怨天, 不尤人, 下學而上達. 知我者, 其天乎. (『論語』14.35)

13　Aristotle, *Du Ciel*, I, 9.279a, trad. P. Moreaux, Paris: Les Belles Lettres, 1965, p. 37; 조르주 디디-위베르만 지음, 이나라 옮김, 2019,『색채 속을 걷는 사람』, 현실문화연구, 95쪽.

14　Aristotle, *Du Ciel*, I, 3.269b-270a, trad. P. Moreaux, Paris: Les Belles Lettres, 1965, pp. 6~9; 조르주 디디-위베르만 지음, 이나라 옮김, 2019,『색채 속을 걷는 사람』, 현실문화연구, 95쪽.

5. 행동규범을 찾아서

1 夫禮者禁於將然之前, 而法者禁於已然之後, 是故法之所用易見, 而禮之所爲生難知也. (『前漢書』卷48, 「賈誼傳」, 欽定四庫全書本)

2 Erasmus, "On Good Manners," in *Erasmus Reader*, ed. Erika Rummel (Toronto: University of Toronto Press, 1990), p. 102; 설혜심, 2024, 『매너의 역사』, 휴머니스트, 15쪽.

3 그리스와 로마의 경우에 대해서는 테오도르 몸젠, 김남우·김동훈·성중모 옮김, 2013, 『몸젠의 로마사 1』, 푸른역사, 240쪽 참조.

4 샤를르 페로 지음, 박상래 옮김, 2012, 『예수와 역사』, 가톨릭출판사, 149쪽. 그러나 예수의 세계에서 결국 중요했던 것은 예식 너머에 있다.

5 Jessica Rawson, 1989, "Statesman or Barbarians? The Western Ziou as seen through their Bronzes," *Proceeding of the British Academy* LXXV, pp. 89~91; Jessica Rawson, 1990, *Western Zhou Ritual Bronzes from the Arthur M Sackler collections* vol. 1, Cambridge: Harvad University, pp. 108~110.

6 마크 에드워드 루이스 지음, 최정섭 옮김, 2006, 『고대 중국의 글과 권위』, 미토, 313~314쪽.

7 非禮勿視, 非禮勿聽, 非禮勿言, 非禮勿動. (『論語』12.1)

8 子曰, 禘, 自旣灌而往者, 吾不欲觀之矣. (『論語』3.10)

9 敬鬼神而遠之. (『論語』6.22)

10 未知生, 焉知死. (『論語』11.12)

11 樊遲問知. 子曰, 務民之義, 敬鬼神而遠之, 可謂知矣. (『論語』6.22)

12 子曰, 由, 誨女知之乎. 知之爲知之, 不知爲不知, 是知也. (『論語』2.17)

13 子曰, 臧文仲居蔡, 山節藻梲, 何如其知也. (『論語』5.18)

14 플라톤 지음, 김주일·정준영 옮김, 2020, 『알키비아데스 I·II』, 아카넷, 64~66쪽.

15 管氏而知禮, 孰不知禮. (『論語』3.22)

16 子曰, 由, 知德者鮮矣. (『論語』15.4)

17 樊遲問仁. 子曰, 愛人. 問知. 子曰, 知人. (『論語』12.22)

18 子曰, 蓋有不知而作之者, 我無是也. 多聞, 擇其善者而從之, 多見而識之, 知之次也. (『論語』7.28)

19 子曰, 誦詩三百, 授之以政, 不達, 使於四方, 不能專對, 雖多, 亦奚以爲.

20 "예란 무엇인가? 일을 다스리는 것이다."(『禮記』「仲尼燕居」: 禮者何也. 卽事之治也.『禮記註疏』卷15, 欽定四庫全書本)

21 子曰, 禮云禮云, 玉帛云乎哉. 樂云樂云, 鐘鼓云乎哉. (『論語』17.11)

22 孝文卽位, 有司議欲定儀禮, 孝文好道家之學, 以爲繁禮飾貌, 無益於治, 躬化謂何耳, 故罷去之. (『史記』卷23,「禮書」, 欽定四庫全書本)

23 설혜심, 2024,『매너의 역사』, 휴머니스트, 5쪽.

24 테오프라스토스 지음, 김재홍 옮김, 2019,『성격의 유형들』, 쌤앤파커스, 150~151쪽.

25 카키누마 요헤이 지음, 이원천 옮김, 2003,『이천 년 전 중국의 일상을 거닐다』, 사계절, 8쪽;『사기』, 권120.

26 不能以禮讓爲國, 如禮何. (『論語』4.13)

27 지미트리스 지갈라타스 지음, 김미선 옮김, 2024,『인간은 의례를 갈망한다』, 민음사, 19, 30, 31쪽.

28 지미트리스 지갈라타스 지음, 김미선 옮김, 2024,『인간은 의례를 갈망한다』, 민음사, 323~327쪽.

29 지미트리스 지갈라타스 지음, 김미선 옮김, 2024,『인간은 의례를 갈망한다』, 민음사, 74~76쪽.

30 지미트리스 지갈라타스 지음, 김미선 옮김, 2024,『인간은 의례를 갈망한다』, 민음사, 42~151, 296쪽.

31 이하 인용 페이지 번호는 도리스 레싱 지음, 김승욱 옮김, 2018,『19호실로 가다』, 문예출판사 판본의 페이지를 가리킨다.『19호실로 가다』에 대한 논의 및 논어에 대한 개괄적 소개는 김영민,「〈19호실로 가다〉의 수전을 보라」,『시사인』933호 이래의 '김영민의 연재할 결심' 시리즈에 기초했다.

32 Donald Harper, 1987, "Wang Yen-shou's Nightmare Poem," *Harvard Journal of Asiatic Studies* Vol. 47, No. 1, pp. 240~241, 254~282.

33 名不正, 則言不順, 言不順, 則事不成, 事不成, 則禮樂不興, 禮樂不興, 則刑罰不中, 刑罰不中, 則民無所錯手足. (『論語』13.3)

34 君君, 臣臣, 父父, 子子. (『論語』12.11)

35 어빙 고프먼 지음, 진수미 옮김, 2016,『자아 연출의 사회학』, 현암사, 14~15쪽.

36 子曰, 父在, 觀其志, 父沒, 觀其行. (『論語』1.11)

37 알렉시 드 토크빌 지음, 이용재 옮김, 2018,『아메리카의 민주주의 2』, 아카

넷, 390~391쪽.

38 至其揖讓之禮則從矣, 而行事何其戾也. (『史記』卷33, 「魯周公世家」, 欽定四庫全書本)

39 George Santayana, 1922, *Soliloquies in England and Later Soliloquies*, New York: Scribner's, pp. 131~132; 어빙 고프먼 지음, 진수미 옮김, 2016, 『자아 연출의 사회학』, 현암사, 5쪽에서 재인용.

40 名不正, 則言不順, 言不順, 則事不成, 事不成, 則禮樂不興, 禮樂不興, 則刑罰不中, 刑罰不中, 則民無所錯手足. 故君子名之必可言也, 言之必可行也. 君子於其言, 無所苟而已矣. (『論語』13.3)

41 예의 형태를 띤 폭력에 대한 논의는 『사기』 「송미자세가宋微子世家」에 나오는 양공襄公과 목이目夷의 대화 참조.

42 고대 중국의 맹약에 대해서는 滋賀秀三, 1976, 「中國上代の刑罰についての一考察: 誓と盟を手がかりとして」, 滋賀秀三·平松義郎編, 『石井良助先生還曆祝賀法制史論集』, 創文社, pp. 5~36 참조.

43 마크 에드워드 루이스 지음, 최정섭 옮김, 2006, 『고대 중국의 글과 권위』, 미토, 42~46쪽.

44 마크 에드워드 루이스 지음, 최정섭 옮김, 2006, 『고대 중국의 글과 권위』, 미토, 49쪽.

45 틴 스키너 지음, 임동현 옮김, 2021, 『마키아벨리』, 교유서가, 138~139쪽.

6. 주체를 찾아서

1 Herbert Fingarette, 1972, *Confucius: The Secular as Sacred*, New York: Harper & Row.

2 子曰, 麻冕, 禮也. 今也純, 儉, 吾從衆. 拜下, 禮也. 今拜乎上, 泰也. 雖違衆, 吾從下. (『論語』9.3)

3 顔淵問爲邦. 子曰, 行夏之時, 乘殷之輅, 服周之冕, 樂則韶舞. 放鄭聲, 遠佞人. 鄭聲淫, 佞人殆. (『論語』15.11)

4 仲弓問仁. 子曰, 出門如見大賓, 使民如承大祭. 己所不欲, 勿施於人. 在邦無怨, 在家無怨. 仲弓曰, 雍雖不敏, 請事斯語矣. (『論語』12.2)

5 子張問仁於孔子. 孔子曰, 能行五者於天下, 爲仁矣. 請問之. 曰, 恭寬信

	敏惠. 恭則不侮, 寬則得衆, 信則人任焉, 敏則有功, 惠則足以使人. (『論語』17.6)
6	Herbert Fingarette, 1972, *Confucius: The Secular as Sacred*, New York: Harper & Row.
7	樊遲問仁. 子曰, 愛人. (『論語』12.22)
8	宰我問曰, 仁者, 雖告之曰, 井有仁焉. 其從之也. 子曰, 何爲其然也. 君子可逝也, 不可陷也, 可欺也, 不可罔也. (『論語』6.26)
9	子曰, 惟仁者, 能好人, 能惡人. (『論語』4.3)
10	克伐怨欲, 不行焉, 可以爲仁矣. 子曰, 可以爲難矣, 仁則吾不知也. (『論語』14.1)
11	仁者必有勇, 勇者不必有仁. (『論語』14.4)
12	曰, 未知, 焉得仁. (『論語』5.19)
13	子曰, 君子而不仁者有矣夫, 未有小人而仁者也. (『論語』14.6)
14	子曰, 苟志於仁矣, 無惡也. (『論語』4.4)
15	我欲仁, 斯仁至矣. (『論語』7.30)
16	爲仁由己, 而由人乎哉. (『論語』12.1)
17	子夏曰, 博學而篤志, 切問而近思, 仁在其中矣. (『論語』19.6)
18	子曰, 不仁者, 不可以久處約, 不可以長處樂. 仁者, 安仁. (『論語』4.2)
19	仁者靜. (『論語』6.23)
20	플라톤 지음, 김주일·정준영 옮김, 2020, 『알키비아데스 I·II』, 아카넷, 51쪽.
21	子曰, 君子喩於義, 小人喩於利. (『論語』4.16)
22	플라톤 지음, 김주일·정준영 옮김, 2020, 『알키비아데스 I·II』, 아카넷, 51쪽.
23	플라톤 지음, 김주일·정준영 옮김, 2020, 『알키비아데스 I·II』, 아카넷, 51쪽.
24	子罕言利, 與命與仁. (『論語』9.1)
25	子夏爲莒父宰, 問政. 子曰, 無欲速, 無見小利. 欲速則不達, 見小利則大事不成. (『論語』13.17)
26	小不忍則亂大謀. (『論語』15.27)
27	子曰, 人無遠慮, 必有近憂. (『論語』15.12)
28	子曰, 放於利而行, 多怨. (『論語』4.12)
29	로드니 스타크 지음, 손현선 옮김, 2016, 『기독교의 발흥』, 좋은씨앗, 151, 181쪽.
30	테오도르 몸젠, 김남우·김동훈·성중모 옮김, 2013, 『몸젠의 로마사 1』, 푸

른역사, 85쪽.
31 로드니 스타크 지음, 손현선 옮김, 2016, 『기독교의 발흥』, 좋은씨앗, 181쪽.
32 김민철, 2023, 『누가 민주주의를 두려워하는가』, 창비, 65쪽.
33 물론 그리스도교의 등장과 더불어 기형아와 장애아 살해에 대한 견해가 완전히 바뀌었는지는 별문제이다. 예컨대 마르틴 루터는 『담화록』에서 장애아 살해를 긍정한 것으로 알려졌는데, 이 또한 복잡한 해석을 요하는 문제이다.
34 E. A. Judge, 1986, "The Quest for Mercy in Late Antiquity." *In God Who Is Rich in Mercy: Essays Presented to D. B. Knox*, edited by P. T. O'Brien and D. G. Peterson, Sydney: Macquarie University Press, pp. 107~121.
35 夫子之言性與天道, 不可得而聞也. (『論語』 5.13)
36 미셸 푸코 지음, 심세광 옮김, 2007, 『주체의 해석학』, 동문선, 79, 97~98쪽. 그리고 이것을 맥락에 따라 영혼이라고 부를 수도 있고, 이성이라고 부를 수도 있다. 미셸 푸코 지음, 오트르망·심세광·전혜리 옮김, 2004, 『자기 자신에 대한 진실 말하기』, 동녘, 191, 244~245쪽 참조.
37 미셸 푸코 지음, 오트르망·심세광·전혜리 옮김, 2022, 『자기해석학의 기원』, 동녘, 133쪽; "자기는 자기와 맺는 여러 관계 외의 그 무엇도 아닙니다. 자기는 관계입니다. 자기는 현실이 아닙니다. 그것은 애초부터 주어져 있는 구조화된 어떤 것이 아닙니다. 그것은 자기와의 관계입니다. 자기라는 것에는 이러한 관계와 그 관계들의 총체라는 정의밖에는 부여할 수 없다고 생각합니다." 미셸 푸코 지음, 오트르망·심세광·전혜리 옮김, 2016, 『비판이란 무엇인가』, 동녘, 136쪽.
38 顔淵問仁. 子曰, 克己復禮, 爲仁. (『論語』 12.1)
39 미셸 푸코 지음, 오트르망·심세광·전혜리 옮김, 2024, 『자기 자신에 대한 진실 말하기』, 동녘, 289쪽.
40 미셸 푸코 지음, 오트르망·심세광·전혜리 옮김, 2016, 『비판이란 무엇인가』, 동녘, 133~134쪽.
41 미셸 푸코 지음, 오트르망·심세광·전혜리 옮김, 2022, 『자기해석학의 기원』, 동녘, 96~97쪽.
42 미셸 푸코 지음, 오트르망·심세광·전혜리 옮김, 2022, 『자기해석학의 기원』, 동녘, 85쪽.
43 Pei-yi Wu, 1990, *Confucian's Progress: Autobiographical Writings in*

Traditional China, Princeton: Princeton University Press.

7. 인간을 찾아서

1   子貢曰, 夫子之文章, 可得而聞也, 夫子之言性與天道, 不可得而聞也. (『論語』 5.13)

2   양주楊朱에 대해서는 김영민, 2021, 『중국정치사상사』, 사회평론아카데미, 3장 참조.

3   不離於宗, 謂之天人. 不離於精, 謂之神人. 不離於眞, 謂之至人. 以天爲宗, 以德爲本, 以道爲門, 兆於變化, 謂之聖人. 以仁爲恩, 以義爲理, 以禮爲行, 以樂爲和, 薰然慈仁, 謂之君子. (『莊子(雜篇)』 「天下」, 郭慶藩 撰, 王孝魚 點校, 『莊子集釋』, 北京: 中華書局, 1961, p. 1066, 新編諸子集成)

4   "자장이 좋은 사람이 되는 길에 대해 여쭈었다. 선생님께서 말씀하셨다. '[옛 성인의] 자취를 밟지 않으면, 그 역시 높은 경지에 들어갈 수 없다.'"(子張問善人之道. 子曰, 不踐迹, 亦不入於室. 『論語』 11.20)

5   "선생님께서 말씀하셨다. '군자에게는 세 가지 경외하는 것이 있다. 천명을 경외하고, 대인을 경외하고, 성인의 말씀을 경외한다. 소인은 천명을 알지 못하여 경외하지 않고, 대인에게 버릇없이 굴고, 성인의 말씀을 업신여긴다.'"(孔子曰, 君子有三畏, 畏天命, 畏大人, 畏聖人之言. 小人不知天命而不畏也, 狎大人, 侮聖人之言. 『論語』 16.8)

6   "선생님께서 말씀하셨다. '성인은 내가 만나볼 수 없었다. 군자를 만나보는 것, 그 정도만 해도 괜찮을 텐데.' 선생님께서 말씀하셨다. '좋은 사람은 내가 만나볼 수 없었다. 한결같은 사람을 만나보는 것, 그 정도만 해도 괜찮을 텐데. 없는 데 있는 척, 비었는데 가득 찬 척, 부족한데 넉넉한 척. 어렵도다, 이러한 태도가 한결같기는.'"(子曰, 聖人, 吾不得而見之矣, 得見君子者, 斯可矣. 子曰, 善人, 吾不得而見之矣, 得見有恒者, 斯可矣. 亡而爲有, 虛而爲盈, 約而爲泰. 難乎, 有恒矣. 『論語』 7.26)

7   "자로가 완성된 인간에 대해 여쭈었다. 선생님께서 말씀하셨다. '장무중臧武仲의 앎, 공작公綽의 욕심 없음, 변장자卞莊子의 용기, 염구冉求의 재주를 갖춘 뒤에, 예악으로 세련된 표현을 더한다면, 과연 완성된 인간이라고 할

수 있다.' [이어서] 말씀하셨다. '요즘의 완성된 인간이야 어찌 꼭 그러기야 하겠는가? 이익을 마주할 때 올바름을 생각하고, 위기에 닥쳤을 때 목숨을 던질 수 있고, 오래전 약속이라 해도 전에 했던 말을 잊지 않으면 과연 완성된 인간이라고 할 수 있다.'(子路問成人. 子曰, 若臧武仲之知, 公綽之不欲, 卞莊子之勇, 冉求之藝, 文之以禮樂, 亦可以爲成人矣. 曰, 今之成人者, 何必然. 見利思義, 見危授命, 久要不忘平生之言, 亦可以爲成人矣. 『論語』14.12)

8 『논어』에서 인자仁者와 군자君子는 호환적으로 사용되기도 했다. 宰我問曰, 仁者, 雖告之曰, 井有仁焉. 其從之也. 子曰, 何爲其然也. 君子可逝也, 不可陷也, 可欺也, 不可罔也. (『論語』6.26)

9 주지하다시피, 군자는 공자가 만든 말이 아니다. 『시경』과 『서경』에 다수의 용례가 있다.

10 William Bouwsma, 1990, *A Usable Past: Essays in European Cultural History*, Berkeley: University of California Press, p. 173.

11 子謂子夏曰, 女爲君子儒, 無爲小人儒. (『論語』6.13)

12 子曰, 君子和而不同, 小人同而不和. (『論語』13.23)

13 子曰, 君子周而不比, 小人比而不周. (『論語』2.14)

14 子曰, 君子矜而不爭, 羣而不黨. (『論語』15.22)

15 子曰, 君子易事而難說也. 說之不以道, 不說也. (『論語』13.25)

16 曾子曰, 可以託六尺之孤, 可以寄百里之命, 臨大節而不可奪也, 君子人與, 君子人也. (『論語』8.6)

17 子曰, 君子坦蕩蕩, 小人長戚戚. (『論語』7.37)

18 子曰, 君子泰而不驕, 小人驕而不泰. (『論語』13.26)

19 子曰, 君子成人之美, 不成人之惡. 小人反是. (『論語』12.16)

20 子曰, 君子求諸己, 小人求諸人. (『論語』15.21)

21 及其使人也, 求備焉. (『論語』13.25)

22 及其使人也, 器之. (『論語』13.25)

23 無求備於一人. (『論語』18.10)

24 子曰, 君子上達, 小人下達. (『論語』14.23)

25 김영민, 2020, 『공부란 무엇인가』, 어크로스, 13쪽; Oscar Wilde, "Lady Windermere's Fan," 2003, *Complete Works of Oscar Wilde*, Collins, p. 610.

26 子曰, 君子病無能焉, 不病人之不己知也. (『論語』15.19)

27 子曰, 君子疾沒世而名不稱焉. (『論語』15.20)
28 子夏曰, 君子有三變. 望之儼然, 卽之也溫, 聽其言也厲. (『論語』19.9)
29 子曰, 君子義以爲質, 禮以行之, 孫以出之, 信以成之, 君子哉. (『論語』15.18)
30 子路問成人. 子曰, 若臧武仲之知, 公綽之不欲, 卞莊子之勇, 冉求之藝, 文之以禮樂, 亦可以爲成人矣. 曰, 今之成人者, 何必然. 見利思義, 見危授命, 久要不忘平生之言, 亦可以爲成人矣. (『論語』14.12)
31 크리스토퍼 리 코너리 지음, 최정섭 옮김, 2005, 『텍스트의 제국』, 소명출판, 158쪽.
32 德能居位曰士. (『春秋公羊傳注疏』卷17, 欽定四庫全書本)
33 Lothar von Falkenhausen, 2006, *Chinese Society in the Age of Confucius(1000-250 BC): the Archaeological Evidence*, Berkeley: University of California, pp. 370~399.
34 行己有恥. (『論語』13.20)
35 使於四方, 不辱君命, 可謂士. (『論語』13.20)
36 子曰, 士, 志於道, 而恥惡衣惡食者, 未足與議也. (『論語』4.9)
37 子曰, 士而懷居, 不足以爲士矣. (『論語』14.2)
38 子曰, 切切偲偲, 怡怡如也, 可謂士矣. (『論語』13.28)
39 子張曰, 士, 見危致命, 見得思義. (『論語』19.1)
40 周有八士. 伯達, 伯适, 仲突, 仲忽, 叔夜, 叔夏, 季隨, 季騧. (『論語』18.11)
41 任重而道遠. (『論語』8.7)
42 言必信, 行必果, 硜硜然小人哉. (『論語』13.20)
43 子曰, 是聞也, 非達也. (『論語』12.20)
44 宗族稱孝焉, 鄕黨稱弟焉. (『論語』13.20)
45 死而後已, 不亦遠乎. (『論語』8.7)
46 曾子曰, 士, 不可以不弘毅. (『論語』8.7)
47 알렉시 드 토크빌 지음, 이용재 옮김, 2018, 『아메리카의 민주주의 2』, 아카넷, 149쪽.
48 알렉시 드 토크빌 지음, 이용재 옮김, 2018, 『아메리카의 민주주의 2』, 아카넷, 150쪽.
49 미셸 푸코 지음, 오트르망·심세광·전혜리 옮김, 2024, 『자기 자신에 대한

50 플라톤 지음, 김주일·정준영 옮김, 2020, 『알키비아데스 I·II』, 아카넷, 101~104쪽.
51 미셸 푸코 지음, 심세광 옮김, 2007, 『주체의 해석학』, 동문선, 230쪽.
52 子曰, 性相近也, 習相遠也. (『論語』17.2)
53 子曰, 唯上知與下愚不移. (『論語』17.3)
54 子曰, 齊一變, 至於魯, 魯一變, 至於道. (『論語』6.24)
55 過則勿憚改. (『論語』1.8)
56 子謂韶, 盡美矣, 又盡善也. 謂武, 盡美矣, 未盡善也. (『論語』3.25)
57 子曰, 雍也, 可使南面. (『論語』6.1); 季氏富於周公, 而求也爲之聚斂而附益之. 子曰, 非吾徒也. 小子鳴鼓而攻之可也. (『論語』11.17)
58 『論語』13.8, 14.9, 14.11, 14.15, 14.16, 14.17, 14.18, 18.2.
59 微子去之, 箕子爲之奴, 比干諫而死. 孔子曰, 殷有三仁焉. (『論語』18.1)
60 子貢問, 師與商也孰賢. 子曰, 師也過, 商也不及. 曰, 然則師愈與. 子曰, 過猶不及. (『論語』11.16)
61 子游曰, 吾友張也, 爲難能也, 然而未仁. (『論語』19.15); 曾子曰, 堂堂乎張也. 難與並爲仁矣. (『論語』19.16)
62 子貢方人. 子曰, 賜也賢乎哉. 夫我則不暇. (『論語』14.29)
63 『論語』11.3, 11.5, 11.13, 11.14, 11.15, 11.18.
64 南容三復白圭, 孔子以其兄之子妻之. (『論語』11.6)
65 子曰, 回也其庶乎. (『論語』11.19)
66 季康子問, 弟子孰爲好學. 孔子對曰, 有顏回者好學, 不幸短命死矣. 今也則亡. (『論語』11.7)
67 子曰, 鄕原, 德之賊也. (『論語』17.13)
68 子貢問曰, 鄕人皆好之, 何如. 子曰, 未可也. 鄕人皆惡之, 何如. 子曰, 未可也, 不如鄕人之善者好之, 其不善者惡之. (『論語』13.24)
69 子曰, 年四十而見惡焉, 其終也已. (『論語』17.26)
70 子曰, 君子義以爲上, 君子有勇而無義爲亂, 小人有勇而無義爲盜. (『論語』17.23)
71 子曰, 衆惡之, 必察焉. 衆好之, 必察焉. (『論語』15.28)
72 子曰, 惟仁者, 能好人, 能惡人. (『論語』4.3)
73 或曰, 以德報怨, 何如. 子曰, 何以報德. 以直報怨, 以德報德. (『論語』

14.34)

74 子貢曰, 君子亦有惡乎. 子曰, 有惡. 惡稱人之惡者, 惡居下流而訕上者, 惡勇而無禮者, 惡果敢而窒者. 曰, 賜也亦有惡乎. 惡徼以爲知者, 惡不孫以爲勇者, 惡訐以爲直者. (『論語』 17.24)

75 子夏問於孔子曰, 居父母之仇如之何. 夫子曰, 寢苫枕干不仕, 弗與共天下也. 遇諸市朝不反兵而鬪. (『孔子家語』 「曲禮子夏問」)

76 聰明深察而近於死者, 好議人者也. 博辯廣大危其身者. 發人之惡者也. 爲人子者毋以有己, 爲人臣者毋以有己. (『史記』 卷47, 「孔子世家」, 欽定四庫全書本)

77 움베르트 에코 지음, 김희정 옮김, 2014, 『적을 만들다』, 열린책들, 13쪽.

78 子曰, 躬自厚而薄責於人, 則遠怨矣. (『論語』 15.15)

79 子曰, 回也, 其心三月不違仁, 其餘則日月至焉而已矣. (『論語』 6.7)

80 子曰, 苗而不秀者, 有矣夫. 秀而不實者, 有矣夫. (『論語』 9.22)

81 孔子對曰, 有顔回者好學, 不遷怒, 不貳過. 不幸短命死矣, 今也則亡, 未聞好學者也. (『論語』 6.3)

82 子謂顔淵曰, 惜乎. 吾見其進也, 未見其止也. (『論語』 9.21)

83 子曰, 吾十有五而志于學, 三十而立, 四十而不惑, 五十而知天命, 六十而耳順, 七十而從心所欲, 不踰矩. (『論語』 2.4)

84 미셸 푸코 지음, 심세광 옮김, 2007, 『주체의 해석학』, 동문선, 144쪽.

85 子曰, 性相近也, 習相遠也. (『論語』 17.2)

86 미셸 푸코 지음, 오트르망·심세광·전혜리 옮김, 2024, 『자기 자신에 대한 진실 말하기』, 동녘, 128~129쪽.

87 미셸 푸코 지음, 심세광 옮김, 2007, 『주체의 해석학』, 동문선, 145쪽. "늙기 위해 살아야 한다"는 표현 자체는 푸코가 세네카를 재해석하며 제시한 것이다. "세네카의 표현에는 있지 않고, 세네카가 한 말을 다소 극단으로 몰고 가는 표현을 사용한다면 이제 '늙기 위해 살아야 할' 필요가 있다고 말할 수 있습니다. 노년에서 평정을 찾을 수 있기 때문에, 안식처를 찾을 수 있기 때문에, 자기 만족을 찾을 수 있기 때문에 늙기 위해 살 필요가 있습니다."

88 세네카의 「서신 32」에 있는 "consummare vitam ante mortem"이다. Seneca the Younger, *Epistles*, Volume I, Translated by Richard M. Gummer, Cambridge: Harvard University Press, 1917/2015, p. 230.

89 從心所欲, 不踰矩. (『論語』 2.4)

90 Robert Ezra Park, 1950, *Race and Culture*, Glencoe, Ill.: The Free Press, p. 250. 어빙 고프먼 지음, 진수미 옮김, 2016, 『자아 연출의 사회학』, 현암사, 34쪽 재인용.

8. 국가와 사회를 찾아서

1 기존 학계의 전제국가론 비판에 대해서는 김영민, 2021, 『중국정치사상사』, 사회평론아카데미 참조.
2 張忠培, 2002, 「關於中國文明的起源形成研究的幾個問題」, 『中原文物』 2002年 第5期.
3 許進雄, 1988, 『中國古代社會: 文字與人類學的透視』, 臺北: 臺灣商務印書館, pp. 408~411.
4 해당 법조문과 관련해서는 A.F.P. Hulsewé, 1985, *Remnants of Ch'in Law: An Annotated Translation of the Ch'in Legal and Administrative Rules of the 3rd Century B.C. Discovered in Yun-meng Prefecture, Hu-pei Province, in 1975*, Leiden: Brill, pp. 211~215. 관련 연구로는 Steven F. Sage, 1992, *Ancient Sichuan and the Unification of China*, Albany: State University of New York Press, pp. 131~133 등을 참고할 수 있다.
5 이에 대해서는 張光直, 1985, 「關于中國初期"城市"幾個概念」, 『文物』 1985-2, pp. 61~67; Paul Wheatley, 1971, *The Pivot of the Four Quarters: A Preliminary Enquiry into the Origins and Character of the Ancient Chinese City*, Chicago: Aldine Publishing Company; Li Liu(劉莉) & Xingcan Chen(陳星燦) 지음, 심재훈 옮김, 2006, 『중국 고대국가의 형성』, 학연문화사 참조. 이 국가를 정확히 어떻게 규정할 것인지에 대해서는 여전히 논쟁이 진행 중이다.
6 물론 '도시'의 정의가 유동적인 만큼 '도시국가'의 정의도 유동적일 수밖에 없다. 단편국가는 도시국가와 그 양상이 비슷하여 현재의 목적에 비추어 양자를 구분할 필요가 없다. 대국으로 변모하기 전 고대 중국의 국가를 도시국가로 볼 경우, 고대 시기 아시아와 유럽 등지에 많이 존재했던 도시국가들과 비교의 시야가 열리게 된다. 이에 대해서는 Deborah L. Nichols and Thomas H. Chakon, 1997, *The Archaeology of City-States: Cross Cultural*

Approaches. Washington D.C.: Sinithsonian Institution Press 참조.

7 節用而愛人. (『論語』1.5)

8 君子之行也, 度於禮, 施取其厚, 事舉其中, 斂從其薄. (『左傳』「哀公十一年」, 『春秋左傳注疏』卷58, 「魯周公世家」, 欽定四庫全書本)

9 百姓足, 君孰與不足. 百姓不足, 君孰與足. (『論語』12.9)

10 子曰, 道千乘之國, 敬事而信, 節用而愛人, 使民以時. (『論語』1.5)

11 子曰, 聽訟, 吾猶人也. 必也使無訟乎. (『論語』12.13)

12 孟氏使陽膚爲士師, 問於曾子. 曾子曰, 上失其道, 民散久矣. 如得其情, 則哀矜而勿喜. (『論語』19.19)

13 子曰, 其身正, 不令而行, 其身不正, 雖令不從. (『論語』13.6)

14 子曰, 爲政以德, 譬如北辰居其所而衆星共之. (『論語』2.1)

15 子曰, 無爲而治者, 其舜也與. 夫何爲哉. 恭己正南面而已矣. (『論語』15.5)

16 공동체의 규모 문제는 오래된 정치사상의 주제이다. 민주정을 잘 유지하려면 시민들이 서로 잘 알 수 있어야 한다는 주장을 아리스토텔레스가 한 적 있는데, 로마 제국에 와서는 그런 일은 불가능해졌다. 서로 잘 알 수 있는 규모도 아니었고, 주변부 사람들은 집회에 참여하러 오기조차 어려웠다.

17 김민철, 2023, 『누가 민주주의를 두려워하는가』, 창비, 99, 101, 104. 105, 108, 128쪽.

18 알렉시 드 토크빌 지음, 이용재 옮김, 2018, 『아메리카의 민주주의 1』, 아카넷, 104쪽.

19 子曰, 里仁爲美. 擇不處仁, 焉得知. (『論語』4.1)

20 子曰, 德不孤, 必有鄰. (『論語』4.25)

21 雖彊大不能得之於小弱, 小弱顧能得之於彊大乎. 豈可謂非無故之利哉. (『史記』「趙世家」)

22 알렉시 드 토크빌 지음, 이용재 옮김, 2018, 『아메리카의 민주주의 1』, 아카넷, 640쪽.

23 子曰, 夷狄之有君, 不如諸夏之亡也. (『論語』3.5)

24 알렉시 드 토크빌 지음, 이용재 옮김, 2018, 『아메리카의 민주주의 1』, 아카넷, 640쪽.

25 알렉시 드 토크빌 지음, 이용재 옮김, 2018, 『아메리카의 민주주의 2』, 아카넷, 59쪽.

26 子夏曰, 君子信而後勞其民, 未信, 則以爲厲己也. 信而後諫, 未信, 則以爲謗己也. (『論語』19.10)

27 主忠信. (『論語』1.8)

28 子曰, 道千乘之國, 敬事而信. (『論語』1.5)

29 謹而信. (『論語』1.6)

30 子貢問政. 子曰, 足食, 足兵, 民信之矣. 子貢曰, 必不得已而去, 於斯三者何先. 曰, 去兵. 子貢曰, 必不得已而去, 於斯二者何先. 曰, 去食. 自古皆有死. 民無信不立. (『論語』12.7)

31 子曰, 君子無所爭, 必也射乎. 揖讓而升下而飮. 其爭也君子. (『論語』3.7)

32 子曰, 德不孤, 必有鄰. (『論語』4.25)

33 E. H. Volkart, 1951, *Contributions of W. I. Thomas to Theory and Social Research. Social Behavior and Personalily*, New York: Social Science Research Council, p. 5. 어빙 고프먼 지음, 진수미 옮김, 2016, 『자아 연출의 사회학』, 현암사, 13~14쪽에서 재인용.

34 노베르트 엘리아스 지음, 박미애 옮김, 1996, 『문명화 과정 1』, 한길사. 150쪽.

35 설혜심, 2024, 『매너의 역사』, 휴머니스트, 23쪽.

36 김민철, 2023, 『누가 민주주의를 두려워하는가』, 창비, 38쪽.

37 子曰, 能以禮讓爲國乎, 何有. (『論語』4.13)

38 葉公語孔子曰, 吾黨有直躬者, 其父攘羊, 而子證之. 孔子曰, 吾黨之直者異於是, 父爲子隱, 子爲父隱. 直在其中矣. (『論語』13.18)

39 或謂孔子曰, 子奚不爲政. 子曰, 書云, 孝乎, 惟孝, 友于兄弟, 施於有政. 是亦爲政, 奚其爲爲政. (『論語』2.21)

9. 리더십을 찾아서

1 明予小子不敢臣周公也. (『史記』卷33, 「魯周公世家」, 欽定四庫全書本)

2 子曰, 甚矣, 吾衰也. 久矣, 吾不復夢見周公. (『論語』7.5)

3 Edward L. Shaughnessy, 1993, "The Duke of Zhou's Retirement in the East and the Beginnings of the Ministerial-Monarch Debate in Chinese Political Philosophy," *Early China* Vol.18, pp. 41~72.

4 마크 에드워드 루이스 지음, 최정섭 옮김, 2006, 『고대 중국의 글과 권

위』, 미토, 440~455쪽. 5장의 주 82: Shaughnessy, "The Duke of Zhou's Retirement in the East."

5   子路問事君. 子曰, 勿欺也, 而犯之. (『論語』14.22)
6   曰, 一言而喪邦, 有諸. 孔子對曰, 言不可以若是, 其幾也. 人之言曰, 予無樂乎爲君, 唯其言而莫予違也. 如其善而莫之違也, 不亦善乎. 如不善而莫之違也, 不幾乎一言而喪邦乎. (『論語』13.15)
7   遠佞人. (『論語』15.11)
8   나쁜 소식을 전하는 메신저의 공포에 대해서는 에우리피데스의 「박코스 여신도들」을 참조.
9   子爲政, 焉用殺. 子欲善而民善矣. 君子之德風, 小人之德草. 草上之風必偃. (『論語』12.19)
10 子曰, 善人爲邦百年, 亦可以勝殘去殺矣. 誠哉, 是言也. (『論語』13.11)
11 動之不以禮, 未善也. (『論語』15.33)
12 君使臣以禮, 臣事君以忠. (『論語』3.19)
13 子曰, 能以禮讓爲國乎, 何有. 不能以禮讓爲國, 如禮何. (『論語』4.13)
14 上好禮, 則民莫敢不敬, 上好義, 則民莫敢不服, 上好信, 則民莫敢不用情. 夫如是, 則四方之民, 襁負其子而至矣, 焉用稼. (『論語』13.4)
15 子曰, 上好禮, 則民易使也. (『論語』14.41)
16 葉公問政. 子曰, 近者說, 遠者來. (『論語』13.16)
17 故遠人不服, 則修文德以來之. 既來之, 則安之. (『論語』16.1)
18 夫如是, 則四方之民, 襁負其子而至矣, 焉用稼. (『論語』13.4)
19 政者, 正也. 子帥以正, 孰敢不正. (『論語』12.17)
20 苟子之不欲, 雖賞之不竊. (『論語』12.18)
21 子曰, 其身正, 不令而行, 其身不正, 雖令不從. (『論語』13.6)
22 子曰, 苟正其身矣, 於從政乎何有. 不能正其身, 如正人何. (『論語』13.13)
23 哀公問曰, 何爲則民服. 孔子對曰, 擧直錯諸枉, 則民服, 擧枉錯諸直, 則民不服. (『論語』2.19)
24 孔子曰, 天下有道, 則禮樂征伐, 自天子出. 天下無道, 則禮樂征伐, 自諸侯出. 自諸侯出, 蓋十世希不失矣. 自大夫出, 五世希不失矣. 陪臣執國命, 三世希不失矣. 天下有道, 則政不在大夫. 天下有道, 則庶人不議. (『論語』16.2)
25 季氏旅於泰山. 子謂冉有曰, 女弗能救與. 對曰, 不能. 子曰, 嗚呼. 曾謂

	泰山不如林放乎.(『論語』3.6)
26	孔子謂季氏, 八佾舞於庭, 是可忍也, 孰不可忍也.(『論語』3.1)
27	子曰, 非其鬼而祭之, 諂也.(『論語』2.24)
28	三家者以雍徹. 子曰, 相維辟公, 天子穆穆, 奚取於三家之堂.(『論語』3.2)
29	子曰, 不在其位, 不謀其政.(『論語』8.14)
30	子曰, 觚不觚, 觚哉, 觚哉.(『論語』6.25)
31	齊景公問政於孔子. 孔子對曰, 君君, 臣臣, 父父, 子子. 公曰, 善哉. 信如君不君, 臣不臣, 父不父, 子不子, 雖有粟, 吾得而食諸.(『論語』12.11)
32	子貢問曰, 孔文子, 何以謂之文也. 子曰, 敏而好學, 不恥下問, 是以謂之文也.(『論語』5.15)
33	子曰, 自行束脩以上, 吾未嘗無誨焉.(『論語』7.7)
34	丘也聞有國有家者, 不患寡而患不均, 不患貧而患不安. 蓋均無貧, 和無寡, 安無傾.(『論語』16.1)
35	샤를르 페로 지음, 박상래 옮김, 2012, 『예수와 역사』, 가톨릭출판사, 161쪽.
36	子曰, 衆惡之, 必察焉. 衆好之, 必察焉.(『論語』15.28)
37	알렉시 드 토크빌 지음, 이용재 옮김, 2018, 『아메리카의 민주주의 1』, 아카넷, 536쪽.
38	알렉시 드 토크빌 지음, 이용재 옮김, 2018, 『아메리카의 민주주의 1』, 아카넷, 535~536쪽.
39	김민철, 2023, 『누가 민주주의를 두려워하는가』, 창비, 58쪽.
40	버나드 마넹, 곽준혁 옮김, 2004, 『선거는 민주적인가』, 후마니타스, 49쪽.
41	Aristotle, *Politics*, VI. 2, 1317a 40-1317b2.; Euripides, *Suppliant Women*, v. pp. 406~408.
42	Aristotle, *Politics* III, 1277a27.
43	버나드 마넹, 곽준혁 옮김, 2004, 『선거는 민주적인가』, 후마니타스, 47쪽.
44	子曰, 道之以政, 齊之以刑, 民免而無恥. 道之以德, 齊之以禮, 有恥且格.(『論語』2.3)
45	斯民也, 三代之所以直道而行也.(『論語』15.25)
46	子曰, 古者民有三疾, 今也或是之亡也. 古之狂也肆, 今之狂也蕩, 古之矜也廉, 今之矜也忿戾, 古之愚也直, 今之愚也詐而已矣.(『論語』17.16)
47	子曰, 善人敎民七年, 亦可以卽戎矣.(『論語』13.29)

48 子曰, 以不教民戰, 是謂棄之. (『論語』13.30)

49 子曰, 不教而殺謂之虐, 不戒視成謂之暴, 慢令致期謂之賊, 猶之與人也, 出納之吝, 謂之有司. (『論語』20.2)

50 曾子曰, 愼終追遠, 民德歸厚矣. (『論語』1.9)

51 季康子問, 使民敬忠以勸, 如之何. 子曰, 臨之以莊則敬, 孝慈則忠, 擧善而教不能則勸. (『論語』2.20)

10. 배움을 찾아서

1 플라톤 지음, 김주일·정준영 옮김, 2020, 『알키비아데스 I·II』, 아카넷, 69쪽.

2 子曰, 不曰, 如之何, 如之何者, 吾末如之何也已矣. (『論語』15.16)

3 子曰, 苟志於仁矣, 無惡也. (『論語』4.4)

4 我欲仁, 斯仁至矣. (『論語』7.30)

5 子曰, 三軍可奪帥也, 匹夫不可奪志也. (『論語』9.26)

6 子曰, 愛之, 能勿勞乎. 忠焉, 能勿誨乎. (『論語』14.7)

7 唐棣之華, 偏其反而. 豈不爾思. 室是遠而. 子曰, 未之思也, 夫何遠之有. (『論語』9.31)

8 子曰, 知之者, 不如好之者, 好之者, 不如樂之者. (『論語』6.20)

9 子曰, 學而時習之, 不亦說乎. (『論語』1.1)

10 居, 吾語女. 好仁不好學, 其蔽也愚. 好知不好學, 其蔽也蕩. 好信不好學, 其蔽也賊. 好直不好學, 其蔽也絞. 好勇不好學, 其蔽也亂. 好剛不好學, 其蔽也狂. (『論語』17.8)

11 子曰, 默而識之, 學而不厭, 誨人不倦, 何有於我哉. (『論語』7.2)

12 子曰, 若聖與仁, 則吾豈敢. 抑爲之不厭, 誨人不倦, 則可謂云爾已矣. 公西華曰, 正唯弟子不能學也. (『論語』7.34)

13 子曰, 十室之邑, 必有忠信如丘者焉, 不如丘之好學也. (『論語』5.28)

14 子曰, 德之不修, 學之不講, 聞義不能徙, 不善不能改, 是吾憂也. (『論語』7.3)

15 子曰, 學如不及, 猶恐失之. (『論語』8.17)

16 其為人也, 發憤忘食, 樂以忘憂, 不知老之將至云爾. (『論語』7.19)

17 子曰, 君子食無求飽, 居無求安, 敏於事而愼於言, 就有道而正焉, 可謂

好學也已. (『論語』1.14)
18 子夏曰, 日知其所亡, 月無忘其所能, 可謂好學也已矣. (『論語』19.5)
19 아리스토텔레스 지음, 박문재 옮김, 2022, 『니코마코스 윤리학』, 현대지성, 66쪽.
20 哀公問, 弟子孰爲好學. 孔子對曰, 有顔回者好學, 不遷怒, 不貳過. 不幸短命死矣, 今也則亡, 未聞好學者也. (『論語』6.3)
21 子曰, 我未見好仁者, 惡不仁者. 好仁者, 無以尙之. 惡不仁者, 其爲仁矣, 不使不仁者加乎其身. 有能一日用其力於仁矣乎. 我未見力不足者. 蓋有之矣, 我未之見也. (『論語』4.6)
22 子曰, 古之學者爲己, 今之學者爲人. (『論語』14.24)
23 미셸 푸코 지음, 오트르망·심세광·전혜리 옮김, 2024, 『자기 자신에 대한 진실 말하기』, 동녘, 73쪽.
24 미셸 푸코 지음, 오트르망·심세광·전혜리 옮김, 2016, 『비판이란 무엇인가』, 동녘, 112~114, 134~136, 163~165, 183~185, 210~211쪽; 미셸 푸코 지음, 오트르망·심세광·전혜리 옮김, 2024, 『자기 자신에 대한 진실 말하기』, 동녘, 19~20, 61, 187쪽.
25 미셸 푸코 지음, 오트르망·심세광·전혜리 옮김, 2024, 『자기 자신에 대한 진실 말하기』, 동녘, 154쪽. 그리스도교에서 설파하고 실천한 자기 수양은 자기 수련이라는 점에서는 스토아적 전통을 이어받았다. (적지 않은 연속성에도 불구하고) 또 크게 다르다. 그리스도교는 "주체의 해석학"을 발명한다. 미셸 푸코 지음, 오트르망·심세광·전혜리 옮김, 2022, 『자기해석학의 기원』, 동녘, 16, 124쪽; 미셸 푸코 지음, 오트르망·심세광·전혜리 옮김, 2024, 『자기 자신에 대한 진실 말하기』, 동녘, 139, 148, 163쪽 등 참조. 스토아 철학자들에게는 자기가 어쩔 수 있는 자기 소관 영역과 자기가 어쩔 수 없는 영역을 분별하고 전자에 집중하는 일이 중요했다면, 그리스도교에서는 비판적 자기 인식이 중요하다. 자기 자신이 곧 사탄에 휘둘린 상태가 아닌지 계속 자신을 점검하고 해석하고, 자신에 대한 진실을 말해내야 한다. 그리하여 구원받을 수 있는 영혼의 순수성을 확보해야 한다. 자기 자신이라는 것이 모호한 것이어서 자기 기만을 하고 있는지 의심하며 제대로 해독해내야 한다. 선을 얻는 것보다 더 어려운 악을 몰아내는 과정이 동반되어야 한다. 그 과정에서 발전시키고 도야시켜야 할 자기라는 것이 사실 사탄에 휘둘린 결과라는 진실에 마주치면 그 자신을 과감히 포기해야 한다. 그리하

여 과거부터 존재해오던 금욕주의적 요소를 더욱 발전시킨다. 그리스도교적 금욕주의 실천에는 자기 배려뿐 아니라 목자가 타자를 배려한다는 관념이 강하다. 그것이 사목권력화되면서, 자기 수양의 자율적 측면은 크게 사라진다. 물론 사목권력이 강화되면서 그에 저항하면서 스스로를 구원하겠다는 흐름도 나타난다. 마치 양명학이 나타났던 것처럼.

26 리차드 바크 지음, 공경희 옮김, 2018, 『갈매기의 꿈』, 나무옆의자 참조.
27 子貢問曰, 有一言而可以終身行之者乎. 子曰, 其恕乎. 己所不欲, 勿施於人. (『論語』 15.24)
28 子, 參乎. 吾道一以貫之. 曾子曰, 唯. 子出, 門人問曰, 何謂也. 曾子曰, 夫子之道, 忠恕而已矣. (『論語』 4.15)
29 子曰, 吾嘗終日不食, 終夜不寢, 以思, 無益, 不如學也. (『論語』 15.31)
30 子曰, 加我數年, 五十以學易, 可以無大過矣. (『論語』 7.17)
31 子曰, 小子, 何莫學夫詩. 詩, 可以興, 可以觀, 可以羣, 可以怨. 邇之事父, 遠之事君, 多識於鳥獸草木之名. (『論語』 17.9)
32 人而不爲周南召南, 其猶正牆面而立也與. (『論語』 17.10) 「주남周南」과 「소남召南」은 『시경』 「국풍國風」의 처음 두 편이다.
33 子, 賜也, 女以予爲多學而識之者與. 對曰, 然, 非與. 曰, 非也, 予一以貫之. (『論語』 15.3)
34 子曰, 學而不思則罔, 思而不學則殆. (『論語』 2.15)
35 孔子曰, 君子有九思. 視思明, 聽思聰, 色思溫, 貌思恭, 言思忠, 事思敬, 疑思問, 忿思難, 見得思義. (『論語』 16.10)

11. 타자를 찾아서

1 子謂子賤, 君子哉, 若人. 魯無君子者, 斯焉取斯. (『論語』 5.3)
2 子曰, 歲寒然後知松柏之後彫也. (『論語』 9.28)
3 子曰, 里仁爲美. 擇不處仁, 焉得知. (『論語』 4.1)
4 毋友不如己者. (『論語』 9.25)
5 不踐迹, 亦不入於室. (『論語』 11.20)
6 能近取譬, 可謂仁之方也已. (『論語』 6.30)
7 賢賢易色. (『論語』 1.7)

8   子曰, 三人行, 必有我師焉. 擇其善者而從之, 其不善者而改之. (『論語』 7.22)

9   미셸 푸코 지음, 이혜숙·이영목 옮김, 2004, 『성의 역사 3』, 나남출판, 73쪽.

10 미셸 푸코 지음, 심세광 옮김, 2007, 『주체의 해석학』, 동문선, 151~153쪽.

11 事其大夫之賢者, 友其士之仁者. (『論語』 15.10)

12 子夏曰, 可者與之, 其不可者拒之. (『論語』 19.3)

13 無友不如己者. (『論語』 1.8)

14 子張曰, 異乎吾所聞, 君子尊賢而容衆, 嘉善而矜不能. 我之大賢與, 於人何所不容. 我之不賢與, 人將拒我, 如之何其拒人也. (『論語』 19.3)

15 子曰, 見賢思齊焉, 見不賢而內自省也. (『論語』 4.17)

16 汎愛衆而親仁. (『論語』 1.6)

17 시몬 베유 지음, 이희영 옮김, 2011, 『중력과 은총』, 동서문화사, 76쪽.

18 曾子曰, 吾日三省吾身. 爲人謀而不忠乎, 與朋友交而不信乎, 傳不習乎. (『論語』 1.4)

19 聞義不能徙, 不善不能改, 是吾憂也. (『論語』 7.3)

20 過則勿憚改. (『論語』 9.25)

21 子曰, 人之過也, 各於其黨. 觀過, 斯知仁矣. (『論語』 4.7)

22 子夏曰, 小人之過也必文. (『論語』 19.8)

23 子曰, 過而不改, 是謂過矣. (『論語』 15.30)

24 子曰, 已矣乎, 吾未見能見其過, 而內自訟者也. (『論語』 5.27)

25 子曰, 丘也幸, 苟有過, 人必知之. (『論語』 7.31)

26 子曰, 回也, 非助我者也, 於吾言, 無所不說. (『論語』 11.4)

27 內省不疚, 夫何憂何懼. (『論語』 12.4)

28 存乎人者, 莫良於眸子, 眸子不能掩其惡. 胷中正, 則眸子瞭焉. 胷中不正, 則眸子眊焉. (『孟子』「離婁上」, 焦循 撰, 沈文倬 點校, 『孟子正義』, 北京: 中華書局, 1987, p. 518, 新編諸子集成)

29 플라톤 지음, 김주일·정준영 옮김, 2020, 『알키비아데스 I·II』, 아카넷, 111쪽.

30 미셸 푸코 지음, 오트르망·심세광·전혜리 옮김, 2016, 『비판이란 무엇인가』, 동녘, 201쪽.

31 曾子曰, 君子以文會友, 以友輔仁. (『論語』 12.24)

32 原壤夷俟. 子曰, 幼而不孫弟, 長而無述焉, 老而不死, 是爲賊. 以杖叩其脛. (『論語』 14.43)

33	子曰, 羣居終日, 言不及義, 好行小慧, 難矣哉. (『論語』15.17)
34	子曰, 君子之於天下也, 無適也, 無莫也, 義之與比. (『論語』4.10)
35	子貢問友. 子曰, 忠告而善道之, 不可則止, 毋自辱焉. (『論語』12.23)
36	미셸 푸코 지음, 이혜숙·이영목 옮김, 2004, 『성의 역사 3』, 나남출판, 83쪽.
37	子曰, 躬自厚而薄責於人, 則遠怨矣. (『論語』15.15)
38	攻其惡, 無攻人之惡, 非修慝與. (『論語』12.21)
39	子曰, 老者安之, 朋友信之, 少者懷之. (『論語』5.26)
40	人不知而不慍, 不亦君子乎. (『論語』1.1)
41	子曰, 不患人之不己知, 患其不能也. (『論語』14.30)
42	子曰, 不患無位, 患所以立. 不患莫己知, 求爲可知也. (『論語』4.14)
43	子曰, 不患人之不己知, 患不知人也. (『論語』1.16)
44	子曰, 臧文仲其竊位者與. 知柳下惠之賢而不與立也. (『論語』15.14)
45	子曰, 人而無信, 不知其可也. 大車無輗, 小車無軏, 其何以行之哉. (『論語』2.22)
46	舜有臣五人, 而天下治. 武王曰, 予有亂臣十人. 孔子曰, 才難, 不其然乎. 唐虞之際, 於斯爲盛, 有婦人焉, 九人而已. 三分天下有其二, 以服事殷, 周之德, 其可謂至德也已矣. (『論語』8.20)
47	子曰, 視其所以, 觀其所由, 察其所安. 人焉廋哉, 人焉廋哉. (『論語』2.10)
48	子曰, 莫我知也夫. 子貢曰, 何爲其莫知子也. 子曰, 不怨天, 不尤人, 下學而上達. 知我者, 其天乎. (『論語』14.35)
49	季氏富於周公, 而求也爲之聚斂而附益之. 子曰, 非吾徒也. 小子鳴鼓而攻之可也. (『論語』11.17)
50	정기문, 2020, 『예수의 후계자들: 역사학의 눈으로 본 예수 사후의 후계권 문제』, 도서출판 길, 22쪽.
51	안연희, 2015, 「마리아 복음에 나타난 여성의 종교적 권위에 대한 고찰」, 『종교문화비평』 27, 272쪽; Richard J. Hooper, *The Crucifixion of Mary Magdalene: The Historical Tradition of the First Apostle and the Ancient Church's Campaign to Suppress It*, Sanctuary Publications 2006a, pp. 20~21; C. Bourgeault, 2010, *The Meaning of Mary Magdalene*, Shambhala; Betty Conrad Adam, 2006, *The Magdalene Mystique*, Morehouse; S. Missick, 2006, *Mary of Magdala*, Xlibris; Karen King, 2003b, *The Gospel of Mary of Magdala*, Polebridge; Esther de Boer, 2004, *The Gospel of Mary*,

T&T Clark International; 정기문, 2020, 『예수의 후계자들: 역사학의 눈으로 본 예수 사후의 후계권 문제』, 도서출판 길, 26쪽.

52 정기문, 2020, 『예수의 후계자들: 역사학의 눈으로 본 예수 사후의 후계권 문제』, 도서출판 길, 26쪽.

53 안희진, 2015, 「공자의 소정묘 사건을 논함」, 『중국학보』 제73호(2015. 8), 한국중국학회, 187~211쪽; 황준연, 1996, 「공자가 소정묘를 죽인 일에 대한 변증」, 『동양철학연구』 Vol.20, 동양철학연구회, 1999-06, 82~102쪽.

54 人有惡者五, 而盜竊不與焉. 一曰心達而險, 二曰行辟而堅, 三曰言僞而辯, 四曰記醜而博, 五曰順非而澤. 此五者有一於人, 則不得免於君子之誅, 而少正卯兼有之. 故居處足以聚徒成羣, 言談足以飾邪營衆, 强足以反是獨立, 此小人之桀雄也, 不可不誅也. (『荀子』 「宥坐」, 王先謙 撰, 沈嘯寰·王星賢 點校, 『荀子集解』 卷2, 北京: 中華書局, 1988, p. 521, 新編諸子集成)

55 少正卯在魯, 與孔子並. 孔子之門, 三盈三虛, 唯顔淵不去, 顔淵獨知孔子聖也. 夫門人去孔子歸少正卯, 不徒不能知孔子之聖, 又不能知少正卯(之佞), 門人皆惑. (『論衡』 「講瑞」, 黃暉 撰, 『論衡校釋』, 北京: 中華書局, 1990, pp. 724~725, 新編諸子集成)

56 魯有兀者王駘, 從之遊者與仲尼相若. 常季問於仲尼曰, 王駘, 兀者也, 從之遊者與夫子中分魯. 立不敎, 坐不議, 虛而往, 實而歸. 固有不言之敎, 無形而心成者邪. 是何人也. 仲尼曰, 夫子, 聖人也, 丘也直後而未往耳. 丘將以爲師, 而況不若丘者乎. 奚假魯國. 丘將引天下而與從之. (『莊子』 「內篇」 '德充符', 郭慶藩 撰, 王孝魚 點校, 『莊子集釋』, 北京: 中華書局, 1961, pp. 187~188, 新編諸子集成)

57 "선생님께서 공야장公冶長을 평하셨다. '그에게 딸을 시집보낼 만하다. 비록 옥에 갇힌 적이 있었으나, 그의 죄가 아니었다.' 그러고는 자기 자식을 시집보냈다."(子謂公冶長, 可妻也. 雖在縲絏之中, 非其罪也. 以其子妻之. 『論語』 5.1)

58 "선생님께서 남용南容을 평하셨다. '나라에 도道가 있을 때에는 버려지지 않고 쓰일 것이고, 나라에 도道가 없을 때에는 형벌을 면할 것이다.' 그러고는 형의 자식을 그에게 시집보냈다."(子謂南容, 邦有道, 不廢, 邦無道, 免於刑戮. 以其兄之子妻之. 『論語』 5.2)

59 "맹무백孟武伯이 [공자 제자들에 대해] 여쭈었다. '자로子路는 인仁합니까?'

선생님께서 말씀하셨다. '모르겠소.' 또 여쭈었다. 선생님께서 말씀하셨다. '유由(자로)는 제후국에서 군사일을 맡아 다스리게 할 수는 있지만, 그가 인仁한지는 모르겠소.' '그럼 구求는 어떻습니까?' 선생님께서 말씀하셨다. '구는 제후국 대부의 가신을 시킬 수는 있지만 그가 인仁한지는 모르겠소.' '그럼 적赤(공서적)은 어떤가요?' 선생님께서 말씀하셨다. '적은 조정朝廷에서 관복에 띠를 두르고, 빈객들과 더불어 이야기하게 할 수는 있지만, 그가 인仁한지는 모르겠소.'"(孟武伯問, 子路仁乎. 子曰, 不知也. 又問. 子曰, 由也, 千乘之國, 可使治其賦也, 不知其仁也. 求也, 何如. 子曰, 求也, 千室之邑, 百乘之家, 可使爲之宰也, 不知其仁也. 赤也, 何如. 子曰, 赤也, 束帶立於朝, 可使與賓客言也, 不知其仁也.『論語』5.8)

60 "재여宰予가 낮잠을 잤다. 선생님께서 말씀하셨다. '썩은 나무는 조각을 할 수 없고, 분토糞土로 된 담장은 흙손질할 수 없다. 재여에게 무엇을 나무라랴.' 선생님께서 말씀하셨다. '처음에 내가 사람을 대할 때, 그 사람의 말을 듣고 그의 행동을 믿었다. 이제 나는 사람을 대할 때, 그 사람의 말을 듣고서 그의 행동까지 살펴본다. 재여 때문에 내가 이렇게 바꾸게 되었다.'"(宰予晝寢. 子曰, 朽木不可雕也, 糞土之牆不可杇也, 於予與何誅. 子曰, 始吾於人也, 聽其言而信其行. 今吾於人也, 聽其言而觀其行. 於予與改是.『論語』5.10)

61 "선생님께서 말씀하셨다. '나는 아직 강직한 사람을 보지 못하였다.' 누군가 대답하였다. '신정申棖이요.' 선생님께서 말씀하셨다. '신정은 욕심이 많다. 어찌 강직할 수 있겠는가?'"(子曰, 吾未見剛者. 或對曰, 申棖. 子曰, 棖也慾. 焉得剛.『論語』5.11)

62 "자공이 말하였다. '저는 남이 저에게 못되게 구는 것을 원치 않고, 저 역시 남에게 못되게 굴지 않으려 합니다.' 선생님께서 말씀하셨다. '사賜(자공)야, 네가 미칠 바가 아니다.'"(子貢曰, 我不欲人之加諸我也, 吾亦欲無加諸人. 子曰, 賜也, 非爾所及也.『論語』5.12)

63 "선생님께서 [악행을 저지른 이의 아들인] 중궁仲弓(염옹)을 평가해서 말씀하셨다. '얼룩소의 송아지가 털색이 붉고 뿔이 반듯하면, 비록 쓰지 않으려고 해도 산천이 차마 그를 버리랴?'"(子謂仲弓曰, 犁牛之子, 騂且角, 雖欲勿用, 山川其舍諸.『論語』6.6)

64 "선생님께서 말씀하셨다. '회回(안회)는 그 마음이 석 달 동안 인仁에서 떠나지 않았다. 그 나머지 제자들은 하루나 한 달에 한 번 인仁에 이를 뿐이

다.'"(子曰, 回也, 其心三月不違仁, 其餘則日月至焉而已矣.『論語』6.7); "선생님께서 말씀하셨다. '현능하구나, 회(안회)는! 한 그릇 밥과 한 바가지 물로 누추한 동네에서 사는 경우, 다른 사람 같으면 그 근심을 감당치 못하였을 텐데, 회는 그 즐거움을 바꾸지 않는다. 현능하구나, 회는!'"(子曰, 賢哉, 回也. 一簞食, 一瓢飮, 在陋巷, 人不堪其憂, 回也不改其樂. 賢哉, 回也.『論語』6.11); "선생님께서 말씀하셨다. '일러주면 게을리하지 않는 사람은 아마 회回(안회)일 것이다.'"(子曰, 語之而不惰者, 其回也與.『論語』9.20); "선생님께서 안연顔淵(안회)을 평가하여 말씀하셨다. '애석하구나! 나는 그가 진전하는 것만 보았을 뿐, 그가 멈추어 있는 것은 본 적이 없다.'"(子謂顔淵曰, 惜乎. 吾見其進也, 未見其止也.『論語』9.21)

65 "계강자季康子가 물었다. '중유仲由(자로)는 정사에 종사하게 할 만합니까?' 선생님께서 말씀하셨다. '유由는 과감하니, 정사에 종사함에 무슨 어려움이 있겠습니까?' 계강자가 물었다. '사賜(자공)는 정사에 종사하게 할 만합니까?' 선생님께서 말씀하셨다. '사는 달통한 사람이니, 정사에 종사함에 무슨 어려움이 있겠습니까?' 계강자가 물었다. '구求(염구)는 정사에 종사하게 할 만합니까?' 선생님께서 말씀하셨다. '구는 재주가 많으니, 정사에 종사함에 무슨 어려움이 있겠습니까?'"(季康子問, 仲由可使從政也與. 子曰, 由也果, 於從政乎何有. 曰, 賜也可使從政也與. 曰, 賜也達, 於從政乎何有. 曰, 求也可使從政也與. 曰, 求也藝, 於從政乎何有.『論語』6.8)

66 "계자연季子然이 여쭈었다. '중유(자로)와 염구(염유)는 대신大臣이라고 할 만합니까?' 선생님께서 말씀하셨다. '나는 그대가 다른 질문을 할 줄 알았는데, 그래 유由(중유)와 구求(염구)에 대한 질문이구나! 이른바 대신이라는 자들은 도道로써 군주를 섬기고, 그것이 여의치 않으면 그만둔다. 지금의 유와 구는 자리나 채우는 신하라고 할 만하다.' [계자연이] 여쭈었다. '그렇다면 따르기만 하는 자들입니까?' 선생님께서 말씀하셨다. '아버지와 군주를 죽이는 일이라면, 결코 따르지 않을 것이다.'"(季子然問, 仲由冉求可謂大臣與. 子曰, 吾以子爲異之問, 曾由與求之問. 所謂大臣者, 以道事君, 不可則止. 今由與求也, 可謂具臣矣. 曰, 然則從之者與. 子曰, 弑父與君, 亦不從也.『論語』11.24)

67 "선생님이 자공에게 말씀하셨다. '너와 회(안회) 중에 누가 나은가?' 자공이 대답하였다. '제가 어찌 회를 감히 넘보겠습니까? 회는 하나를 들으면 열을 알고, 저는 하나를 들으면 둘을 압니다.' 선생님께서 말씀하셨다. '회만 못

하지. 나와 너는 회만 못하지."(子謂子貢曰, 女與回也, 孰愈. 對曰, 賜也, 何敢望回. 回也, 聞一以知十, 賜也, 聞一以知二. 子曰, 弗如也. 吾與女, 弗如也. 『論語』 5.9)

68 子見南子, 子路不說. 夫子矢之曰, 予所否者, 天厭之, 天厭之. (『論語』 6.28)

69 子之武城, 聞弦歌之聲. 夫子莞爾而笑曰, 割雞焉用牛刀. 子游對曰, 昔者偃也聞諸夫子曰, 君子學道則愛人, 小人學道則易使也. 子曰, 二三子, 偃之言是也. 前言戲之耳. (『論語』 17.4)

70 미셸 푸코 지음, 오트르망·심세광·전혜리 옮김, 2024, 『자기 자신에 대한 진실 말하기』, 동녘, 55~56쪽.

71 이에 대해서는 알렉산드리아의 필론이 묘사했다. 미셸 푸코 지음, 오트르망·심세광·전혜리 옮김, 2024, 『자기 자신에 대한 진실 말하기』, 동녘, 37~38쪽. 주 62 참조.

72 미셸 푸코 지음, 심세광 옮김, 2007, 『주체의 해석학』, 동문선, 179~181쪽.

73 묵자는 전쟁에 임할 준비가 된 300명의 제자를 거느리고 있다고 주장한 적이 있다. 마크 에드워드 루이스 지음, 최정섭 옮김, 2006, 『고대 중국의 글과 권위』, 미토, 148~152쪽.

74 미셸 푸코 지음, 오트르망·심세광·전혜리 옮김, 2022, 『자기해석학의 기원』, 동녘, 80쪽.

75 子曰, 回也視予猶父也. (『論語』 11.11)

76 子畏於匡, 顏淵後. 子曰, 吾以女爲死矣. 曰, 子在, 回何敢死. (『論語』 11.23)

77 顏淵死. 子曰, 噫, 天喪予, 天喪予. (『論語』 11.9)

78 顏淵死, 子哭之慟. 從者曰, 子慟矣. 曰, 有慟乎. 非夫人之爲慟而誰爲. (『論語』 11.10)

79 司馬牛憂曰, 人皆有兄弟, 我獨亡. 子夏曰, 商聞之矣, 死生有命, 富貴在天. 君子敬而無失, 與人恭而有禮, 四海之內, 皆兄弟也. 君子何患乎無兄弟也. (『論語』 12.5)

80 朋友死無所歸, 曰, 於我殯. (『論語』 10.22)

81 子疾病, 子路使門人爲臣. 病間, 曰, 久矣哉, 由之行詐也. 無臣而爲有臣, 吾誰欺, 欺天乎. 且予與其死於臣之手也, 無寧死於二三子之手乎. 且予縱不得大葬, 予死於道路乎. (『論語』 9.12)

82　子曰, 自行束脩以上, 吾未嘗無誨焉. (『論語』7.7)

83　互鄉難與言, 童子見, 門人惑. 子曰, 與其進也, 不與其退也, 唯何甚. 人潔己以進, 與其潔也, 不保其往也. (『論語』7.29)

84　小子鳴鼓而攻之可也. (『論語』11.17)

85　子曰, 中人以上, 可以語上也, 中人以下, 不可以語上也. (『論語』6.21)

86　子路問, 聞斯行諸. 子曰, 有父兄在, 如之何其聞斯行之. 冉有問, 聞斯行諸. 子曰, 聞斯行之. 公西華曰, 由也問聞斯行諸, 子曰, 有父兄在, 求也問聞斯行諸, 子曰, 聞斯行之. 赤也惑, 敢問. 子曰, 求也退, 故進之, 由也兼人, 故退之. (『論語』11.22)

87　子曰, 不憤不啓, 不悱不發. 擧一隅, 不以三隅反, 則不復也. (『論語』7.8)

88　子曰, 吾, 有知乎哉. 無知也. 有鄙夫問於我, 空空如也, 我叩其兩端而竭焉. (『論語』9.8)

89　子曰, 二三子以我爲隱乎. 吾無隱乎爾. 吾無行而不與二三子者, 是丘也. (『論語』7.24)

90　子曰, 法語之言, 能無從乎. 改之爲貴. 巽與之言, 能無說乎. 繹之爲貴. 說而不繹, 從而不改, 吾末如之何也已矣. (『論語』9.24)

91　子曰, 後生可畏, 焉知來者之不如今也. 四十五十而無聞焉, 斯亦不足畏也已. (『論語』9.23)

92　子曰, 苗而不秀者, 有矣夫. 秀而不實者, 有矣夫. (『論語』9.22)

93　미셸 푸코 지음, 오트르망·심세광·전혜리 옮김, 2022, 『자기해석학의 기원』, 동녘, 57~58쪽.

94　子曰, 述而不作, 信而好古. (『論語』7.1)

95　미셸 푸코 지음, 오트르망·심세광·전혜리 옮김, 2022, 『자기해석학의 기원』, 동녘, 60쪽.

96　디아트리베에 대해서는 미셸 푸코 지음, 오트르망·심세광·전혜리 옮김, 2024, 『자기 자신에 대한 진실 말하기』, 동녘, 198~199쪽.

97　其在宗廟朝廷, 便便言, 唯謹爾. (『論語』10.1)

98　擧一隅, 不以三隅反, 則不復也. (『論語』7.8)

99　子見南子, 子路不說. 夫子矢之曰, 予所否者, 天厭之, 天厭之. (『論語』6.28)

100　顏淵喟然歎曰, 仰之彌高, 鑽之彌堅, 瞻之在前, 忽焉在後. 夫子循循然善誘人, 博我以文, 約我以禮, 欲罷不能. 既竭吾才, 如有所立卓爾. 雖欲

從之, 末由也已. (『論語』 9.11)
101 子曰, 回也, 非助我者也, 於吾言, 無所不說. (『論語』 11.4)
102 叔孫武叔毀仲尼. 子貢曰, 無以爲也, 仲尼不可毁也. 他人之賢者, 丘陵也, 猶可踰也, 仲尼, 日月也, 無得而踰焉. 人雖欲自絶, 其何傷於日月乎. 多見其不知量也. (『論語』 19.24)
103 夫子之不可及也, 猶天之不可階而升也. 夫子之得邦家者, 所謂立之斯立, 道之斯行, 綏之斯來, 動之斯和. 其生也榮, 其死也哀, 如之何其可及也. (『論語』 19.25)
104 叔孫武叔語大夫於朝曰, 子貢賢於仲尼. 子服景伯以告子貢. 子貢曰, 譬之宮牆, 賜之牆也及肩, 窺見室家之好. 夫子之牆數仞, 不得其門而入, 不見宗廟之美, 百官之富. 得其門者或寡矣. 夫子之云, 不亦宜乎. (『論語』 19.23)
105 이에 대해서는 김영민, 2025, 『배움의 기쁨』, 사회평론아카데미, 13장 '정치참여 과정의 이상과 현실' 참조.
106 衛公孫朝問於子貢曰, 仲尼焉學. 子貢曰, 文武之道, 未墜於地, 在人. 賢者識其大者, 不賢者識其小者, 莫不有文武之道焉. 夫子焉不學, 而亦何常師之有. (『論語』 19.22)

12. 수사법을 찾아서

1 미셸 푸코 지음, 심세광 옮김, 2007, 『주체의 해석학』, 동문선, 134~135쪽.
2 마크 에드워드 루이스 지음, 최정섭 옮김, 2006, 『고대 중국의 글과 권위』, 미토, 316~320쪽.
3 子曰, 巧言, 令色, 足恭, 左丘明恥之, 丘亦恥之. (『論語』 5.25)
4 子曰, 古者言之不出, 恥躬之不逮也. (『論語』 4.22)
5 子曰, 文, 莫吾猶人也. 躬行君子, 則吾未之有得. (『論語』 7.33)
6 子貢問君子. 子曰, 先行其言, 而後從之. (『論語』 2.13)
7 子曰, 焉用佞. 禦人以口給, 屢憎於人. 不知其仁, 焉用佞. (『論語』 5.5)
8 子曰, 是故惡夫佞者. (『論語』 11.25)
9 子曰, 赤也, 束帶立於朝, 可使與賓客言也, 不知其仁也. (『論語』 5.8)
10 司馬牛問仁. 子曰, 仁者, 其言也訒. 曰, 其言也訒, 斯謂之仁矣乎. 子曰,

爲之難, 言之得無訒乎. (『論語』12.3)
11 子路有聞, 未之能行, 唯恐有聞. (『論語』5.14)
12 子路無宿諾. (『論語』12.12)
13 季文子三思而後行. 子聞之, 曰, 再斯可矣. (『論語』5.20)
14 子曰, 不有祝鮀之佞, 而有宋朝之美, 難乎免於今之世矣. (『論語』6.16)
15 孔子於鄕黨, 恂恂如也, 似不能言者. 其在宗廟朝廷, 便便言, 唯謹爾. (『論語』10.1)
16 子曰, 其言之不怍, 則爲之也難. (『論語』14.20)
17 言未及之而言謂之躁, 言及之而不言謂之隱, 未見顔色而言謂之瞽. (『論語』16.6)
18 子曰, 可與言而不與之言, 失人, 不可與言而與之言, 失言. 知者不失人, 亦不失言. (『論語』15.8)
19 子曰, 有德者必有言, 有言者不必有德. (『論語』14.4)
20 不知言, 無以知人也. (『論語』20.3)
21 子張問明. 子曰, 浸潤之譖, 膚受之愬, 不行焉, 可謂明也已矣. 浸潤之譖, 膚受之愬, 不行焉, 可謂遠也已矣. (『論語』12.6)
22 子曰, 君子不以言擧人, 不以人廢言. (『論語』15.23)
23 미셸 푸코 지음, 심세광 옮김, 2007, 『주체의 해석학』, 동문선, 185, 188~189쪽.
24 유프라테스에 대해서는 소 플리니우스의 『서한집』 1권의 열 번째 편지를 보라. Pliny the Younger, *Letters*, Volume I: Books 1~7, Translated by Betty Radice, Loeb Classical Library 55, Cambridge, MA: Harvard University Press, 1969, pp. 2~77.
25 子曰, 予欲無言. (『論語』17.19)
26 孔子於鄕黨, 恂恂如也, 似不能言者. 其在宗廟朝廷, 便便言, 唯謹爾. (『論語』10.1)
27 無可無不可. (『論語』18.8)
28 微生畝謂孔子曰, 丘何爲是栖栖者與. 無乃爲佞乎. 孔子曰, 非敢爲佞也, 疾固也. (『論語』14.32)
29 子曰, 以約失之者鮮矣. (『論語』4.23)
30 子曰, 君子欲訥於言, 而敏於行. (『論語』4.24)
31 子曰, 君子恥其言而過其行. (『論語』14.27)
32 子曰, 學如不及, 猶恐失之. (『論語』8.17)

33 陳亢問於伯魚曰, 子亦有異聞乎. 對曰, 未也. 又聞君子之遠其子也. (『論語』16.13)

34 子曰, 二三子以我爲隱乎. 吾無隱乎爾. (『論語』7.24)

35 子曰, 予欲無言. 子貢曰, 子如不言, 則小子何述焉. 子曰, 天何言哉. 四時行焉, 百物生焉, 天何言哉. (『論語』17.19)

36 子曰, 不憤不啓, 不悱不發. 擧一隅, 不以三隅反, 則不復也. (『論語』7.8)

37 子使漆雕開仕. 對曰, 吾斯之未能信. 子說. (『論語』5.6)

38 Keith Thomas, 2018, *In Pursuit of Civility-Manners and Civilization in Early Modem England*, Wtham, Mass: Brandeis University Press, pp. 73~74.

39 子曰, 興於詩, 立於禮, 成於樂. (『論語』8.8)

13. 자유를 찾아서

1 Aristotle, *Politics*, VI. 2, 1317a 40-1317b2.; Euripides, *Suppliant Women*, v. pp. 406~408; 버나드 마넹 지음, 곽준혁 옮김, 2004, 『선거는 민주적인가』, 후마니타스, 46~47쪽.

2 미셸 푸코 지음, 오트르망·심세광·전혜리 옮김, 2024, 『자기 자신에 대한 진실 말하기』, 동녘, 157, 251쪽.

3 키케로 외 지음, 천병희 옮김, 2011, 『그리스 로마 에세이』, 숲, 49~50쪽.

4 長沮桀溺耦而耕, 孔子過之, 使子路問津焉. 長沮曰, 夫執輿者爲誰. 子路曰, 爲孔丘. 曰, 是魯孔丘與. 曰, 是也. 曰, 是知津矣. 問於桀溺. 桀溺曰, 子爲誰. 曰, 爲仲由. 曰, 是魯孔丘之徒與. 對曰, 然. 曰, 滔滔者天下皆是也, 而誰以易之. 且而與其從辟人之士也, 豈若從辟世之士哉. 耰而不輟. 子路行以告, 夫子憮然曰, 鳥獸不可與同羣, 吾非斯人之徒與而誰與. 天下有道, 丘不與易也. (『論語』18.6)

5 子路從而後, 遇丈人, 以杖荷蓧. 子路問曰, 子見夫子乎. 丈人曰, 四體不勤, 五穀不分, 孰爲夫子. 植其杖而芸. 子路拱而立. 止子路宿, 殺雞爲黍而食之, 見其二子焉. 明日, 子路行以告. 子曰, 隱者也. 使子路反見之. 至則行矣. 子路曰, 不仕無義. 長幼之節, 不可廢也. 君臣之義, 如之何其廢之. 欲潔其身, 而亂大倫. 君子之仕也, 行其義也. 道之不行, 已知之矣.

(『論語』18.7)

6 如有用我者, 吾其爲東周乎. (『論語』17.5)
7 子夏曰, 仕而優則學, 學而優則仕. (『論語』19.13)
8 子貢曰, 有美玉於斯, 韞匵而藏諸. 求善賈而沽諸. 子曰, 沽之哉, 沽之哉. 我待賈者也. (『論語』9.13)
9 子曰, 君子不器. (『論語』2.12)
10 알렉시 드 토크빌 지음, 이용재 옮김, 2018, 『아메리카의 민주주의 2』, 아카넷, 287쪽.
11 子張學干祿. 子曰, 多聞闕疑, 愼言其餘, 則寡尤. 多見闕殆, 愼行其餘, 則寡悔. 言寡尤, 行寡悔, 祿在其中矣. (『論語』2.18)
12 子曰, 君子謀道不謀食. 耕也, 餒在其中矣. 學也, 祿在其中矣. (『論語』15.32)
13 祿在其中矣. (『論語』2.18)
14 遠佞人. (『論語』15.11)
15 子曰, 噫, 斗筲之人, 何足算也. (『論語』13.20)
16 好從事而亟失時, 可謂知乎. 曰, 不可. 日月逝矣, 歲不我與. 孔子曰, 諾, 吾將仕矣. (『論語』17.1)
17 子之燕居, 申申如也, 夭夭如也. (『論語』7.4)
18 子謂顔淵曰, 用之則行, 舍之則藏, 唯我與爾有是夫. (『論語』7.11)
19 子曰, 三年學, 不至於穀, 不易得也. (『論語』8.12)
20 미셸 푸코 지음, 오트르망·심세광·전혜리 옮김, 2016, 『비판이란 무엇인가』, 동녘, 167~169쪽. 이러한 자율적 자기 수양은 그리스도교의 발전 이후에는 종교적, 교육적 제도들 내로 통합되었다. 예컨대, 1215년의 교회법령에 따라 그리스도교에서 고해는 강제된 의무가 되었다.
21 曰, 事君, 敬其事而後其食. (『論語』15.38)
22 憲問恥. 子曰, 邦有道, 穀, 邦無道, 穀, 恥也. (『論語』14.1)
23 邦有道, 貧且賤焉, 恥也, 邦無道, 富且貴焉, 恥也. (『論語』8.13)
24 子曰, 巍巍乎, 舜禹之有天下也, 而不與焉. (『論語』8.18)
25 危邦不入, 亂邦不居. 天下有道則見, 無道則隱. (『論語』8.13)
26 子曰, 作者七人矣. (『論語』14.37)
27 君子哉, 蘧伯玉. 邦有道, 則仕, 邦無道, 則可卷而懷之. (『論語』15.7)
28 "계씨季氏가 전유顓臾를 정벌하려 할 때, 염유冉有와 계로季路(자로)가 선생

님을 뵙고 말하였다. '계씨가 장차 전유에서 일을 벌이려 합니다.' 선생님께서 말씀하셨다. '구(염유)야, [그렇다면] 너를 질책해야 하지 않겠느냐? 전유는 옛날에 선왕께서 동쪽 몽산蒙山의 제주祭主로 삼으셨고, 게다가 우리나라 강역 안에 있으니, 이는 바로 사직을 받드는 신하국인데 어째서 정벌하려 하는가?' 염유가 말하였다. '대부(계씨)께서 원하는 바이지만, 저희 두 신하는 모두 원하지 않습니다.' 선생님께서 말씀하셨다. '구야, 주임周任은 이렇게 말한 바 있다. ''힘을 다해 벼슬길에 나아가고, 제대로 할 수 없으면 그만둔다.'' 위태로운데도 붙잡아주지 않고, 넘어지는데도 부축하지 않는다면, 그런 도우미를 장차 어디에 쓰겠는가? 게다가 네 말은 잘못되었다. 호랑이와 외뿔들소 같은 난폭한 짐승이 우리를 뛰쳐나오고, 거북껍질과 옥 같은 귀중한 보물이 궤 안에서 훼손되었다면 그것은 누구의 잘못이겠는가?' 염유가 말하였다. '지금 전유는 [성곽이] 견고하고, 비費 땅에 가까우니, 지금 취하지 않으면 후세에 반드시 자손의 근심거리가 될 것입니다.' 선생님께서 말씀하셨다. '구야, 군자는 ''그러고 싶다''고 대놓고 말하지 않고 구구하게 핑계 대는 것을 싫어한다. 내가 듣건대, 나라와 귀족 영지를 다스리는 사람은 [피치자가] 적은 것을 걱정하지 않고 불균형함을 걱정하며, 가난을 걱정하지 않고 평안치 않음을 걱정한다고 한다. 균형이 유지되면 가난함이 없으며, 화목하면 [피치자가] 적지 않으며, 평안하면 [나라가] 기울지 않는다. 이와 같기 때문에 먼 데 있는 사람이 복종하지 않으면 문덕을 닦아 그들이 오게끔 한다. 이미 오게 하였으면 그들을 평안케 해준다. 그런데 유(중유, 계로)와 구의 경우는 대부(계씨)를 도우면서, 먼 데 있는 사람들이 복종하지 않아도 오게 하지 못한다. 나라가 부서져 나가는데도 지켜내지 못하고서, 나라 안에서 무기를 움직일 것을 도모하고 있구나. 나는 계손季孫의 근심이 전유에 있지 않고 그의 담장 안(가신들)에 있을까 우려스럽구나.'"(季氏將伐顓臾. 冉有季路見於孔子曰, 季氏將有事於顓臾. 孔子曰, 求, 無乃爾是過與. 夫顓臾, 昔者先王以爲東蒙主, 且在邦域之中矣, 是社稷之臣也, 何以伐爲. 冉有曰, 夫子欲之, 吾二臣者皆不欲也. 孔子曰, 求, 周任有言曰, 陳力就列, 不能者止. 危而不持, 顚而不扶, 則將焉用彼相矣. 且爾言過矣. 虎兕出於柙, 龜玉毁於櫝中, 是誰之過與. 冉有曰, 今夫顓臾, 固而近於費. 今不取, 後世必爲子孫憂. 孔子曰, 求, 君子疾夫舍曰欲之而必爲之辭. 丘也聞有國有家者, 不患寡而患不均, 不患貧而患不安. 蓋均無貧, 和無寡, 安無傾. 夫如是, 故遠人不服, 則修文德以來之.

	旣來之, 則安之. 今由與求也, 相夫子, 遠人不服而不能來也, 邦分崩離析, 而不能守也, 而謀動干戈於邦內. 吾恐季孫之憂, 不在顓臾, 而在蕭牆之內也. (『論語』16.1)
29	발데사르 카스틸리오네 지음, 신승미 옮김, 2009, 『궁정론』, 북스토리, 177쪽.
30	齊人歸女樂, 季桓子受之, 三日不朝, 孔子行. (『論語』18.4)
31	季氏使閔子騫爲費宰. 閔子騫曰, 善爲我辭焉. (『論語』6.9)
32	公山弗擾以費畔, 召, 子欲往. 子路不說, 曰, 末之也已, 何必公山氏之之也. (『論語』17.5)
33	佛肸召, 子欲往. 子路曰, 昔者, 由也聞諸夫子曰, 親於其身爲不善者, 君子不入也. 佛肸以中牟畔, 子之往也, 如之何. (『論語』17.7)
34	有大忠者, 有次忠者, 有下忠者, 有國賊者. 以道覆君而化之, 是謂大忠也. 以德調君而輔之, 是謂次忠也. 以諫非君而怨之, 是謂下忠也. (『荀子』「臣道」)
35	"일본의 봉건적 주종관계 속에 그 말[충성]이 정착되는 과정에서, 그것은 거의 일방적으로 종자從者의 헌신적 봉사를 가리키는 것으로 되었다." 마루야마 마사오 지음, 박충석·김석근 옮김, 1998, 『충성과 반역: 전환기 일본의 정신사적 위상』, 나남출판, 27쪽.
36	臣事君以忠. (『論語』3.19)
37	季康子問, 使民敬忠以勸, 如之何. 子曰, 臨之以莊則敬, 孝慈則忠, 擧善而敎不能則勸. (『論語』2.20)
38	人不知而不慍, 不亦君子乎. (『論語』1.1)
39	子曰, 不患人之不己知, 患不知人也. (『論語』1.16)
40	子曰, 君子病無能焉, 不病人之不己知也. (『論語』15.19)
41	子曰, 吾未見剛者. 或對曰, 申棖. 子曰, 棖也慾. 焉得剛. (『論語』5.11)
42	플라톤 지음, 김주일·정준영 옮김, 2020, 『알키비아데스 I·II』, 아카넷, 77쪽.
43	曰, 仁者先難而後獲, 可謂仁矣. (『論語』6.22)
44	先事後得, 非崇德與. (『論語』12.21)
45	子路宿於石門. 晨門曰, 奚自. 子路曰, 自孔氏. 曰, 是知其不可而爲之者與. (『論語』14.38)
46	子曰, 鳳鳥不至, 河不出圖, 吾已矣夫. (『論語』9.9)
47	子曰, 已矣乎, 吾未見好德如好色者也. (『論語』15.13)
48	莫己知也, 斯已而已矣. (『論語』14.39)

49 已而,已而.今之從政者殆而.(『論語』18.5)

50 夫子憮然曰,鳥獸不可與同羣,吾非斯人之徒與而誰與.天下有道,丘不與易也.(『論語』18.6)

51 欲潔其身,而亂大倫.君子之仕也,行其義也.道之不行,已知之矣.(『論語』18.7)

52 子,伯夷,叔齊,不念舊惡,怨是用希.(『論語』5.23)

53 冉有曰,夫子爲衛君乎.子貢曰,諾,吾將問之.入曰,伯夷,叔齊,何人也.曰,古之賢人也.曰,怨乎.曰,求仁而得仁,又何怨.出曰,夫子不爲也.(『論語』7.15)

54 勞而不怨.(『論語』4.18)

55 子曰,道之將行也與,命也,道之將廢也與,命也.公伯寮其如命何.(『論語』14.36)

56 曰,亡之,命矣夫.斯人也,而有斯疾也,斯人也,而有斯疾也.(『論語』6.10)

57 子在川上曰,逝者如斯夫.不舍晝夜.(『論語』9.17)

58 子曰,譬如爲山,未成一簣,止,吾止也.譬如平地,雖覆一簣,進,吾往也.(『論語』9.19)

59 子曰,力不足者,中道而廢.今女畫.(『論語』6.12)

60 子曰,貧而無怨難.(『論語』14.10)

61 子曰,衣敝縕袍,與衣狐貉者立,而不恥者,其由也與.不忮不求,何用不臧.子路終身誦之.子曰,是道也,何足以臧.(『論語』9.27)

62 子曰,君子居之,何陋之有.(『論語』9.14)

63 君子憂道不憂貧.(『論語』15.32)

64 子曰,君子固窮,小人窮斯濫矣.(『論語』15.2)

65 子曰,富而可求也,雖執鞭之士,吾亦爲之.如不可求,從吾所好.(『論語』7.12)

66 不義而富且貴,於我如浮雲.(『論語』7.16)

67 마크 에드워드 루이스 지음, 최정섭 옮김, 2006,『고대 중국의 글과 권위』,미토, 162~172쪽.

68 子曰,君子不器.(『論語』2.12)

69 君子多乎哉.不多也.(『論語』9.6)

70 子曰,自行束脩以上,吾未嘗無誨焉.(『論語』7.7)

71　賜不受命, 而貨殖焉, 億則屢中. (『論語』 11.19)

72　孔子之仕, 不爲行道, 徒求食也. (『論衡』 「問孔」, 黃暉 撰, 『論衡校釋』, 1990, 北京: 中華書局, p. 428, 新編諸子集成)

73　위르겐 하버마스 지음, 한승완 옮김, 2004, 『공론장의 구조변동』, 나남, 64쪽.

74　子曰, 君子疾沒世而名不稱焉. (『論語』 15.20)

75　子曰, 富與貴, 是人之所欲也. 不以其道得之, 不處也. 貧與賤, 是人之所惡也. 不以其道得之, 不去也. 君子去仁, 惡乎成名. (『論語』 4.5)

76　達巷黨人曰, 大哉, 孔子. 博學而無所成名. (『論語』 9.2)

77　齊景公有馬千駟, 死之日, 民無德而稱焉. (『論語』 16.12)

78　子曰, 朝聞道, 夕死可矣. (『論語』 4.8)

79　良農能稼而不能爲穡, 良工能巧而不能爲順. 君子能脩其道, 綱而紀之, 統而理之, 而不能爲容. 今爾不脩爾道而求爲容. 賜, 而志不遠矣. (『史記』 卷47, 「孔子世家」, 欽定四庫全書本)

80　미셸 푸코 지음, 심세광 옮김, 2007, 『주체의 해석학』, 동문선, 71쪽.

81　플라톤 지음, 김주일·정준영 옮김, 2020, 『알키비아데스 I·II』, 아카넷, 81~82쪽.

82　미셸 푸코 지음, 심세광 옮김, 2007, 『주체의 해석학』, 동문선, 299쪽.

83　르네상스 시기 스프레차투라의 함의에 대해서는 Stephen Greenblatt, 2005, *Renaissance Self-Fashioning: From More to Shakespeare*, Chicago University Press, pp. 189~190 참조.

84　미셸 푸코 지음, 심세광 옮김, 2007, 『주체의 해석학』, 동문선, 165~168쪽.

85　子絶四, 毋意, 毋必, 毋固, 毋我. (『論語』 9.4)

86　이 권權과 시중時中에 대해서는 김영민, 2021, 『중국정치사상사』, 사회평론아카데미, 2장 참조.

87　山梁雌雉, 時哉時哉. (『論語』 10.27)

88　子曰, 可與共學, 未可與適道, 可與適道, 未可與立, 可與立, 未可與權. (『論語』 9.30)

89　동아시아 사상사에서 권權과 짝을 이루는 개념은 경經이다. 그런데 이 경과 권의 관계에 대해서는 한 가지 견해만 존재하는 것은 아니고, 그 관계를 달리 규정해온 다양한 역사가 있다.

90　예컨대 『논어』의 다음 구절을 보라. 逸民, 伯夷, 叔齊, 虞仲, 夷逸, 朱張, 柳下惠, 少連. 子曰, 不降其志, 不辱其身, 伯夷叔齊與. 謂柳下惠少連, 降志

辱身矣,言中倫,行中慮,其斯而已矣.謂虞仲夷逸,隱居放言,身中清,廢中權.我則異於是,無可無不可.(『論語』18.8)

91 復其位,踧踖如也.(『論語』10.4)
92 君召使擯,色勃如也,足躩如也.(『論語』10.3)
93 子之所慎,齊,戰,疾.(『論語』7.13)
94 祭必齊如也.(『論語』10.11)
95 齊必有明衣,布.齊必變食,居必遷坐.(『論語』10.7)
96 孔子曰,君子有三戒.少之時,血氣未定,戒之在色.及其壯也,血氣方剛,戒之在鬪.及其老也,血氣旣衰,戒之在得.(『論語』16.7)
97 子路曰,子行三軍,則誰與.子曰,暴虎馮河,死而無悔者,吾不與也.必也臨事而懼,好謀而成者也.(『論語』7.11)
98 無可無不可.(『論語』18.8)
99 朝,與下大夫言,侃侃如也.與上大夫言,誾誾如也.君在,踧踖如也,與與如也.(『論語』10.2)
100 勃如戰色,足蹜蹜如有循.享禮,有容色.私覿,愉愉如也.(『論語』10.5)
101 夫子時然後言,人不厭其言,樂然後笑,人不厭其笑,義然後取,人不厭其取.子曰,其然.豈其然乎.(『論語』14.13)
102 子曰,攻乎異端,斯害也已.(『論語』2.16)
103 子曰,中庸之爲德也.(『論語』6.29)
104 子曰,好勇疾貧,亂也.人而不仁,疾之已甚,亂也.(『論語』8.10)
105 亦祗以異.(『論語』12.10)
106 君子周急不繼富.(『論語』6.4)
107 子曰,孰謂微生高直.或乞醯焉,乞諸其鄰而與之.(『論語』5.24)
108 子游曰,喪致乎哀而止.(『論語』19.14)
109 子食於有喪者之側,未嘗飽也.(『論語』7.9)
110 子於是日哭,則不歌.(『論語』7.10)
111 子釣而不綱,弋不射宿.(『論語』7.27)
112 子與人歌而善,必使反之,而後和之.(『論語』7.32)
113 子見齊衰者,冕衣裳者,與瞽者,見之,雖少必作,過之必趨.(『論語』9.10)
114 子曰,出則事公卿,入則事父兄,喪事不敢不勉,不爲酒困,何有於我哉.(『論語』9.16)
115 子曰,人之生也直,罔之生也,幸而免.(『論語』6.19)

116 子曰,誰能出不由戶,何莫由斯道也.(『論語』6.17)

117 子曰,興於詩,立於禮,成於樂.(『論語』8.8)

118 子曰,師摯之始,關雎之亂,洋洋乎盈耳哉.(『論語』8.15)

119 子在齊聞韶,三月不知肉味,曰,不圖爲樂之至於斯也.(『論語』7.14)

120 子語魯大師樂,曰,樂其可知也.始作,翕如也,從之,純如也.皦如也,繹如也,以成.(『論語』3.23)

121 子曰,禮云禮云,玉帛云乎哉.樂云樂云,鐘鼓云乎哉.(『論語』17.11)

122 子貢曰,詩云,如切如磋,如琢如磨,其斯之謂與.(『論語』1.15)

123 子曰,吾自衛反魯,然後樂正.雅頌各得其所.(『論語』9.15)

124 放鄭聲,遠佞人.鄭聲淫,佞人殆.(『論語』15.11)

125 惡鄭聲之亂雅樂也.(『論語』17.18)

126 大師摯適齊,亞飯干適楚,三飯繚適蔡,四飯缺適秦,鼓方叔入於河,播鼗武入於漢,少師陽,擊磬襄,入於海.(『論語』18.9)

127 지미트리스 지갈라타스 지음, 김미선 옮김, 2024,『인간은 의례를 갈망한다』, 민음사, 47쪽.

128 棘子成曰,君子質而已矣,何以文爲.子貢曰,惜乎,夫子之說君子也.駟不及舌.文猶質也,質猶文也.虎豹之鞹猶犬羊之鞹.(『論語』12.8)

129 "선생님께서 말씀하셨다. '안색은 엄하면서 속은 유약한 사람을 소인에 비유하자면, 담을 뚫는 도둑과 같다!'"(子曰,色厲而內荏,譬諸小人,其猶穿窬之盜也與.『論語』17.12); "선생님께서 말씀하셨다. '말을 교묘하게 하고 겉모습을 꾸미는 사람치고, 드물구나, 인한 사람이.'"(子曰,巧言令色,鮮矣仁.『論語』17.17)

130 "누우실 때는 다리를 굽히지 않으시고, 평소 지내실 때는 [몸가짐을] 꾸미지 않으셨다."(寢不尸,居不容.『論語』10.24); "선생님께서 말씀하셨다. '논의가 진중하다고 인정한다면, 군자라는 것인가? 겉모습만 장엄한 사람이라는 것인가?'"(子曰,論篤是與,君子者乎,色莊者乎.『論語』11.21)

131 "선생님께서 말씀하셨다. '영무자甯武子는 나라에 도가 있을 때는 지혜로웠고, 나라에 도가 없을 때는 우직하였다. 그의 지혜에는 미칠 수 있으나, 그의 우직함에는 미칠 수 없다.'"(子曰,甯武子,邦有道,則知,邦無道,則愚.其知可及也,其愚不可及也.『論語』5.21)

132 "[선생님께서 말씀하셨다. '사치하다보면, 불손하게 되고, 검소하다보면 고루하게 된다. 불손하느니 차라리 고루한 것이 낫다.'"(子曰,奢則不孫,儉則固.與

其不孫也,寧固.『論語』7.36)

133 "선생님께서 말씀하셨다. '중도를 가는 사람을 얻어 함께할 수 없다면, 반드시 의욕이 넘치는 사람이나 소신을 지키는 자와 함께하겠노라! 의욕이 넘치는 사람은 진취적이고, 소신을 지키는 사람은 하지 않는 바가 있다.'"(子曰, 不得中行而與之, 必也狂狷乎. 狂者進取, 狷者有所不爲也.『論語』13.21)

134 "선생님께서 말씀하셨다. '예악禮樂에서 선배들은 촌놈이고, 예악에서 후배들은 군자이다. 만약 [예악을] 써야 한다면, 나는 선배들을 따르겠다.'"(子曰, 先進於禮樂, 野人也, 後進於禮樂, 君子也. 如用之, 則吾從先進.『論語』11.1)

135 子在陳, 曰, 歸與, 歸與, 吾黨之小子狂簡, 斐然成章, 不知所以裁之. (『論語』5.22)

136 文質彬彬, 然後君子. (『論語』6.18)

137 "선생님께서 말씀하셨다. '제자들은 들어오든 나가든 효도하고 공손하게 처신하라. 말조심하여 믿음을 쌓아라. 많은 사람들을 널리 아끼되 인仁한 사람을 가까이하라. 실천하고 남은 힘이 있으면, 그 힘으로 세련된 표현을 배워라.'"(子曰, 弟子, 入則孝, 出則弟, 謹而信, 汎愛衆而親仁. 行有餘力, 則以學文.『論語』1.6); "선생님께서 말씀하셨다. '군자는 세련된 표현에 관해서 널리 배우고, 예로써 자신을 단속한다. [그러면 도에] 참으로 위배되지 않을 것이다!'"(子曰, 君子博學於文, 約之以禮, 亦可以弗畔矣夫.『論語』6.27); "선생님께서 말씀하셨다. '세련된 표현에 관해서 널리 배우고, 예로써 자신을 단속한다. [그러면 도에] 참으로 위배되지 않을 것이다!'"(子曰, 博學於文, 約之以禮, 亦可以弗畔矣夫.『論語』12.15)

138 巍巍乎, 其有成功也. 煥乎, 其有文章. (『論語』8.19)

139 食不厭精, 膾不厭細. 食饐而餲, 魚餒而肉敗, 不食. 色惡, 不食. 臭惡, 不食. 失飪, 不食. 不時, 不食. 割不正, 不食. 不得其醬, 不食. 肉雖多, 不使勝食氣. 唯酒無量, 不及亂. 沽酒市脯, 不食. 不撤薑食, 不多食. (『論語』10.8)

140 入公門, 鞠躬如也, 如不容. 立不中門, 行不履閾. 過位, 色勃如也, 足躩如也, 其言似不足者. 攝齊升堂, 鞠躬如也, 屛氣似不息者. 出, 降一等, 逞顔色, 怡怡如也. 沒階, 趨進, 翼如也. 復其位, 踧踖如也. (『論語』10.4)

141 막스 베버 지음, 이상률 옮김, 1990,『유교와 도교』, 문예출판사 참조.

142 미셸 푸코 지음, 이혜숙·이영목 옮김, 2004, 『성의 역사 3』, 나남출판, 87쪽.
143 미셸 푸코 지음, 이혜숙·이영목 옮김, 2004, 『성의 역사 3』, 나남출판, 88쪽.

14. 공자 이후

1   夫子溫良恭儉讓以得之. (『論語』 1.10)
2   世以混濁莫能用, 是以仲尼幹七十餘君無所遇. (『史記』 卷121, 「儒林列傳」, 欽定四庫全書本) 공자는 자신이 원한 만큼의 정치적 성취를 이루지는 못했으나, 노나라에서만큼은 "국로國老"라고 불릴 정도로 예우를 받았던 것으로 보인다. 子爲國老. (『左傳』 「哀公 十一年」, 『春秋左傳注疏』 卷58, 欽定四庫全書本)
3   『사기』 「중니제자열전」에는 상심하여 실명했다고까지 나온다. 孔子旣沒, 子夏居西河敎授, 爲魏文侯師. 其子死, 哭之失明. (『史記』 卷67, 「仲尼弟子列傳」, 欽定四庫全書本)
4   曾子怒曰, 商, 女何無罪也. 吾與女事夫子於洙泗之間, 退而老於西河之上, 使西河之民疑女於夫子, 爾罪一也. (『禮記』 「檀弓」, 『禮記註疏』 卷7, 欽定四庫全書本) 이러한 정황은 『論衡』 「禍虛」에도 기록되어 있다. 子夏喪其子而喪其明, 曾子弔之, 哭. 子夏曰, 天乎, 予之無罪也. 曾子怒曰, 商汝何無罪也. 吾與汝事夫子於洙泗之間, 退而老於西河之上, 使西河之民, 疑汝於夫子, 爾罪一也. (『論衡』 「禍虛」)
5   孔子葬魯城北泗上, 弟子皆服三年. 三年心喪畢, 相訣而去, 則哭, 各復盡哀. 或復留. 唯子貢廬於塚上, 凡六年, 然後去. 弟子及魯人往從塚而家者, 百有餘室, 因命曰孔里. (『史記』 卷47, 「孔子世家」, 欽定四庫全書本)
6   自孔子卒後, 七十子之徒散遊諸侯, 大者爲師傅卿相, 小者友敎士大夫, 或隱而不見. … 皆受業於子夏之倫, 爲王者師. (『史記』 卷121, 「儒林列傳」, 欽定四庫全書本)
7   世之顯學, 儒, 墨也. [『韓非子』 「顯學」, 王先慎(淸) 撰, 鍾哲 點校, 『韓非子集解』, 北京: 中華書局, 1998, p. 456, 新編諸子集成]
8   김민철, 2023, 『누가 민주주의를 두려워하는가』, 창비, 246~247쪽.
9   衛靈公問陳於孔子. 孔子對曰, 俎豆之事, 則嘗聞之矣, 軍旅之事, 未之學也. 明日遂行. (『論語』 15.1)

10 天下並爭於戰國, 儒術旣絀焉. (『史記』卷121,「儒林列傳」, 欽定四庫全書本)

11 臣聞秦有十失, 其一尙存, 治獄之吏是也. 秦之時, 羞文學, 好武勇, 賤仁義之士, 貴治獄之吏; 正言者謂之誹謗, 遏過者謂之妖言. 故盛服先生不用於世, 忠良切言皆鬱於胷, 譽諛之聲日滿於耳. 虛美熏心, 實禍蔽塞, 此乃秦之所以亡天下也. (『前漢書』卷51,「賈鄒枚路傳」, 欽定四庫全書本)

12 貴賤分明, 男女禮順, 愼遵職事. 昭隔內外, 靡不淸淨, 施於後嗣. 化及無窮. (『史記』卷6,「秦始皇本紀」, 欽定四庫全書本)

13 天下初定, 遠方黔首未集, 諸生皆誦法孔子, 今上皆重法繩之, 臣恐天下不安. 唯上察之. 始皇怒. (『史記』卷6,「秦始皇本紀」, 欽定四庫全書本)

14 然齊魯之門, 學者獨不廢也. (『史記』卷121,「儒林列傳」, 欽定四庫全書本)

15 陳涉之王也, 而魯諸儒持孔氏之禮器往歸陳王. … 其事至微淺, 然而縉紳先生之徒負孔子禮器往委質爲臣者, 何也. 以秦焚其業, 積怨而發憤于陳王也. (『史記』卷121,「儒林列傳」, 欽定四庫全書本)

16 及高皇帝誅項籍, 擧兵圍魯, 魯中諸儒尙講誦習禮樂, 弦歌之音不絶, 豈非聖人之遺化, 好禮樂之國哉. (『史記』卷121,「儒林列傳」, 欽定四庫全書本)

17 故漢興, 然後諸儒始得修其經藝. … 然尙有干戈, 平定四海, 亦未暇遑庠序之事也. (『史記』卷121,「儒林列傳」, 欽定四庫全書本)

18 及今上卽位, 趙綰, 王臧之屬明儒學, 而上亦鄉之, 於是招方正賢良文學之士. 自是之後, 言詩於魯則申培公, 於齊則轅固生, 於燕則韓太傅. 言尙書自濟南伏生. 言禮自魯高堂生. 言易自菑川田生. 言春秋於齊魯自胡母生, 於趙自董仲舒. (『史記』卷121,「儒林列傳」, 欽定四庫全書本)

19 크리스토퍼 리 코너리 지음, 최정섭 옮김, 2005, 『텍스트의 제국』, 소명출판, 97쪽.

20 於是天子始親祠竈, 而遣方士入海求蓬萊安期生之屬, 而事化丹砂諸藥齊爲黃金矣. (『史記』卷12,「孝武本紀」, 欽定四庫全書本)

21 마크 에드워드 루이스 지음, 최정섭 옮김, 2006, 『고대 중국의 글과 권위』, 미토, 695쪽; 히하라 도시쿠니 지음, 김동민 옮김, 2013, 『국가와 백성 사이의 漢』, 글항아리, 95~96쪽.

22　Michael Loewe, 2011, *Dong Zhongshu, a 'Confucian' Heritage and the Chunqiu fanlu*, Leiden: Brill, p. 59.

23　而公孫弘以春秋白衣爲天子三公, 封以平津侯. 天下之學士靡然鄉風矣. (『史記』卷121,「儒林列傳」, 欽定四庫全書本)

24　遺子黃金滿籯 不如一經. (『前漢書』卷73,「韋賢傳」, 欽定四庫全書本)

25　經術苟明, 其取青紫如俛拾地芥耳. (『前漢書』卷75,「眭兩夏侯京翼李傳」, 欽定四庫全書本)

26　사오 지음, 김경호 옮김, 2015,『한대 경학의 발전과 사회 변화』, 성균관대학교출판부, 558~559쪽.

27　孟弟子百餘人. (『前漢書』卷88,「儒林傳」, 欽定四庫全書本)

28　門下椽贛遂耆老大儒教授數百人. (『前漢書』卷83,「薛宣朱博傳」, 欽定四庫全書本)

29　弟子自遠方至受業者千餘人. (『前漢書』卷88,「儒林傳」, 欽定四庫全書本)

30　應經明行修, 弟子自遠方至, 著錄數千人. (『後漢書』卷109下,「儒林列傳」, 欽定四庫全書本)

31　習韓詩孟氏易講授, 門徒常千餘人. (『後漢書』卷110上,「文苑列傳」, 欽定四庫全書本)

32　習公羊嚴氏春秋, 恭學義精明. 教授常數百人, … 諸生自遠方至者, 著錄數千人. (『後漢書』卷109下,「儒林列傳」, 欽定四庫全書本)

33　弟子自遠至者. 著錄且萬人. (『後漢書』卷109上,「儒林列傳」, 欽定四庫全書本)

34　諸生講學者, 常有千餘人, 著錄前後萬人. (『後漢書』卷109上,「儒林列傳」, 欽定四庫全書本)

35　學通五經門徒常千人, 其著錄者萬六千人. (『後漢書』卷109下,「儒林列傳」, 欽定四庫全書本)

36　其服儒衣, 稱先王, 遊庠序, 聚橫塾者, 蓋布之於邦域矣. 若乃經生所處, 不遠萬里之路, 精廬暫建. 嬴糧動有千百, 其耆名高義, 開門受徒者, 編牒不下萬人. (『後漢書』卷109下,「儒林列傳」, 欽定四庫全書本)

37　김영민, 2021,『중국정치사상사』, 사회평론아카데미, 70~71쪽.

38　기무라 에이이치 지음, 나종석 옮김, 2020,『공자와《논어》』, 에코리브르, 243쪽.

39 로드니 스타크 지음, 손현선 옮김, 2016, 『기독교의 발흥』, 좋은씨앗, 105쪽.
40 로드니 스타크 지음, 손현선 옮김, 2016, 『기독교의 발흥』, 좋은씨앗, 17쪽.
41 『공동번역 성서』 「마태오의 복음서」 2장 1절~11절.
42 샤를르 페로 지음, 박상래 옮김, 2012, 『예수와 역사』, 가톨릭출판사, 345쪽.
43 Harold Innis, 1950, *Entire and Conmumiocations*, Oxford: Clarendon; 크리스토퍼 리 코너리 지음, 최정섭 옮김, 2005, 『텍스트의 제국』, 소명출판, 96쪽.
44 크리스토퍼 리 코너리 지음, 최정섭 옮김, 2005, 『텍스트의 제국』, 소명출판, 26~36쪽.
45 哀公問政. 子曰, 文武之政, 布在方策. (『中庸』, 欽定四庫全書本); 크리스토퍼 리 코너리 지음, 최정섭 옮김, 2005, 『텍스트의 제국』, 소명출판, 33, 51쪽.
46 크리스토퍼 리 코너리 지음, 최정섭 옮김, 2005, 『텍스트의 제국』, 소명출판, 93, 114쪽.
47 『시경』과 『모전毛傳』의 경우는 Haun Saussy, 1993, *the Problem of a Chinese Aesthetic*, Stanford: Stanford University Press, p. 4 참조.
48 크리스토퍼 리 코너리 지음, 최정섭 옮김, 2005, 『텍스트의 제국』, 소명출판, 23쪽.
49 크리스토퍼 리 코너리 지음, 최정섭 옮김, 2005, 『텍스트의 제국』, 소명출판, 24, 83, 85, 87쪽.
50 도시국가에서 제국에 이르는 이와 같은 변천 과정은, 그리스의 도시국가, 혹은 도시국가였던 지역이 로마 제국의 일부로 변모해간 과정에 비견할 만하다. 물론 그 과정은 중국의 경우와 결코 동일하지 않지만, 도시국가를 배경으로 하던 사상이 제국이라는 새로운 국가 형태에 맞추어 그 함의가 어떻게 변모되었는지는 두 경우 모두에 던져볼 만한 질문이 된다. 프랑스의 사상가 미셸 푸코는 바로 이 질문을 염두에 두고 고대 유럽의 자기 수양 문제를 탐구했다. "알키비아데스 유의 자기 배려에는 약간 복잡한 구조가 있는데 이 구조 속에서 배려의 대상은 분명 자기였지만 목적은 도시국가였고, 거기서 자기는 재발견되지만 그것은 자기가 도시국가의 한 요소인 한에서였습니다. 도시국가가 자기와 자기가 맺는 관계를 매개하였고, 또 자기를 대상임과 동시에 목적으로 만들었습니다. 하지만 자기는 도시국가의 매개가 있었기에 목적이 될 수 있었습니다. 이제 로마제정의 황금기에 개화

한 신고전주의적 문화 내에서 발달된 자기 배려와 그 형식에서 자기는 배려의 대상이자 목적으로 등장합니다. 이제 자기 배려는 도시국가를 위해 하는 것이 아니라 자기 자신을 위해 하는 것입니다."(미셸 푸코 지음, 심세광 옮김, 2007, 『주체의 해석학』, 동문선, 118~119) 『알키비아데스』에서 강조하는 자기 수양은 정치 참여와 밀접하게 연결되어 있다. 자기 수양은 그 자체로 의미 있는 것이 아니라 폴리스라는 도시국가의 정치를 제대로 하기 위한 사전 준비로서 의미가 있다. 반면, 로마 제국 성립 이후, 스토아 철학자들은 자기 수양을 (반드시 정치 참여의 준비 단계로서가 아니라) 그 자체로 의미 있는 활동으로 간주했다.

51 크리스토퍼 리 코너리 지음, 최정섭 옮김, 2005, 『텍스트의 제국』, 소명출판, 27쪽.

52 마크 에드워드 루이스 지음, 최정섭 옮김, 2006, 『고대 중국의 글과 권위』, 미토, 695~697쪽.

53 로드니 스타크 지음, 손현선 옮김, 2016, 『기독교의 발흥』, 좋은씨앗, 28쪽.

54 로드니 스타크 지음, 손현선 옮김, 2016, 『기독교의 발흥』, 좋은씨앗, 28~29쪽.

55 알렉시 드 토크빌 지음, 이용재 옮김, 2018, 『아메리카의 민주주의 1』, 아카넷, 509쪽.

56 알렉시 드 토크빌 지음, 이용재 옮김, 2018, 『아메리카의 민주주의 1』, 아카넷, 508쪽.

57 미셸 푸코 지음, 심세광 옮김, 2007, 『주체의 해석학』, 동문선, 156쪽.

15. 낡은 것과 새로운 것

1 子曰, 述而不作, 信而好古. (『論語』 7.1)

2 子曰, 夏禮, 吾能言之, 杞, 不足徵也. 殷禮, 吾能言之, 宋, 不足徵也. 文獻不足故也. 足則吾能徵之矣. (『論語』 3.9)

3 子曰, 周監於二代, 郁郁乎, 文哉. 吾從周. (『論語』 3.14)

4 天之將喪斯文也, 後死者不得與於斯文也. 天之未喪斯文也, 匡人其如予何. (『論語』 9.5)

5 子曰, 殷因於夏禮, 所損益, 可知也, 周因於殷禮, 所損益, 可知也. 其或

繼周者,雖百世,可知也. (『論語』2.23)

6 Lothar von Falkenhausen, 2006, *Chinese Society in the Age of Confucius (1000~250 BC): The Archaeological Evidence*, Berkeley: University of California, Cotsen Institute of Archaeology Press.

7 팔켄하우젠은 공자의 비전에 반영된 예제의 개혁이 일어나기 약간 전부터 주나라 창건자들의 영웅화가 시작되었을 가능성을 언급하고 있다. Lothar von Falkenhausen, 2006, *Chinese Society in the Age of Confucius(1000~250 BC): The Archaeological Evidence*, Berkeley: University of California, Cotsen Institute of Archaeology Press, p. 156.

8 子曰, 夫召我者, 而豈徒哉. 如有用我者, 吾其爲東周乎. (『論語』17.5)

9 강성용, 2024, 『인생의 괴로움과 깨달음』, 불광출판사, 139, 143~146쪽.

10 Erasmus, "On Good Manners," in *Erasmus Reader*, ed. Erika Rummel, Toronto: University of Toronto Press, 1990, p. 102; 설혜심, 2024, 『매너의 역사』, 휴머니스트, 152쪽.

11 Erasmus, "On Good Manners," in *Erasmus Reader*, ed. Erika Rummel, Toronto: University of Toronto Press, 1990, p. 120; 설혜심, 2024, 『매너의 역사』, 휴머니스트, 152쪽.

12 Ramsay MacMullen, 1974, *Roman Social Relations, 50 B.C. to A.D.* New Haven: Yale University Press, p. 284.

13 미셸 푸코 지음, 오트르망·심세광·전혜리 옮김, 2016, 『비판이란 무엇인가』, 동녘, 138~139쪽.

14 樊遲請學稼. 子曰, 吾不如老農. 請學爲圃. 曰, 吾不如老圃. 樊遲出. 子曰, 小人哉, 樊須也. 上好禮, 則民莫敢不敬, 上好義, 則民莫敢不服, 上好信, 則民莫敢不用情. 夫如是, 則四方之民, 襁負其子而至矣, 焉用稼. (『論語』13.4)

15 미셸 푸코 지음, 오트르망·심세광·전혜리 옮김, 2024, 『자기 자신에 대한 진실 말하기』, 동녘, 38쪽; 미셸 푸코 지음, 오트르망·심세광·전혜리 옮김, 2016, 『비판이란 무엇인가』, 동녘, 107~108쪽; 미셸 푸코 지음, 심세광 옮김, 2007, 『주체의 해석학』, 동문선, 70~71쪽; Plutarque, *Apophtegines laconiens*, 271A, dans CEuvres morales, t. Ill, trad. fr. F. Fuhrmann, Paris: Les Belles Lettres, 2003, pp. 171~172.

16 김민철, 2023, 『누가 민주주의를 두려워하는가』, 창비, 33~34쪽.

17 미셸 푸코 지음, 오트르망·심세광·전혜리 옮김, 2016, 『비판이란 무엇인가』, 동녘, 138쪽.

18 Arthur Darby Nock, 1933. *Conversion: The Old and the New in Religion from Alexander the Great to Augustine of Hippo*, Oxford: Clarendon, pp. 9~10; 로드니 스타크 지음, 손현선 옮김, 2016, 『기독교의 발흥』, 좋은씨앗, 90쪽.

19 샤를르 페로 지음, 박상래 옮김, 2012, 『예수와 역사』, 가톨릭출판사, 232쪽.

20 샤를르 페로 지음, 박상래 옮김, 2012, 『예수와 역사』, 가톨릭출판사, 331쪽.

21 플라톤 지음, 김주일·정준영 옮김, 2020, 『알키비아데스 I·II』, 아카넷, 149~150쪽.

22 미셸 푸코 지음, 심세광 옮김, 2007, 『주체의 해석학』, 동문선, 42~44쪽; 미셸 푸코 지음, 오트르망·심세광·전혜리 옮김, 2024, 『자기 자신에 대한 진실 말하기』, 동녘, 35쪽.

23 이슈트반 혼트 지음, 김민철 옮김, 2025, 『상업사회의 정치사상』, 오월의 봄, 217쪽.

24 孔子曰, 見善如不及, 見不善如探湯. 吾見其人矣, 吾聞其語矣. 隱居以求其志, 行義以達其道. 吾聞其語矣, 未見其人也. (『論語』16.11)

25 子曰, 南人有言曰, 人而無恒, 不可以作巫醫, 善夫. 不恒其德, 或承之羞. (『論語』13.22)

26 仲弓問仁. 子曰, 出門如見大賓, 使民如承大祭. (『論語』12.2)

27 臣聞之, 出門如賓, 承事如祭, 仁之則也. (『左傳』「僖公 三十三年」, 『春秋左傳注疏』卷16, 欽定四庫全書本)

28 子曰, 巧言令色, 鮮矣仁. (『論語』1.3) 교언巧言은 『시경』 「소아小雅」의 '교언巧言'에 나오고 영색令色은 「대아大雅」의 '증민蒸民'에 나온다.

29 顔淵問仁. 子曰, 克己復禮, 爲仁. (『論語』12.1); 『좌전』 「소공昭公 11년」에 공자가 극기복례가 곧 인이라는 옛말을 인용하는 대목이 나온다. 仲尼曰, 古也有志, 克己復禮, 仁也, 信善哉. (『春秋左傳注疏』卷45, 欽定四庫全書本)

30 子所雅言, 詩, 書. (『論語』7.18)

31 不學詩, 無以言. (『論語』16.13)

32 始可與言詩已矣. (『論語』3.8)

33 『論語』1.15, 2.2, 3.8, 8.3, 3.20.

34 샤를르 페로 지음, 박상래 옮김, 2012, 『예수와 역사』, 가톨릭출판사, 128쪽.

35 子曰, 吾十有五而志于學, 三十而立. (『論語』 2.4)

36 平勢隆郎, 2016, 『「仁」の原義と古代の數理: 二十四史の「仁」評價「天理」觀を基礎として』, 雄山閣은 『논어』와 공자를 넘어서는 인仁의 용례 전반을 검토한다.

37 Yuri Pines, 2002, *Foundations of Confucian Thought: Intellectual Life in the Chunqiu Period, 722-453 B.C.E.*, Honolulu: University of Hawaii Press. p. 184.

38 不能以禮讓爲國, 如禮何. (『論語』 4.13)

39 마크 에드워드 루이스 지음, 최정섭 옮김, 2006, 『고대 중국의 글과 권위』, 미토, 290쪽.

40 子曰, 述而不作, 信而好古. (『論語』 7.1)

41 楚王問鼎小大輕重, 對曰在德不在鼎. … 德之休明, 雖小必重, 其姦回昏亂, 雖大必輕. (『史記』 卷40, 「楚世家」, 欽定四庫全書本)

42 夫德, 儉而有度, 登降有數, 文物以紀之, 聲明以發之, 以照臨百官, 百官於是乎戒懼而不敢易紀律. (『春秋左傳注疏』 卷4, 「桓公 二年」, 欽定四庫全書本)

43 "하민의 허물은 하늘에서 내려오는 것이 아니다. 즐거워하다가 뒤돌아서면 미워하는 것은 모두 사람으로부터 말미암는다."(下民之孽, 匪降自天. 噂沓背憎, 職競由人. 『毛詩注疏』 卷19, 欽定四庫全書本)

44 晏子曰, 君高臺深池, 賦斂如弗得, 刑罰恐弗勝, 茀星將出, 彗星何懼乎. 公曰, 可禳否. 晏子曰, 使神可祝而來, 亦可禳而去也. 百姓苦怨以萬數, 而君令一人禳之, 安能勝衆口乎. (『史記』 卷32, 「齊太公世家」, 欽定四庫全書本)

45 子曰, 驥不稱其力, 稱其德也. (『論語』 14.33)

46 南宮适問於孔子曰, 羿善射, 奡盪舟, 俱不得其死然. 禹稷躬稼而有天下. 夫子不答. 南宮适出, 子曰, 君子哉, 若人, 尙德哉, 若人. (『論語』 14.5)

47 衛靈公問陳於孔子. 孔子對曰, 俎豆之事, 則嘗聞之矣, 軍旅之事, 未之學也. 明日遂行. (『論語』 15.1)

48 故刑罰繁而意不恐, 則令不行矣. (『管子』 卷1, 「牧民」, 欽定四庫全書本)

49 範蠡諫曰, 不可. 臣聞兵者凶器也, 戰者逆德也, 爭者事之末也. (『史記』

卷41,「越王句踐世家」, 欽定四庫全書本)

50 마크 에드워드 루이스 지음, 최정섭 옮김, 2006, 『고대 중국의 글과 권위』, 미토, 281쪽.

51 十年, 伐千畝, 有功. 生少子, 名曰成師. 晉人師服曰, 異哉, 君之命子也! 太子曰仇, 仇者讎也. 少子曰成師, 成師大號, 成之者也. 名, 自命也. 物, 自定也. 今適庶名反逆, 此後晉其能毋亂乎. (『史記』卷39,「晉世家」, 欽定四庫全書本)

52 原壤夷俟. 子曰, 幼而不孫弟, 長而無述焉, 老而不死, 是爲賊. 以杖叩其脛. (『論語』 14.43)

53 *The Polite Academy, or School of Behavior for Young Gentlemen and Ladies*(1758) 이 책에 대한 최초 서지사항은 불확실한데, 1758년 런던에서 출간된 제4판을 학자들은 인용하곤 한다.

54 Erasmus, "On Good Manners," in *Erasmus Reader*, ed. Erika Rummel, Toronto: University of Toronto Press, 1990, p. 107; 설혜심, 2024, 『매너의 역사』, 휴머니스트, 275쪽.

55 미셸 푸코 지음, 오트르망·심세광·전혜리 옮김, 2016, 『비판이란 무엇인가』, 동녘, 212쪽.

56 미셸 푸코 지음, 오트르망·심세광·전혜리 옮김, 2016, 『비판이란 무엇인가』, 동녘, 212쪽.

57 김용흠, 2018, 「서계 박세당의 『대학사변록』에 보이는 '경세' 지향 학문관」, 『한국사연구』 No. 182, 213쪽.

58 미셸 푸코 지음, 심세광 옮김, 2007, 『주체의 해석학』, 동문선, 49쪽.

59 미셸 푸코 지음, 심세광 옮김, 2007, 『주체의 해석학』, 동문선, 54쪽.

60 "필론은 『명상 생활에 관하여』에서 유대인 고행자 그룹에 대해 다음과 같이 언급합니다. '불멸성과 행복한 생애에 대한 그들의 열망은 그들로 하여금 유한한 생을 이미 마친 것으로 생각하게 만들었다. 그들은 유산을 자식들과 가까운 사람들에게 맡긴다. 일부러 그들은 미리 상속을 한다. 가족이 없는 사람들은 배우자와 친구들에게 유산을 남긴다.'" 미셸 푸코 지음, 심세광 옮김, 2007, 『주체의 해석학』, 동문선, 128~129쪽.

61 성리학에 대해서는 김영민, 2021, 『중국정치사상사』, 사회평론아카데미, 6~8장 참조.

62 미셸 푸코 지음, 오트르망·심세광·전혜리 옮김, 2024, 『자기 자신에 대한

진실 말하기』, 동녘, 113~114쪽.
63 子曰, 飯疏食飮水, 曲肱而枕之, 樂亦在其中矣. 不義而富且貴, 於我如浮雲. (『論語』7.16)
64 미셸 푸코 지음, 오트르망·심세광·전혜리 옮김, 2022, 『자기해석학의 기원』, 동녘, 51~52쪽.
65 미셸 푸코 지음, 이혜숙·이영목 옮김, 2004, 『성의 역사 3』, 나남출판, 81~82쪽.
66 曾子曰, 吾日三省吾身. 爲人謀而不忠乎, 與朋友交而不信乎, 傳不習乎. (『論語』1.4)
67 미셸 푸코 지음, 오트르망·심세광·전혜리 옮김, 2024, 『자기 자신에 대한 진실 말하기』, 동녘, 111~112쪽.
68 子曰, 人無遠慮, 必有近憂. (『論語』15.12)
69 샤를르 페로 지음, 박상래 옮김, 2012, 『예수와 역사』, 가톨릭출판사, 211쪽.
70 『공동번역 성서』 「루가의 복음서」 6장 31절.
71 설혜심, 2024, 『매너의 역사』, 휴머니스트, 314쪽; Richardson, *Letters Written to and for Particular Friends*, Letter XL1X, [1741] (London, 4th ed. 1750). pp. 61~62.